珞 珈 问 道 文 丛

教育部人文社会科学重点研究基地重大项目
"中国社会转型背景下新媒体事件研究"（编号：12JJD860007）资助

传播研究
国际视野与中国实践

COMMUNICATION STUDIES
International Perspective and China's Experiences

石义彬　著

社会科学文献出版社
SOCIAL SCIENCES ACADEMIC PRESS (CHINA)

珞珈问道文丛编委会

总策划　石义彬　单　波

主　编　单　波

编　委　（按姓氏笔画为序）

　　　　　石义彬　吴爱军　罗以澄　单　波　强月新

总　序

　　呈现在读者诸君面前的这套丛书，是一群常年耕耘于珞珈山的同仁奉献的心得之作。这些性情各异、风格有别、思想多元的君子从未想过建构什么学派，而是一任自己的思想与现实问题共舞，就像珞珈山上空自由飞翔的小鸟。他们看上去各有各的玩物之心，玩山玩水玩媒介，可在内心深处都隐藏着"志于道"的情怀，试图在珞珈山寻求安身立命之所。于是，这些心得之作便有了一个内在的主题：珞珈问道。

　　珞珈山并非什么名山，亦非挺拔、奇绝的高山，所依之东湖也没有什么响亮的名头，留在古代诗人吟唱中的，也就剩下"只说西湖在帝都，武昌新又说东湖"的普通诗句。在一般人眼里，东湖美则美矣，只是相较于西湖"文胜质"的冶艳，便只能称其为"质胜文"的粗犷了。居于此地的人大概看上了一种山水相依的静美，陶醉于"山得水而活，得木而华，得烟云而秀媚"的物外桃园之境。此山原名罗家山，又称落驾山，听上去有些落俗，隐含一点小家子气，外加一点迷恋权贵的味道。让人称奇的是，在首批来此任教的28名教授中，深通佛心的闻一多先生不仅看山似一尊佛像，还把这落俗之名听成了"珞珈"的谐音，遂将此山改名为珞珈山。珞珈之名源自梵文"Potalaka"，译为"普陀洛迦、补怛罗迦、布怛落伽"，乃佛教"观自在菩萨往来其间"的道场。当时的师生特别认同新山名，仿佛通过它赋予的想象，看到了入世与出世、此岸与彼岸之间的通道。从此，珞珈山收敛起粗俗之气，融自然美与人文美于一体，而变得文质彬彬了。

　　以学术为业的人们在这里与三教九流比邻而居，谈笑有鸿儒，往来亦有白丁，接地气之风不期而养成。身居陋室，心游八仞，"无丝竹之乱耳，无案牍之劳形"，专注于理性的世界，如切如磋，如琢如磨，遂成问道之传统。薪火相传之际，文、法、理、工、农、医的学科架构铺展开来，蔚为大观，"问道"渐成珞珈人的存在之道：面向万事万物的真道或本源，探寻它的虚静无为而又复杂多变的特征，同时追寻形而上的终极价值，成就自强、弘毅、求是、拓新的人生。问道者身处波光粼粼、小山相连的山水校园，偏偏喜吟"荡荡东湖，巍巍珞珈"，看上去有些夸张，实际上潜意识里内涵一种精神自由舒展的自我期许。珞珈山水校园表现的就是这种精神的舒展：校园建筑是中西合璧的，映衬着融汇中西的学术志趣；校内绿荫如盖（植物达到 151 科 738 种），春桃秋桂，夏榴冬梅，更兼有百鸟吟歌（鸟类亦有 28 科 118 种之多），标示着多元并包的学术风格。

此山此水，仁智合一，乐山乐水者皆可寻得归宿。登高望远，明理致知，可谓山水相依藏真情，鸟语花香皆禅意。

谢天谢地，我们有缘聚集在这块修身养性的宝地，让一切烦恼与困苦消解于珞珈问道的过程之中，让我们的新闻传播研究涵泳于多学科的思想海洋。

1983 年，正值中国新闻改革如火如荼之时，新闻传播人才的短缺、老化与非专业化、非国际化等问题凸显，武汉大学应时之需，毅然开拓新闻传播教育领域。学校把我们从文学、哲学、史学、经济学、外国文学等多领域调配过来，加上少量从外面引进的新闻传播学者，组成了一支新闻传播教育的"杂牌军"。最初，我们这支队伍的杂色与不入流是如此明显，以致并不被人看好，我们也一度陷入迷茫。好在我们可以冷静下来，寻找突破口，发现重新起步的中国新闻传播学的发展并不充分，不仅理性能力不足、超越性与创造性匮乏、视野狭窄、诠释力很弱，而且还感染上"抽象与僵化"的痼疾。所谓抽象只不过是对狭小经验范围内的事情做貌似科学的定义，所谓僵化则是把学术话语简化为意识形态话语。审时度势，我们意识到，只有突破这种局面，新闻传播学科才可以自立，研究者才有出路。幸运的是，学科交叉的优势发挥了作用：我们可以通过马克思主义意识形态学说批判新闻传播领域的异化现象，重新思考新闻传播的基本原理；可以运用"历史向世界历史转变"的整体史观重新建构新闻传播史；可以透过现代化理论重新诠释新闻专业主义和新闻实践；可以导入结构主义理论、接受美学、社会心理学、批评性话语分析理论，拓展新闻思维的空间，可以借助比较文化学、比较政治学、比较哲学、比较经济学等视野，开创中西新闻比较研究。随着学术的积累，大文化视野中的新闻传播研究便成了同业诸君所认同的一个特点。直到今天，我们都保持着在开放的视野中开展新闻传播研究的习惯，以抵抗思想的衰败与老化。

当然，只停留于书斋的抵抗是无力的，还必须把目光投射到现实，以问题意识突破新闻传播研究的樊篱。我们的问题大致可以概括为三类：第一类是"新闻为何存在，新闻如何存在"，它综合了行为主义和人文主义的问题，以此对抗教条化的研究；第二类是"传播为什么不自由，传播如何自由"，它充分吸纳马克思主义和西方马克思主义的问题，以此解构功利主义研究的单向性；第三类是"传媒产业与文化产业如何表现创造性"，它以创造思维为导向，面向创意的世界，消解概念化、模式化的研究。问题总是具体化为现实的难题、疑问与话题，它使我们更深地介入到中国传媒的发展过程，让媒介发展的理性贯通于中国社会文化发展和全球化发展的现实，追求新闻传播学科的理论创新与方法创新。我们顺着这些问题不停地问，不停地想，积累成三大特色领域：新闻传媒发展与新闻传播理论创新、媒介化社会与跨文化传播以及广告与媒介经营管理。收录在这套文丛里的大致可以呈现我们在探索中留下的这些痕迹。

珞珈问道三十年，所留下的终究是一个梦，既有庄周梦蝶的欣喜与洒脱，也有蝶梦庄周的失落与羁绊，到头来得到印证的还是夫子所言："学然后知不足，教然后知困。"因此，我们为自己留下这些习作，作为下一个三十年自反与自强的依据。

珞珈山上痴蝴蝶，犹梦大道翩翩飞。我们是一群钟情于珞珈山的君子，尽管春天让我们伤感过，夏天让我们难受过，秋天让我们失望过，冬天让我们迷茫过，可我们还是选择了这块诗性、理性、佛性的栖居之地。这是说也说不清楚的情感和缘分，读者诸君只有在每位作者的书稿中慢慢体会了。

是为序。

单 波

甲午春于珞珈山

目　录

下篇　文化与社会视域中的新媒体研究

上篇　西方传播学的批判理论研究

批判视野中的传播理论发展

石义彬　叶晓滨*

一

20 世纪下半叶以来，从法兰克福学派传统中，出现了一支委实令人瞩目的传播研究势力。它兴起于欧洲，对传统的传播理论、既定的传播现况和现有的传播体制提出质疑和批判，先声夺人地向传播学研究的主导范式提出有力挑战，寻求建立一个与传统经验研究迥然不同的理论体系。批判学者们，出于学术的良知，对当代资本主义文化喧闹背后潜伏的危机忧心忡忡，为业已陷入困境的西方现代文明深感不安。他们在西方马克思主义思潮影响下，意识到传统经验性实证研究方法的局限性，开始深入思考传播现象的深层次背景，对传播、传播体制、社会与文化之间的深刻渊源及千丝万缕的联系给予了前所未有的关注。

---

* 叶晓滨，武汉大学新闻与传播学院研究生。

因而，就开创性而言，这支传播研究势力大大超过了以往 50 年的研究。

批判理论，是由霍克海默（Max Horkheimer）、阿多诺（Theodor Adorno）、马尔库塞（Herbert Marcuse），以及其他同出德国法兰克福社会研究所（Frankfurt Institute for Social Research）的学者们共同开创的。这一群学者，现在已为中国学界所熟知。在当时，他们虽受到马克思主义的引导，却没有投入轰轰烈烈的斗争，他们在工作上表现出明确的学术性质。20 世纪 30 年代，纳粹党在德国上台掌权，许多的法兰克福派学者纷纷移居美国，以逃避迫害。其时，他们开始致力于对大众传播和作为资本主义社会中垄断结构的媒介这两者的全面思考和深入研究。

如今，批判理论业已盛行。而综观传播学界，批判性的传播理论研究，却不特指某一体系分明的研究派别，而是涵括了许多不同的研究流派与主张。较为人们所瞩目的有文化工业批判、政治经济学批判、传播全球化及新科技影响中的帝国主义批判、异军突起的英国当代文化研究、法国的语意分析及后结构主义批评等，这些均为批判取向的传播研究。它们共同的特征是反对美国行为主义取向的量化传播研究，并企图从社会权力结构运作的视角，探讨媒介在控制与抗争之间所扮演的角色。它们基本上都同马克思主义理论有或深或浅的联系。此外，大部分派别还或多或少地广征博引当代各家学说，如弗洛伊德的精神分析、存在主义、现象学、结构主义、符号学、后结构主义、后现代主义等。本文试图通过勾勒批判理论和重要批判理论学者的轮廓，展现批判传播理论从初现端倪到 20 世纪 70 年代的勃兴这个过程中与主导理论范式的交锋，从而揭示批判视野中的传播理论发展之轨迹，以期对我国方兴未艾的传播学本土化研究有所裨益。

二

霍克海默和阿多诺提出的批判性研究方法，虽然在后来成为批判学派的武器，但在当时美国的特定知识条件下，却不为人注意。确实，德国的社会研究和美国的社会科学研究，在方法论上的差异太大。德国学者们常对美国社会科学家们普遍推崇的经验实证主义方法提出质疑。法兰克福学派的主将——霍克海默就一再把矛头对准于此，并通过揭示价值判断的问题坚持关于社会的诸概念的批判立场。他在1941年一针见血地写道："公共传媒总声称它们忠实于个人的终极价值及其享有的不可剥夺的自由。可实际运作中，它们却往往给个人事先戴上了规定的态度、思想及购买习惯的桎梏。这使得它们与那些信誓旦旦的价值越走越远，毫不沾边。流行价值论变得更具批判性，这就反映社会现状和它所追求价值间出现的真正裂痕。"①

大众传播研究在方法论上的对立，反映出欧美两种思想传统和它们研究文化与媒介现象时的根本性差异。默顿曾把这种差异归结为"一种对知识和信息的关注"。他认为，知识"意味着大量的事实或观点，而信息却不带有这种系统联系的事实或观点的含义"②。基于此，他很有意思地总结道，美国人研究了大众，得到的是孤立零碎的信息；欧洲人思考的却是人能够获取的完整知识结构。法兰克福学派对文化的研究，与美国人对大众社会和大众文化的关注，是有着显著差异的。

在《启蒙的辩证法》（1972）一书中，霍克海默和阿多诺陈述了他们的大众文化理论。这种早在1944年就在德国发表的理论，对美国大众社会辩论的影响在此后长时间里都可以感觉到。它是对美国社会政治价值的直接打击，媒介已经把这些永远地记录了下来。书中有一段尖刻然而深刻的文字："在文化工业中，个体只不过是生产方式标准中的一个并不存在的幻象而已。只要他的普遍性身份未受质疑，就得忍受下去。自我的特殊性是一件由社会决定的专卖品，但被错认为是理所当然的。"③

批判性研究不仅拷问当代媒介工业中的诸现象，而且毫不留情地对维护既有意识形态的各种价值观念提出怀疑。它用思辨方法对当代的文化和社会进行批判研究，挑战传统研究的理论基础。与此同时，方法论上的对立和大众文化现象的日益逼近与潜在的威胁，也驱使着传统的经验研究作出相应的回应。

在这种情况下，美国的大众传播研究学者不得不面对挑战，开始着手拓展

① M. 霍克海默：《哲学与社会科学研究》，载于《关于学院活动的注解》1941年英文版，第121~123页。
② R. 默顿：《社会理论与社会结构》，自由出版社，1957。
③ M. 霍克海默、W. 阿多诺：《启蒙的辩证法》，Herder & Herder出版社，1972。

和延伸拉扎斯菲尔德、霍夫兰、拉斯韦尔等人的先驱性工作。他们凭借日益成熟的经验性方法，深入到拉扎斯菲尔德所谓的行政研究中去，深入到法兰克福学派成员们认为"仅反映具体化的无中介行为的市场研究方法中去，而不是揭示细心观察下的文化现象深层中的社会和心理功能"①。因为惧怕大众社会的各种问题会带来文化和政治的后果（特别是面对来自欧洲的法西斯主义和共产主义的威胁），布卢默（Blumer）对集体行为、拉扎斯菲尔德对媒介与传播、霍夫兰对劝服、拉斯韦尔对宣传的种种问题进行了深入细致，而且富有成效的研究，以期寻求经验性的证据来展示美国这个多元主义社会的运行方式。然而，也有其他一些人，如戴维·李斯曼（David Riesman），对美国公共生活持批判观点，受弗洛姆作品和文化精神分析学的影响，着手研究中美洲国家在工业化历史变革中出现的问题；此外，赖特·米尔斯（C. Wright Mills），则抱怨社会科学，即人文科学的抽象经验主义和教条的方法论，在作品中对先进的都市化社会提出了尖刻的批判。② 这些研究都认识到了"权力—控制"的重要性，寻求把"权力—控制"的基础植于财产或影响力的社会经济分配中。但是，这些意义重大的批判性研究成果，似乎并没有引起太大注意，因为在美国的传播学界，人们总试图在科学事业的发展中保有一种单一而狭窄的理论和历史基础。值得玩味的是，一些权威的出版物，如美国《新闻学季刊》（*Journalism Quarterly*）、《公共舆论季刊》（*Public Opinion Quarterly*）、《广播学报》（*Journal of Broadcasting*）或《传播学刊》（*Journal of Communication*）等，在当时尤其没有参与对美国媒介研究和社会理论的任何评价，而人们留意到，这些领域正是与法兰克福学派相抗衡的。

三

后来，批判学派的理论作为一种竞争性的社会理论日益为人所重视，这构成了美国社会思想的显著发展。它重新激起了马克思主义和激进批评的辩论，

---

① M. 杰伊：《永远的放逐：从德国到美国的知识转移论集》，哥伦比亚大学出版社，1985。

② D. 李斯曼的观点，见其作品 1950 年版《孤独的人群》；C. 米尔斯的观点，见 1948 年版《权力新人》、1951 年版《白领》和 1956 年版《权力精英》。

标志着二战后马克思主义学术研究在西方的开始。紧接下来，对当今美国社会理论和研究实践的批判审视，也确立了英法德社会理论学家们在欧美学界的学术领导地位。因而，同批判理论学家们的相遇，为检验社会意识形态批判的形式和实质，提供了一个坚实可靠的机会。特别是，阿多诺和霍克海默的文化悲观主义、马尔库塞的政治批判和哈贝马斯关于在反对官僚政治与权威斗争中传播所发挥作用的理论探索，为美国社会理论学家们提供了研究权力、变革和未来社会诸问题的新途径。

自始至终，值得关注的是，整个批判研究不折不扣地贯穿了对文化的领悟和研究，包括媒介工业在意识形态斗争中相互串通合谋的研究和对文化进程的理性分析。当今社会的文化批判强调了不断刺激经济成就的增长所带来的社会文化后果，而经济的增长又使人类赖以生存的社会环境日益演变为一个受技术决定的体系。因为附加了越来越多的技术规则，符号传播彻底受到阻塞，而且理性化过程也被强行剥夺了。文化批评家们所持续关注的这些焦点，充满了人文精神，闪耀着理性的光芒和体现了深刻的反思。正是在这样的学术大背景下，批判学派经过与传统学派近 50 年的交锋，走上了理论前台，成为一支重要的不容忽视的传播理论势力。

20 世纪 70 年代，批判学派成为主导大众传播研究的代表，这是 40 多年来理论界的主要事件。其时，涌现出了相当数量的学术著述。最早是 1973 年，马丁·杰伊（Martin Jay）出版的《辩证的想象：法兰克福学派和社会研究所之历史（1923~1950）》一书，① 它汇编了阿多诺、霍克海默、马尔库塞和哈贝马斯的原著及一些德国当代思想家和法兰克福学派学者著作的最新译文。

批判学派的边际效用，或其他任何对传统理论的挑战，在 1959 年《公共舆论季刊》上贝雷尔森（Berelson）的一篇关于传播研究状况的评论中显现出来。② 贝雷尔森对传播学界批判思想的发展持悲观论调，也根本未把批判学说作为潜在的促进学术发展的源泉，他关注的研究方法只是什么"新闻自由委员会"的改良主义方法，当然也提到了李斯曼和英尼斯（Innis）的一些所谓

---

① M. 杰伊：《辩证的想象：法兰克福学派和社会研究所之历史（1923~1950）》，Little，Brown 出版社，1973。
② B. 贝雷尔森：《传播研究状况》，《公共舆论季刊》1959 年第 23 周第 1 期。

"细小"方法。然而，还是在这期刊物上，李斯曼的文章提到了1950年发表的《独裁主义的人格》中的一种社会批判。[①] 他就更为广泛的文化和社会问题研究发表了一些看法，对列奥·洛温塔尔（Leo Lowenthal）的创造性极力推崇，并谴责所谓的"科学超我"（Scientific Superego）在恫吓冒险研究方面尤有成效，"因为从贝雷尔森先生这样的导师这里，年轻人比他们的长者学到了更多的方法论错误"[②]。实际上，洛温塔尔这个把批判理论应用于文学研究的法兰克福学派早期成员，也是美国大众传播学界在当时引人注目的代表。他同约瑟夫·克拉普尔（Joseph Klapper，研究舆论和心理战）、马乔里·菲斯克（Marjorie Fiske，研究流行文化）进行了富有成效的合作研究，大量著述被拉扎斯菲尔德、施拉姆等收入了他们编辑的著作集中。

对大众传播研究的状况进行总体评价的学者们，似乎一直专注地把目光放在狭窄的行政研究传统上。但几十年后，人们又开始重新审视这个学术领域及其理论著述所产生的影响。因为一些研究者们对大众传播学缺乏广泛的理论化而感到遗憾，为没有新人辈出而觉得沮丧，他们禁不住发问："为什么花名册上英尼斯、麦克卢汉、拉斯韦尔和其他一些人旁边没有加上别的名字"[③]。后来，《传播学研究：半个世纪的评估》一书的编辑们提出，传播学研究始于1927年拉斯韦尔的《世界大战中的宣传技巧》，并在掌握该领域传统经验方法的传播学者们的努力工作中继续得以发展。我们注意到，该书的编辑们一点儿也没有尝试着去向人们提供一个大众传播研究的理论背景，或对过去50年研究轨迹作出历史的描述。[④]

社会理论工作更为宽泛的语境得以被承认，还是在近期。其时，罗杰斯（Rogers）对批判理论进行了相当简短和不无残缺的表述。他尝试将传播学研究划分为经验和批判两派，并极力遮掩拉扎斯菲尔德对批判研究的运用与法兰克福学派及其他批判研究的区别。[⑤] 这种区分的缺乏，削弱了他关于两大学派

①　D. 李斯曼：《"传播研究状况"评论》，《公共舆论季刊》1959年第23周第1期。
②　D. 李斯曼：《"传播研究状况"评论》，《公共舆论季刊》1959年第23周第1期。
③　W. 戴维森：《大众传播研究：主要问题与未来方向》，Praeger出版社，1974，第200~201页。
④　D. 勒尔勒、M. 内尔森：《传播学研究：半个世纪的评估》，夏威夷大学出版社，1977，第1页。
⑤　M. 罗杰斯、F. 巴利：《美国和西欧的媒介革命》，Ablex出版社，1985。

理论前提的说服力。因而，罗杰斯对清晰划分传播研究中批判学说和传统学说间的界限没有作出实质性的贡献。事实上，对他来说，所谓"批判学派"不过是 20 世纪 30 年代德国法兰克福社会研究所的马克思主义，而"批判学者也是因为反对效果至上和注重传播研究的内在经验本质而远离经验学者的"[①]。可问题的关键在于，它不是一种学派的两极分化，而是对传播学界经过几十年发展后必要的批判性反省与评估作出的反应。批判学术思想的兴起，是对一个不能反映日常生活和社会政治现实的理论命题进行自我思考的结果。

批判性研究的话题独立地出现于 1983 年美国《传播学刊》名为"发酵中的园地"（Ferment in the Field）的专号。作者们对传播领域进行了有益的认识论上的思考。他们承认，批判性大众传播研究并不是一个统一体，而是一系列发展的各有差异的大众传播研究方法。他们中有人把"批判"一词描述为法兰克福学派的一个被挪用的术语。其他人则在使用"批判研究"或"欧式研究"等术语时模棱两可，尽管其隐含之意是这些研究活动涉及权力与控制的问题，因为所有批判派别的中心关注点是社会权力运作中传播的有效性。乔治·格布纳（George Gerbner），在他对这场讨论的总结中，提出"批判学者"这个概念来涵括"那些为了使用话语的诸名词及其范畴中知识和权力的结构，而为人类和社会发展作出贡献并不断追求和奋斗的人们"[②]。

对大众传播研究的传统方法有多种批判看法，这揭示出它并不是意识形态和社会科学的选择，然而这种社会科学的实践依然深深扎根于某种意识形态的语境中。尽管正统马克思主义、批判理论，或文化研究的语言在"发酵中的园地"的讨论中折射出来，为当代社会运作的批判提供了丰富的词语和全新的视野，这种语言仍然是由许多作者复制出来，而没有进一步地讨论美国主流大众传播研究因为意识形态新视角带来的种种后果。

广泛接纳和兼容不同渊源的理论命题，并把它们提交到社会改良实践的应用范畴，而无视它们有什么样的文化或政治源头和意识形态基础，这反射出把这些理论命题美国化的一种治学方法。美国的学术机构创始之初，欧洲知识界

---

① M. 罗杰斯、F. 巴利:《美国和西欧的媒介革命》，Ablex 出版社，1985。
② G. 格布纳:《批判的重要——一个人的风格》，《传播学刊》1983 年第 33 周第 3 期。

一直对美国学术思想产生着影响，这样的事在人文社会科学研究中随处可见。美国哲学的实用主义（特别是杜威的工具主义），便是最为显而易见的例证。它似乎是按照当时这种理论所满足的兴趣而获得恰当应用的。举例来说，乔治·诺瓦克（George Novack）在1975年对杜威的自由立场进行了反驳，同他当时的政治现实相比，这便是对美国社会中作为一种哲学和政治权力的实用主义提出的马克思主义批判。①

批判理论兴起于魏玛德国的文化和政治语境，要更好地了解它对当代社会批判作出的巨大贡献，需要研究它在这种语境中兴起的原因和过程。这种研究中两方面因素是决定性的。首先须对认识论与政治之间的复杂关系有深刻洞察，其次就是要充分理解批判理论缘何要抛弃传统实用主义哲学成见而转向强调历史、文化和本质。

四

批判学派理论家们的著述为全面深入检视现代社会，包括对大众传播研究的哲学和政治后果进行讨论，提供了基础。然而，这种学术上的努力仍是不完全的。把批判理论作为一种批判性传播理论的基础，一直被体现在各种严肃的社会理论文献之中，这当中尤为突出的是哈贝马斯的作品。哈贝马斯是现今欧洲思想界最重要的发言人，是活跃在哲学舞台上并在广泛的范围内被公认的欧洲重要思想家之一，在某种意义上，要了解批判视野中的传播理论，不研究他的思想是断然不行的。在他那些理性化的语言里，负载着当今资本主义世界急遽变化的大量信息，跳动着我们这个时代强有力的脉搏。

正如哈贝马斯的研究者所指出的那样，正当世界上许多社会研究者都退缩到一个个角落，固守自己的一小块阵地的时候，哈贝马斯却全面出击，力图把人类知识综合为一个整体。他的思想体系有一种兼收并蓄、博采众长的系统性。无疑，与法兰克福学派的上一代人，尤其是马尔库塞相比，哈贝马斯的思

---

① G. 诺瓦克：《实用主义马克思主义：约翰·杜威的哲学批判》，Pathfinder出版社，1975。

想中更多的是那种感性批判之后的理性思索。① 他力图为人类解放作出认识论上的辩护。确实，作为一种批判立场而不是一种学说来看，批判理论在着手一项对现实的批判，并指明未来潜在的发展方向。对于哈贝马斯来说，它事关人类内在潜能的解放。

传播是哈贝马斯理论工程中的一个中心论点，最早出现于1971年《知识和人类的利益》一书中。在该书中，他提出了批判性社会科学语境里一种与众不同的语言方式。② 到《传播行为理论》一书出版，他的研究达到高潮。书里面涵括了其社会理论的规范性基础。书中说："如果我们假定人类是通过其成员间的社会协作活动来维系自身的，而这种协作必须通过传播——在特定中心领域里通过指向达成一致意见的传播——确立起来，那么，人类这个物种的繁衍也要求满足传播行为中固有理性的各种条件。"③

1984年，哈贝马斯构建了"传播行为"的概念，它源于三个"错综难解的主题"：（1）从个人主义的社会理论研究方法之局限中解脱出来的一种传播理性；（2）一种连续真实世界（Lifeworld）和各种体制、范式的双层概念；（3）解释"社会病理学"的现代性的理论。哈贝马斯由此总结道："传播行为理论是意欲使某种社会生活语境的概念化成为可能，这种语境恰是专为种种现代性的反论设置的。"④

通往这种理论立场的路途须应用一种重新建构的科学。在《传播与社会演化》中，哈贝马斯（1979）宣称："普遍符号应用学的任务，是识别和重构'一种可能理解'的普遍条件。在其他语境里，我们也谈及传播的一般先决条件，但我更愿意讨论传播行为的一般先决条件，因为我认为那种指向于达到理解的行为是基础性的。"的确，对哈贝马斯而言，"达成理解的目的，是趋向意见一致，它止于相互的理解、共享的知识、互相的信任和共同的适应所带来

---

① 陈学明：《哈贝马斯的"晚期资本主义"论评述》，重庆出版社，1993，第1页。
② 哈贝马斯：《知识和人类的利益》，Beacon 出版社，1971。
③ 哈贝马斯：《传播行为理论（第一卷）：社会的原因和理性化》，Beacon 出版社，1981，第397页。
④ 哈贝马斯：《传播行为理论（第一卷）：社会的原因和理性化》，Beacon 出版社，1981，第 xi 页。

的那种交互主观的彼此性（Intersubjective Mutuality）"①。

构成传播实践基础的这些条件都建立在理性之上，这种理性由参与者"能否在适当环境中为他们的表达提供道理"来决定。哈贝马斯（1984）解释说："适于日常生活传播实践的理性，说明争论的实践像一个上诉法庭，它使传播行为与其他方式的连接成为可能，尤其是当异议分歧已不能用日常惯例来弥补，而且也不能用直接或策略的力量来解决的时候。"②

因为传播实践产生于社会和文化的结构这个背景之中，所以哈贝马斯把注意力引向了作为符号复制的语境。他指出并描绘了三个结构组成部分："（1）为了形成对他们状况的相互理解，传播的参与者应处于一个他们共同使用并同时不断更新的文化传统里；（2）为把他们的行动同可批评的验证性主张的交互主观的认知协调起来，他们有赖于社会团体的成员关系，并同时强化后者的整合；（3）通过参与同有能力的参照人（Competent Reference Persons）的互动，成长中的儿童内化他们所处社会团体的价值取向，并得到一般化的行为能力。"然后，他继续指出，传播行为有三种功能：一是传播与文化知识更新；二是社会整合和群体团结；三是个人认同。③

哈贝马斯就言辞行为和三个世界的关系，把传播参与者的文化语境定为"演员们的世界"。它们是"客观世界""社会世界"和"主观世界"。在客观世界里，对现实所有的真实表达都可能实现；在社会世界里，所有的人际关系都能受到合法调节；而主观世界，则是指说话者已具备特权可以获取经验。④

传播成为一种共享文化背景下的一个谈判过程，一个能为任何有意义的参与提供先决条件的"真实世界"。确实，文化、社会和个人是"真实世界"的结构组成部分，在其中，传播行为用以复制文化知识、整合个体，并塑造不同的个性。哈贝马斯（1984）把"文化"看作知识的储水池，参与这个世界传播的人从中按自己的方式进行解读，"社会"代表了合乎法律的秩序，透过

---

① 哈贝马斯：《传播与社会演化》，Beacon 出版社，1979，第 13 页。
② 哈贝马斯：《传播行为理论（第一卷）：社会的原因和理性化》，Beacon 出版社，1981，第 17 ~ 18 页。
③ 哈贝马斯：《传播行为理论（第一卷）：社会的原因和理性化》，Beacon 出版社，1981，第 26 页。
④ 哈贝马斯：《传播行为理论（第一卷）：社会的原因和理性化》，Beacon 出版社，1981，第 100 页。

它，参与者们保全他们社会群体中的成员资格并维护其凝聚力；"个性"指的是，确保主体在维系自身身份时参与理解过程的能力。在符号内容的语意学领域，社会空间和历史时间形成了各种传播行为发生的"维度"。①

媒介作为"真实世界"里日常活动不可剥离的部分，是以"传播的普遍化形式"在运行的。因而，报刊、广播和电视，就具备了一种法律许可的功能。它们把参与者从时空的限制中解放出来，提供可获取的多元语境，并在能够满足专制或开明的需求之中变得作用重大。②

这种传播与媒介的观点的提出，表明大众传播理论和研究总是同传播实践的分析密不可分。也就是说，同传播能力、理解和个体在真实世界的参与相关。丹尼尔·哈林（Danial Halin）看到，"对哈贝马斯来说，所有形式的人类传播，甚至在大众散布的状况下，根本上讲都是人类主体之间的各种关系，如果它们从基本的对话结构中剥离出来的话。"③ 哈贝马斯主张，媒介的研究必须是一种文化研究，是真实世界环境的研究，是服务于解放利益要求的公共领域前途的研究。它基于这样的观点，即知识是忠于真理（开放性）和反思之过程的。如理查德·伯恩斯坦所说（1985），"一种解放利益在这种意义上讲是基本的，即理性利益在于推动改善其全面发展的条件；因而对非曲解传播的需求变得完全清楚……非曲解的相互传播不可能存在，除非我们意识到并致力建立起相互传播所必要的社会物质条件。"④

在哈贝马斯近期工作中，他已经勾画出一个广阔的理论框架，并拿出了一个传播研究议程。他工作的复杂性和他在潜心学术时展示的百科全书式的知识结构，成为美国从事传播理论研究者的主要挑战。确实，理论上的复杂性和知识上的高要求，使得人们不易参与对哈贝马斯工作的批判性评价。而这位当今法兰克福学派最重要的思想家，由于在传播学界进行的批判性理论研究，使得尚无人能站在他的前面。

---

① 哈贝马斯：《传播行为理论中的理解与理性》，Suhrkamp Verlag 出版社，1984。
② 哈贝马斯：《传播行为理论（第一卷）：社会的原因和理性化》，Beacon 出版社，1981，第 406 页。
③ D. 哈林：《美国新闻媒介：一种批判理论视角》，载 J. 福里斯特编《批判理论与公共生活》，麻省理工学院出版社，1985，第 122 ~ 146 页。
④ R. 伯恩斯坦：《哈贝马斯与现代性》，Polity 出版社，1985。

五

以上，我们对批判理论在欧洲兴起后传入美国而产生交锋与变异、震撼与争夺的历史轨迹进行了粗线条的描绘。下面，我们有必要从总体观照的角度对批判视野中的传播理论发展再作一番考察。

1947 年，德国法兰克福学派的阿多诺和霍克海默曾提出著名的"文化工业"理论，而拉扎斯菲尔德也早在 1941 年就针对美国及欧洲研究的差异撰写了《行政及批判传播学研究述评》一文。但是以西方马克思主义为基点的批判研究要到 20 世纪 70 年代才受到广泛的重视。英国批判研究主将之一的柯伦，在《大众传播与社会》（1977）和《文化、社会和媒介》（1982）两书中，正式把美国传播研究所植根的多元主义观点和批判研究的马克思主义观点对立起来，指出两者对社会及媒介解释的极端不同，旨在刺激传播学者寻找更合理的分析和研究方法。

批判研究之所以能在 20 世纪 70 年代受到学者们普遍的重视，自然有其社会历史和学术方面的背景。就时代背景而言，大众媒介在 20 世纪 50、60 年代业已成为极为庞大的资讯机构，1963 年开始的美国电视晚间新闻更成为全社会的焦点，民众对媒介的依赖越发殷切，政治机构对媒介的运用也越发敏感，同时在 60 年代欧美各国普遍发生的社会抗议、暴动、种族冲突、劳资纠纷、学生运动、反战示威，甚至政治丑闻，使得媒体在社会动乱年代所扮演的"政治"角色引起许多争议。政治传播学者布鲁勒即指出，当时的社会危机也引发了媒介危机，许多社会群体认为媒体扭曲了它们的本质。

在激烈的社会冲突及媒介角色的争议中，传播学者自然难以保持价值中立的实证主义形象。越来越多的学者开始意识到仅从短期的行为态度验证传播的效果是学者们的画地自限。20 世纪 70 年代，传播学者重新反省行为主义研究模式，尝试不同的研究路径，有的人将传播效果的观念从短期的态度改变扩大到长期的认识塑造，有的则企图从宏观的社会结构角度解释传播的功能，也有大量的学者转向已在英法德等国兴起的批判传播研究，以不同的理论和方法，探讨当代大众传播与社会之间的关系。

于是，批判传播研究开始了对主导研究范式的挑战。在前文论及的1983年出版的《传播学刊》专号"发酵中的园地"，以及1985年国际传播协会（ICA）在夏威夷召开的以"模式对话"为主题的年会中，世界各国的学者均有热烈的讨论和争辩。但无可否认，批判传播研究基于深厚的哲学传统，以社会权力的控制来观照媒介的社会功能，确实在实证传播研究所分析的个人效果之外，提供了截然不同的思考角度。

国际传播学界，自20世纪30年代以来，在美国实用主义哲学的经验实证方法影响下，形成了所谓的主导传播研究模式——传统学派。随着法兰克福学派兴起，实证主义的经验研究方法受到日益严厉的质疑，因此传统学派相形之下日渐式微。而批判学派虽派别林立，门类众多，但毕竟呈异军突起、横扫天下之势，并且终于在20世纪70年代得与传统学派分庭抗礼。随后，在80年代、90年代渐受学界青睐，明显占据了传播学研究的主导地位。而且，英国文化研究学派的推波助澜，使批判理论在传播学研究领域更加深入人心。限于篇幅，这里无法对日显优越的文化研究学派多加评论了。

比较与整合：西方媒介理论的新动向

石义彬　单波*

整个 20 世纪，媒介研究一直是一个国际性的学术话题，它在不断融入研究群体所在国家的媒介及媒介政策运作过程中的同时，也形成了风格各异的学术话语。20 世纪 50 年代以来，一些西方学者就开始在比较学的视野中审视西方媒介研究状况，并大致形成了对欧美媒介研究风格的区分，即把媒介置于政治怀疑与批判框架中的批判研究（critical research）与在既定政策参量内评估媒介系统功能的行政研究（administrative research）。虽然这种划分过于简单，并且不断受到质疑，但学者们的共识是确定的：随着媒介机构、产品和消费的国际化，媒介研究不能局限在一国范围内，必须加强国际间的合作与交流，以面对媒介发展的全球化问题。

几年前，英国学者约翰·科纳（John Corner）、罗杰·西尔弗斯通（Roger Silverstone）和苏格兰学者菲力普·施莱辛格（Philip Schlesinger）商议着邀请欧美著名传播学学者对媒介研究的进展作出权威性的评述，由此产生了由劳特利奇（Routledge）出版公司于 1997 年在伦敦和纽约两地推出的《国际媒介研究：批判性考察》（International Media Research：A Critical Survey）一书。自 20 世纪 80 年代以来，欧洲的一些学者就热衷于对媒介问题作大范围内的群体研究，特别是所谓"欧洲媒介研究群"在著名学者卡伦·休尼（Karen Siune）的领导下于 1986 年对欧洲变迁的媒介环境所作的一系列研究，至今令人回味，这次在三位学者组织下的研究，无论在广度和深度上都是空前的。

欧美学者在这本评述性的著作中展开了真正意义上的学术对话，他们所讨论的主题集中在三个方面：北美和欧洲媒介研究状况比较，国家、市场和传播

---

* 单波，武汉大学新闻与传播学院教授，副院长，博士研究生导师。

体制，以及媒介研究与媒介政策。在对话中，该书的作者们保持着一种共识：美国是历史意义上媒介研究最初的焦点，并且在媒介的重构方面也走在前列，这显然与技术进步和宽松的政策相关，由此而来的影响波及美洲各国以及更远的地域，而在欧盟及其成员国中，就媒介问题和文化政策而言，美国已成为时而被仿效时而被抛弃的对象。当研究者面对全球媒介市场或着力于为东欧国家的转型而提供现代化、多元化、市场化的媒介模型时，美国就成为被模仿的对象；而当研究者潜心于文化层面的批判研究时，他们则往往关注欧洲文化的不同，强调媒介的地区特色。其实，从学理层面上讲，他们所看到的是媒介研究中市场研究模式和文化研究模式的差异，前一种模式的思考逻辑是经济逻辑，其动力是追求媒介运作的最大利润，因此，如何争取消费者就成为最重要的问题，而任何干扰自由市场竞争的要求（如规范节目内容、保持节目的平衡、禁止跨地域媒体经营等）均被视为违反自然，同时还强调媒介产品的同质性以减少生产成本。而后一种模式的思考逻辑则是文化教育的逻辑，讲求言论自由、美的品质、公共利益的考虑、观念整合、保护少数族群和青少年，重视文化认同与区域自主的保护，认为媒介在文化层面上应是多元而富有地方特色的，在告知和教育民众成为民主政治的一员方面，极具文化上的重要意义。正是这后一种想法使欧洲公共广播电视制度维持到了 20 世纪 80 年代。但随着80 年代以来商业与技术浪潮的冲击，欧洲人引以为豪的公共广播电视系统逐渐被瓦解。1980 年，西欧 17 个国家共有 41 个电视频道和 61 个广播，绝大部分都是"公共"性质，而到 1990 年，一下子冒出 36 个商业频道，与 40 个公共频道及其他有线电视频道相抗衡。变化了的媒介环境对欧洲媒介研究产生了深刻的影响，按麦奎尔（Danis McQuail）等欧洲学者的说法，欧洲媒介研究开始进入由"旧秩序"向"新秩序"转变的过程，即以公共服务和政府控制为重要特点的"旧秩序"，受到新科技的冲击以及跨国商业势力的影响，进入抗拒、冲突及调适阶段，逐渐由新的媒介运作法规孕育出新的秩序，同时新秩序的基本规约再经过受众、市场的考验，导引出欧洲新的媒介模式——私人和不同的市场机会构成的私人媒介与公共媒介的双元系统。

然而，从这场学术对话中我们可以看到，欧洲学者无意因为这种由"旧秩序"向"新秩序"的转变而抛弃传播学中的文化研究，而直奔美国主流传播学那种以"传播者—讯息—通道—受众—效果"为模式的直线型分析。英国学者索尼亚·利文斯通（Sonia Livingstone）在解读美国学者卡茨（Elihu Katz）40 年的媒介研究时，就以同情的理解显露出对这位美国学者整合欧美媒介研究风格的认同。在她看来，卡茨虽然一度沿袭社会心理学传统，但从其学术经历来看，他一直在从多元视角探讨个人对媒介事件的影响力（influence）问题，从介入媒介影响力中的主要社团和人际网络的角色，到舆论形成的机制，再到影响媒介反应的文化和亚文化因素，通过并不单一的路径，他从"使用和满足"的社会心理学研究转到在复杂的文化和技术环境下媒介传播过程的个性化研究。索尼亚·利文斯通进而指出，卡茨的媒介研究在某种程度上整合了行政研究和批判研究，他对证据的重视、对单一或封闭的媒介效果定义的排拒以及对传播的社会和心理过程的通观，成就了他对媒介研究的贡献。显然，这种评述的意义不在于一位英国传播学者如何准确地评价一位美国传播学者的研究，而在于欧美传播学者所达成的方法论的沟通。在美国传播研究传统中，传播研究主要是以"传播者—讯息—通道—受众—效果"为模式的直线型分析，强调传播结构独立于社会结构，两者间的关系只有模糊的互动概念加以解释，其研究重点放在个人的、短期的、微观的传播效果上。而起源于试图发展一种批判的政治实践的英国文化研究则着眼于"一种不断思考如何在世界上进行干预的实践"，或者用英国学者霍尔的话来说，是一种对现实生活的参与。这种参与往往采取极端政治的形式，其目的是系统地批判资本主义和资本主义市场并密切关注争取社会变革的实际运动。因此，文化研究学者把目光投向传播过程中的文化、意义和权力，试图将社会各部分纳入一个权力结构运作的整体，以宏观的方法来探讨传播的角色。

　　瑞典学者彼得·达尔格伦（Peter Dahlgren）对 20 世纪 50 年代以来的文化研究理论进行了系统总结，指出它围绕文化、意义与权力展开论述，在意义的诠释和价值判断上表现出比传统研究方法更强的敏锐性。尽管目前概念的混乱与内在的矛盾的存在，影响了研究的清晰性，但与传统研究方法相比较而言，它对新形势下传播技术统治力量的批判会更有价值。

　　美国学者伊丽莎白·福克斯（Elizabeth Fox）对战后拉美地区在媒介和大众文化方面的研究进行了全面评述，指出其研究进程是在改变国家与媒体的关系中展开的，自由市场的驱动力和民主政治的发展已成为影响该研究领域的结构性因素。也就是说，拉美的媒介与大众文化研究是在推动媒介市场和西方价值观念的全球化中展开的。

从学者们所作的广泛分析与比较中，我们可以看到，在一般意义上，欧美传播学研究方法的整合的基础在于：首先，这些方法不是相互排斥的，而是互补的，它们共同融入了西方传播学方法论体系；其次，任何方法都不能独立于研究者的基本观念架构之外而自成一个客观的运作体系，因为任何人在运用方法研究问题之时，心中早已有一套自觉不自觉的关于人类社会及知识的基本观念，这些基本观念导引着他看问题的方法。而现今时代欧美研究者的观念在媒介新技术和媒介商业化浪潮中不断实现着交融，如上述市场逻辑和文化教育逻辑所隐含的不同观点就已经交织在一起了，这就很自然地引起方法的整合。

然而，整合并不意味着合二为一。欧洲学者在关注媒介市场时，依然坚守着对文化意义的追寻和对社会权力、媒介权力相互渗透的批判，只不过这种批判精神在学院化的气息中被削弱了许多。美国学者在探讨媒介文化的影响力时，坚持的是对媒介短期效果的研究，贯注着以媒介文化的全球化来实现媒介市场的全球化的浓厚兴趣。

对于媒介研究的未来，该书的作者们认为，随着媒介角色的复杂化，即媒介既是全球的又是地方的，既是公共的又是私人的，媒介研究将既是多元的，又是各具特色的。同时可以预见的是，西方媒介研究都将顺着"新闻自由"的逻辑演绎下去，面对以新的形式出现的旧问题，如媒介影响力问题、所有权和控制权问题、公民权问题、媒体使用的社会心理问题等。所不同的是，理论家们还将面对在复杂的信息环境中出现的公共领域与私人空间、文化冲击与文化多样性的新矛盾，而这一新矛盾很可能成为西方新闻传播理论的生长点之一。是否如此？让我们拭目以待。

西方新闻与大众传播理论表述活动的历史与逻辑[*]

石义彬　单　波^{**}

一　引言

诚如美国学者迪莉娅（J. W. Delia）所言，西方传播学从未依赖单一的知识来源，也从未统一过。[①] 因此，它是一个难于把握的学术领域。自 20 世纪50 年代以来，西方学者对此领域进行了方方面面的清理，但至今仍然没有统一的认识。他们大多偏重于用抽象的、有普遍意义的理论框架和方法来涵盖具体的、历史的、呈现文化多样性的新闻传播理论表述，这就难免产生各种各样"以偏概全"的研究模式，而在科学主义的视野下，这些被总结出来的研究模式又不断遭受广泛的质疑，以至于得出"传播科学尚处于'前范式阶段'"[②]的判断。其实，问题并不在于新闻与大众传播理论有没有范式或能否用单一的研究范式来界定，而在于传播研究的"场域性"（contextuality）和人类传播活动的"不确定性"（indeterminancies）摧毁了为建立抽象的研究范式而设立的权威性学术话语。

1981 年，丹尼斯·麦奎尔（Denis McQuail）和斯文·温德尔（Sven Windahl）出版《大众传播模式论》（*Communication Models for The Study of Mass*

---

* 此文为单波主持的国家教育部"九五"社会科学基金项目"中西新闻与大众传播理论比较研究"（96JAQ860003）的成果之一。

** 单波，武汉大学新闻与传播学院教授，副院长，博士研究生导师。

① J. W. Delia, "Communication Research: A History," in C. R. Berger & S. H. Chaffee, eds., *Handbook of Communication Science* (Beverly Hills, CA: Sage, 1987), pp. 20 – 99.

② 参见 R. T. Craig, "Communication as a Practical Discipline," in Dervin, B., eds., *Paradigm Dialogues in Communication: Vol. 1: Issues* (Beverly Hills, CA: Sage, 1989), pp. 97 – 122.

Communication）一书时，西方学者建构传播研究模式的热情还没有减退，他们对模式的遵从依然建立在模式的构造功能、解释功能、启发功能和预测功能之上，但这两位学者当时还算比较清醒，认识到"模式不可避免地具有不完整、过分简单以及含有某些未被阐明的假设等缺陷，适用于一切目的和一切分析层次的模式无疑是不存在的"①。同时还看到，"因为大众传播研究的不同途径涉及互不相容的不同侧重点，有时涉及前后矛盾的理论，因此，任何一个全面性模式都可能混淆各种科学的探讨，不可能正确说明现实真实的思想状况"，另外，"一个单一的全面性模式可能会无形中肯定一种单一分立的传播过程的存在，即由作为信息来源的社会传向作为受众的社会"②。到1994年，麦奎尔的《大众传播理论导论》第三版面世时，研究模式的思想已淡化，开始以人文主义研究方法和科学主义研究方法为横轴，以媒介和社会为纵轴，把传播研究切割成媒介—文化论、媒介—唯物论、社会—文化论以及社会—唯物论四个不同的面向。显然，这种分析把西方传播研究带到了由"媒介、文化和社会"构成的"场"，呈现出传播研究的"场域性"。

任何传播研究模式都是在特定的"媒介、社会和文化"的场域、意义中产生的，只不过我们对这一事实不够重视，总是习惯于泛化传播研究模式或制造适应全球传播的人众传播理论模式，以至于传播理论之争常常被简化为研究模式和研究方法之争，这可以说是现时代新闻与大众传播理论表述的危机。因此，从某种意义上讲，我们更应在"媒介、社会和文化"的场域、意义中去重新审视西方新闻与大众传播理论，以真实地理解其发展的历史和逻辑。

二　在自由主义话语中展开的新闻与大众传播理论表述

西方人对新闻与大众传播现实的理论表述可以追溯到英国政论作家约翰·弥尔顿（John Milton）1644年在英国议会发表的长篇演讲——《论出版自

---

① 丹尼斯·麦奎尔、斯文·温德尔：《大众传播模式论》，祝建华、武伟译，上海译文出版社，1987，第4页。

② 丹尼斯·麦奎尔、斯文·温德尔：《大众传播模式论》，祝建华、武伟译，上海译文出版社，1987，第13页。

由》。这种表述活动之所以会展开如此大的历史跨度，是基于这样一种事实：新闻传播活动作为基于人的天性的交往活动，其发展前提是思想自由和表达自由，它最终决定新闻传播应如何发展、应如何符合人的目的以及应达到何种"普遍性"。无可否认，这个"事实"被弥尔顿抓到了。尽管他只是在人类对上帝的恩赐的需求中寻求保护人的言论自由权利，还没有进入新闻自由的实践层面，但他还是触及了新闻传播的核心问题。如他认为，出版自由是"一切伟大智慧的乳母，它像天国的嘉惠，使我们的精神开朗而又高贵。它解放了、扩大了并大大提高了我们的见识"，它是人类与生俱来的权利，是"一切自由中最重要的自由"。[1] 而一切出版管制不管其动机如何，其实质都是以宗教法庭的形式，实现权力与利益的结合，从而在根本上剥夺人民的权利。这是对自由、对人权的侵犯。[2] 同时，在他看来，出版自由的实质性目的是杜绝献媚、广纳忠言、开明地听取人民的怨诉以及容忍不同意见的争论。正是从这样的表述中，人们很自然地引申出新闻自由的思想。

表面上看，他的写作动机并不在构筑关于出版自由的学说体系，而只是一般的追求自由的激情；他甚至也没有把出版自由付诸实践，相反，在七年后还成了克伦威尔军政府的书报检察官，从事自己所谴责的出版物检查工作。同时也不难发现，与他同时代的英国人托马斯·霍布斯（Thomas Hobbes）所写的《论公民》（1642）、《利维坦》（1651）更具思想深度，而稍后的英国人约翰·洛克（John Locke）在《政府论》（1690）、《人类理解论》（1690）中，"似乎像牛顿发现了自然世界的科学规律一样发现了人心的科学规律，从而打开了在比较理性因而也比较愉快的方针上改造人类社会的途径"，[3] 使自由由天性转为权利。但有一点是共同的，即在宗教与政治纠缠不清的 16、17 世纪英国文化背景下，他们都在追寻实现上帝的旨意的过程中，认同自由是人所具有的天然权利，是人性的体现。不同的是，弥尔顿从言论和出版自由角度对这一"天赋人权"观进行了具有理想主义色彩的论辩，从而使新闻自由一开始便与宗教、政治纠结在一起。

---

① 〔英〕约翰·弥尔顿：《论出版自由》，吴之椿译，商务印书馆，1958，第44~45页。
② 〔英〕约翰·弥尔顿：《论出版自由》，吴之椿译，商务印书馆，1958，第34页。
③ 〔英〕阿伦·布洛克：《西方人文主义传统》，董东山译，三联书店，1997，第77页。

在《论出版自由》这本未经许可的、没有登记的出版物中，有一个很著名的观点：只有让各种观点通过自由讨论才能达成真理。意见自由市场（a free marketplace of ideas）由此缘起，即在开放的意见自由市场中，人有能力识别真伪，而这又成了新闻自由哲学思考中一个最基本的观念。尽管弥尔顿对新闻自由的理解还有很浓重的心灵自由的色彩，尽管他把出版自由视为高尚、庄重及有教养的人们的特权，认为那些生命短暂的"新闻小册子"配不上出版自由，从而导致理论与行为上的矛盾，但他的激情澎湃的自由话语确实叩开了自由主义新闻理论之门，并对西方新闻业的现代转化产生了深远的影响。

在新闻自由得到法律保障之前，西方新闻业始终未获得充分发展，因而也难得出现系统的新闻理论探讨，只是迸出了一些零星的理论火花。如在有着悠久报业历史的德国，克里斯岑·韦斯（Christian Weise）在1676年提出在新闻选择中要区别真伪。1688年，另一位学者丹尼尔·哈特奈克（Daniel Hartnack）认为，新闻选择中应强调事件的重要性，决定一个事件是否值得报道的关键是事件的后果。1690年，托比亚斯·扑瑟（Tobias Peucer）撰写了世界上第一篇关于报纸的论文，首次提出了新闻价值的概念，认为选择新闻的主要标准是异常性和重要性。1695年，卡斯帕·斯蒂勒（K. Stieler）又进一步提出新闻的新鲜性、接近性、显要性和消极性等价值要素。[1] 这些观点代表了当时的学者理性地规约新闻报道行为的追求，然而又是与时代的问题错位的。当时的欧洲报业所面临的首要问题是，如何使自由主义新闻思想进入实践从而解除专制与独裁对新闻业的束缚？因为现实的情况是，英国从1712年开始征收印花税，要求出版商为出版物付税，这阻止了意见自由市场的形成。欧洲大陆的专制风气更甚：在18世纪的法国，有"攻击教会、引起反政府情绪，攻击政府、暗中破坏秩序与平衡"之虞的文章作者，都可能被判处死刑；在普鲁士，国王曾一度禁止所有外国报纸进口；奥地利则在两年内查禁了国内两千五百家出版商。获得官方许可的报纸又必须按政府的指示来报道新闻，如《法国公报》就必须"站在官方的立场"驳斥伽利略所提出的日心说，并且要

---

[1] 徐耀魁：《西方新闻理论评析》，新华出版社，1998，第85、86、130页。

详细报道罗马宗教法庭对伽利略的审判。①

　　当出版商在黑暗中左冲右突或趋炎附势的时候，思想家又一次点亮了自由之灯。孟德斯鸠在 1748 年写成的《论法的精神》一书中，提出自由是做法律所许可的一切事情的权利，并由此认为，一方面，人民应通过代议机关表达他们的舆论；另一方面，应保障公民权利特别是言论和思想的权利。卢梭则在 1762 年发表的《社会契约论》中首次提出主权在民的思想，在他看来，主权必须来自全体人民，而且必须是不能从他们身上剥夺的；同时，他们在充当立法议员时必须尽力表达普遍意愿，当人们抱着道德责任感行事和考虑公众的利益而不是自己的私人利益时，这种普遍意愿就会出版。这可以说构成了 1789 年法国大革命期间出版自由运动的思想基础，同时也是政治学说中的自由主义新闻思想在法国大革命中发展成为法学层面的出版自由的思想基础。沿着孟德斯鸠和卢梭的思想轨迹，罗伯斯庇尔在《革命法制和审判》一书中阐述了"出版自由是一种基本人权"的思想，并把出版自由的立法建立在"出版自由是完全的和无限的"② 原则之上。法国国民议会也在激烈的辩论之后，于 1789 年把言论出版自由作为第十一条载入《人权与公民权利宣言》，那经典的表述至今仍能使人体会新闻自由思想的永恒价值：无拘无束地交流思想和意见是人类最宝贵的权利之一。每个公民都有言论、著述和出版的自由，只要他对滥用法律规定情况下的这种自由负责。

　　与此同时，美国国会于 1789 年通过的宪法修正案（亦称《人权法案》），第一条即规定国会不得制定剥夺人民言论或出版自由的法律，从此，西方新闻自由开始了制度化的历程。按照新闻史学家史密斯（Anthony Smith）的说法，在 1815 年的时候，新闻自由是一个概念，是一种实验，是一件骇人的事；到了 1881 年，新闻自由已成为连续的制度，而其中最令人赞叹的论述则永远铭记在 1881 年 7 月通过的《法国新闻出版自由法》中。③ 其实，西方许多国家

---

① 〔美〕威尔伯·施拉姆：《人类传播史》，游梓翔、吴韵仪译，台湾远流出版公司，1994，第 232～233 页。

② 〔法〕罗伯斯庇尔：《革命法制和审判》，赵涵舆译，商务印书馆，1986，第 52 页。

③ Anthony Smith, *The Newspaper*: *An International History*（London：Thames and Hudson, 1979），p. 105.

的新闻自由在 1881 年前就已先行发展：挪威在 1814 年的新宪法中宣告新闻自由；意大利在 1848 年颁布的宪法中对新闻作出新的规范，同年，德国废除对新闻的限制；到 1881 年，英国通过一项新的诽谤法，不再要求报纸为可能的官司预存款项，免除报纸事前送审的要求。在这种情况下，西方报业在 19 世纪获得了新的动力并得到比较充分的发展。此时，弥尔顿的保护理性的个人自由的权利和在人类对上帝的恩赐的需求中寻求真理的体系让位于密尔（John Stuart Mill）的体系——在一个既了解社会需求又了解个人权利的市场中形成代表真理的进步言论。密尔的《论自由》，不为追寻实现上帝的旨意，而是追寻社会对"真理更美好感觉"的需要，也就是说，社会至上融入了个人权利，实用主义代替了精英主义，曾经是绝对而理性的真理变成了多数主义和渐进的发展。①

三 在关注人类社会进步的意识形态气氛笼罩下的新闻与大众传播理论表述

新闻自由思想的拓展与落实给西方新闻业营造了巨大的发展空间，成为西方新闻业市场化发展的内在动力，同时西方新闻业的迅猛发展又推动了新闻学的研究。

19 世纪中晚期，西方学术界笼罩着一种关注人类社会进步的意识形态气氛，人们期望从人类社会由低级向高级理性阶段演化的过程中揭示和发现社会法则。这时，欧洲的理论表述的最大特点就是开始了由社会思想向制度化的社会科学的转化过程，并深深植根于在资本主义世界体系中占支配地位的自由主义意识形态。按照自由主义意识形态，社会的发展与进步依赖于对下述三个活动领域的严格区分：与市场相关的领域，与国家相关的领域和与"人"相关的领域，而且各自还具有特定的规则或逻辑；对这三个独立领域的研究，也就渐渐地被称为经济学、政治学和社会学。这三门学科辅助于历史学，都有着很强的"应用"性质，它们以"常规性变化"为依据、以现实经验为取向，最终变成了一种限定和设计

---

① Richard A. Schwarzilose, "The Marketplace of Ideas: A Measure of Free Expression," *Journalism Monographs*, No. 118 (1989).

社会变化的研究方式：它不仅有助于国家政策的制定，同样也有助于资本主义意识形态的兑现。① 西方 19 世纪的新闻学是在"社会—历史"的范畴内被纳入这一研究轨道的，其思想逻辑是，新闻是文明生活中起作用的一种社会力量。因此，学者们很自然地把目光投向新闻史的研究，于是，就有了 1845 年德国学者普尔兹所撰写的世界上第一部新闻学专著《德国新闻事业史》。而法国人托克威尔（Alexis de Tocqueville）在 1835 年出版的《论美国的民主》中，以民主作用论的观点来看待美国报纸的发展，认为美国的报纸之所以数量多，是因为它满足了民主需要，或者说是民主刺激了美国报纸的发展。

到 19 世纪末和 20 世纪初，西方人以这样的思考方式开始新闻学研究的制度化进程。新闻与社会的平稳发展和民主政治的成功有着密切的相关性，电气化、摄影术、电影、留声机、电话、广播等新的传播技术戏剧性地变革着媒介领域，也给人们提供着生活基础，以至于传播的变化能戏剧性地改变人们的思想与行为；同时，人们所处的时代还是垄断资本时代，在追求高额利润的过程中，作为公众舆论必不可少的滋养品的新闻，已被耸人听闻、浅薄无聊所"污染"，并且威胁着民主政治，更为可怕的是，新闻从业人员无所适从，新闻业处于一种无序状态，因此，新闻学研究与教育是必需的。② 显然，这种思考方式是西方新闻学接受社会学影响的内在动因。

一般来说，对西方新闻学和传播学构成间接和直接影响的主要是这样一些学者：研究官僚制度的德国人韦伯（Max Weber）、社会学之父孔德（Anguste Comte）、实证研究方法的先驱涂尔干（Emile Durkheim）、理论社会学的创始人斯宾塞（Herbert Spencer）、力主模仿理论的塔尔特（Gabriel Tarde）、研究团体对个人影响的社会心理学之父西梅尔（George Simmel）、实用主义哲学家杜威（John Dewey）和詹姆斯（William James）、社会学家库利（Charles Horton Cooley）、社会学芝加哥学派领袖帕克（Robert E. Park）、社会学家米德（George Herbert Mead）。③ 在他们所处的年代，报纸已成为拥有大量读者的、重要的大众媒体，社会进步的信念使他们中的一些人着迷于报纸在社会变迁过

---

① 郑莱：《再谈学科的迷思》，《读书》1998 年第 3 期。
② 单波：《反思新闻教育》，《新闻与传播研究》1998 年第 4 期。
③ 埃弗里特·M. 罗杰斯：《传播科技学理》，庄克仁译，台湾正中书局，1988，第 93～96 页。

程中的潜力，于是，新闻学的问题被纳入社会学视野之中，"传播"被作为人与人互动的关键要素纳入其思想过程。比如，杜威向他的学生灌输的一个重要观念便是"大众传播是社会变迁的工具"，并且他从未放弃借用媒体改良社会的可能性。① 而在库利看来，人与他人互动，有如一面镜子，帮助个人自我概念的形成，"传播"就是"镜中之我"形成过程中"唯一"的关键要素，它提供一个社会化方法，有如结合社会的螺齿。② 本来，关心大众媒体的库利已经注意到了大众传播效果问题、媒体所有权问题以及媒体在儿童社会化过程中的角色问题，但对报业商业主义的排拒，使得他只是在人际传播的范围内"诠释"其社会进步的信念。米德则从杜威和库利的学说出发，提出"个人乃经由与他人互动，进而认识自己"的自我理论，朝着强调人类传播是社会化的重要代理人这个方向大步迈进。③ 帕克在 11 年的记者生涯中发现了新闻塑造民意的作用，并带着对这一问题的浓厚兴趣离开新闻界，进入社会学领域，使传播成为社会学领域的一个中心问题，在他那里，所谓传播就是"个人能以某种意识，到达某种程度，对别人采取态度与观点的一种社会心理过程"④，新闻是人际交流的基础。他所关注的主要问题是，人际网络如何与大众媒体联结？报纸影响民意的程度如何？报纸如何为民意所控制？媒体如何能促进社会变迁？

　　显然，这些社会学家以他们对社会进步的关怀，把新闻与传播置于人类行为的实证分析层面，客观上打开了新闻学和传播学反思社会的新视角，并把它引向了社会科学研究轨道。从此，西方新闻学和传播学的理论表述不再仅仅是新闻传播的编史工作和经验化研究，而是延伸到了广阔的社会领域。但是，这个时期的行为主义者将权力（power）的研究等同于"影响力"（influence）的研究，过于轻率地忽视了作为"某种能力或预存属性"的权力与主要指涉权力运作过程的影响力之间的差异，相应地，以媒介效果研究取代传播过程研究，把媒介的影响力仅仅视为一种与生俱来的说服能力，至于这种影响力如何

---

① 埃弗里特·M. 罗杰斯：《传播科技学理》，庄克仁译，台湾正中书局，1988，第 97 页。
② 埃弗里特·M. 罗杰斯：《传播科技学理》，庄克仁译，台湾正中书局，1988，第 99 页。
③ 埃弗里特·M. 罗杰斯：《传播科技学理》，庄克仁译，台湾正中书局，1988，第 105 页。
④ 埃弗里特·M. 罗杰斯：《传播科技学理》，庄克仁译，台湾正中书局，1988，第 103 页。

运作，则并未受到重视。

李普曼的理论表述过程就是一个极好的说明。他对新闻传播现象的关注是从新闻报道不自由的状况开始的，在这之前，他的研究兴趣在政治学和外交领域。在参与第一次世界大战的过程中，自由主义意识形态的触角使得他发现战时的新闻报道是不自由的，由于新闻检查，公众无法知道伤亡的真实情况，在签订《凡尔赛和约》的过程中，公众也不了解谈判的内幕，因而也不能够提出自己的意见。另外，他还从战时的宣传工作中得出了极为深刻的印象，那就是新闻报道歪曲事实是家常便饭。由此，他以《纽约时报》的十月革命报道为对象进行调查分析，以证实他的经验判断。结果表明，这张报纸对十月革命的报道既有偏见，又不准确，"人们所读到的并不是事实，只不过是一些人所希望看到的东西罢了"①。对民主政治和社会进步的信念，使得他对新闻传播的理论表述集中在这样一些要点上：其一，在不偏不倚的事实基础上各抒己见是民主的必要条件；其二，民主在实质上就是对消息来源诚实性的保证，如果一个社会缺少能够洞悉谣言的消息，这个社会就无自由可言；其三，一个记者要能够透过现象发现目的；其四，只要给人民不偏不倚的事实，他们就会根据这些事实采取理智的行动。显然，这最后一点是一个很不完善的理论假设。面对美国的现实，李普曼很快对此提出质疑：好的新闻报道是否能真正消除人们心中的疑虑和不安？是否只要有了好消息，一切问题就迎刃而解了？新闻和"真实性"二者之间究竟有哪些区别？对这些问题的思考使他率先进入了对舆论的理论表述。其实，在美国历史上不乏注重舆论的人，如19世纪初，美国总统托马斯·杰斐逊就曾说过："我们政府的基础是民意，因而政府首先就要保障这一权利；如果要我在有政府而无报纸或有报纸而无政府之间加以选择，我将毫不犹豫地选择后者。"19世纪中叶，另一位美国总统亚伯拉罕·林肯也说过："你有舆论的支持，无往而不胜；没有的话，无事不败。"然而，这并没有使美国政治学对舆论问题给予应有的重视。凭着他的观察以及战时宣传工作的经历，李普曼把舆论视为民主政体的原动力，在《舆论学》一书中写下了这样的理论结论："舆论这个词包含着统治政治

---

① 林珊：《李普曼》，人民日报出版社，1996，第40页。

和社会关系的力量。……形成舆论和舆论的功效对于解决地方、国际问题和消除误会都是极根本、极重要的。"实质上,是人的交往领域的扩大、媒介在社会与政治生活中的作用加强以及李普曼本人对社会改革的热情呈现了舆论的重要性。

在对舆论的理论表述中,李普曼首先直接运用了美国行为主义心理学的刺激—反应公式来解释舆论的形成,在他看来,我们生活在其中的世界太大、太复杂、消逝太快,我们不可能直接去看、听、接触和了解它,我们只能凭人家报道给我们的情况来采取行动。今天,常常把李普曼的这一观点简单地归于机械论,殊不知,这还是他批判社会现实和媒介现实的逻辑起点。当时,在市场化轨道上运作了近一百年的美国新闻业已进入"后事实时代"(post-factual age),这是一个事实与虚构、新闻与娱乐、信息与广告之间的界限越来越模糊的时代,它构成了对民主社会和新闻业本身的威胁。在他看来,对大多数人来说,他们在政治上与之交往的世界是"深不可测、漫无边际、无法想象的",外界的真实情形往往为无知、歪曲、传统、感情、陈旧的假象所代替。更为要命的是,人们常常以"固定的成见"(stereotypes)来把握事物,于是,在大多数问题上,人们不是先理解再下定义,而是先下定义,然后再去理解。在这个五光十色、杂乱无章的世界上,人们只是根据自己的修养作出的解释来进行判断,然后再去理解这些旧框框下作出的判断。同时,大多数人都没有时间、精力、兴趣和条件去判断世界上所发生的事情,他们都是"局外人",只有少数有权、有责任心的"局内人"才能在社会上发号施令、决定一切。在这里,李普曼解构了传统民主理论——认为只要给公民提供信息,就能使他们进行理性的自我管理。在他看来,这种民主理论只能把民主导向危险的境地,因为它在民主中塞满了太多虚假的希望。为了拯救民主,必须发展"知识机构"(machinery of knowledge)以使不能自我管理的人们超越他们的偏见和经验的局限。① 我们可以看到,李普曼对民主社会和媒介现实的批判吸收了当时的大众社会理论的一个基本分析,即认为相对于传统社会,新兴工业社会不再因地

---

① Carl Bybee, "Can Democracy Survive in the Post-Factual Age? A Return to the Lippmann-Dewey Debate About the Politics of News," *Journalism & Mass Communication Monograph*, Vol. 1, No. 1, Spring 1999.

缘、血亲、职业或传统文化观念而维系在一起，都市化和工业化使得传统社会解体，现代人变得无根、漂泊和疏离，因此，现代人容易沦为媒介宣传的牺牲品。①

但是，同样是局限于行为主义和大众社会理论，后来的学者并未发展批判研究，而仅仅关注媒介的说服能力。拉斯韦尔（Harold D. Lasswell）的理论便假设大众媒介的宣传是"现代世界最有力的工具之一"，相信媒介讯息对受众有像子弹一样的威力。同时，对受众的假设也停留在"刺激—反应"阶段。他所建立的研究模式"谁—说什么—何种通道—对谁—什么效果"，也仅仅是一种孤立的传播过程的研究，这个行为走向的研究模式显然隐含着以媒介为自主机制的观念，忽略媒介与其他政治、经济、社会、文化等的内在联系，也无法对媒介与社会秩序的维系、变迁等大问题作出思考，更谈不上解释媒介在不同历史情境中所扮演的角色了。随后，学者们又发现同样的媒介讯息并不对每个受众都有同样的效果，认为传播效果不应从媒介讯息直接推论，而应从受众的差异性中来实证传播效果的有无。霍夫兰（Carl I. Hovland）以实验的方法证明了这种"有限效果论"，认为说服效果的发生必须视"人际差异"而定。他把研究重心放在说服传播中可观察到的效果，而且这些"可观察"到的效果又集中于受众的意见、态度、理解和行为等的改变。拉扎斯菲尔德（Paul F. Lazarsfeld）似乎认识到了大众传播在现代社会扮演着十分复杂的角色，由此建构了较为复杂的"两级传播"模式，即"意见似乎是从广播或印刷媒体流向意见领袖，再由意见领袖流向较不主动的大众"②。相对于霍夫兰的说服研究，这个研究模式开始注意人际传播网络在改变个人意见和态度上的重要性，发现了人际影响在大众传播中所扮演的角色，但它依然是局限在可观察和实证的层面下，着眼于行为层面的可验证性的变化，并且视此变化为一种"自主"现象，与其他的社会情境没有结构性的关联，排除了对长期不易观察的传播力量的反思，发展出单一层面的媒介影响力研究。诚然，我们无法否认

---

① 此观点摘要自 Tony Bennett "Theories of the Media, Theories of Society," in Michael Woollacott, eds., *Culture, Society and the Media* (London: Methuen, 1982), pp. 32 – 47。

② Parl F. Lazarsfeld and Elihu Katz, *Personal Influence: The Part Played by People in the Flow of Mass Communications* (Glencoe, Illinois: The Free Press, 1955), p. 32.

效果研究的价值，因为效果问题本来是人类传播的基础，但正如美国传播学家罗杰斯所批评的："太多的效果研究，遵循一个过度简化、单向的传播模式，而这个模式忽略了传播的情境架构，并且因为其轻视人类互动的天赋主观性，故而扭曲其现象的本质。"①

二战以后，这种单一层面的媒介影响力研究的语境不复存在，战争的创痛、核子的威胁、技术的宰制、意义的虚无等迫使人们重新思考人的权利和价值。在新闻传播领域，人们又重新审视新闻自由。美国的新闻自由委员会和英国的皇家报业委员会均观察到，无论是媒介的私人垄断还是媒介的公共垄断，都已逐渐威胁到了个人意见表达自由，他们认为要把媒介办成公共论坛，广泛吸收民众参与，形成人与人、媒介与受众的互动，以此使媒介负起社会责任。与此同时，电视、电脑等新传播技术已把传播推向社会变革第一线，其互动性、个人化、小众化的特性已迫使研究者不得不去关注传播系统中两人或多人的信息交流过程，并且在一个高度互动的传播系统中，已经不可能划分"来源"和"受众"，相反，每一个人都是"参与者"。于是，施拉姆在1952年最早提出了传播即"分享"信息的观念，认为传播是一种关系，是一种分享的活动，而不是一个人对另一个人施加的行为，从而在总体上扬弃了传统的媒介效果理论。② 在他看来，仅仅用"传者—受众"模式米描述传播是不确切的，也不应当把传播描述成两个同样活跃的主体双向间的一种关系，传播主体双方是由社会环境所联结的，也是由他们个人的知识和价值观的共识部分所联系的，也只有在这种关系中，双方才能分享信号。在这一分析框架下，他开始把目光投向媒介的长期效果，指出潜在的长期效果是大众媒介对于人类社会的主要作用，它表现在知识、新闻的获取及其社会化的过程中，存在于我们生命的所有时日之中。③ 施拉姆的研究显示，媒介效果研究把触角伸向了社会变革的深处——人与人的互动，同时也呈现了传播的互动本质。其实，这一互动本质不是一种虚构，而是基于资本生产与总体运行的实践结构——"主体—客体"

---

① 埃弗里特·M. 罗杰斯：《传播科技学理》，庄克仁译，台湾正中书局，1986，第146页。
② 何庆良：《施拉姆的传播理论》，《新闻研究资料》第52辑。
③ 何庆良：《施拉姆的传播理论》，《新闻研究资料》第52辑。

与"主体—主体"双重关系的统一。[①] 传统的"传者—受众"模式忽略了主体间的交往活动、交往关系和运行机制，因此，它不可避免地带有单一主体性、单一传播关系（只见"主体—客体"关系，没有"主体—主体"关系）以及褊狭的传播机制和片面的传播动力。从某种意义上而言，施拉姆无意中贴近了资本生产与总体运行的实践结构，实现了对传统媒介研究模式的超越。然而，施拉姆过分注重由个人的知识和价值观的共识部分所建立的互动关系，缺少对个人化、小众化的媒介文化背景下多极主体互动关系的分析，不能对个人的知识和价值观的共识部分进行反思，也不能对不同历史、文化背景下的媒介效果以及传播所引发的社会问题进行反思。因此，他的理论虽然触及了"人"，却不能反思"人"，虽然关注了社会变革，却不能干预社会变革。媒介化社会远不像他所描述的那样清晰透明、富于社会责任感，而是复杂的、混沌的、松散的。因为不再有大写的历史、大写的现实和大写的真理。[②]

但是，西方社会传播活动的专业化、职业化为施拉姆的媒介研究模式提供了合法性，这种合法性是作为社会管理的操作手段或技术机制中的核心内容而存在的。施拉姆所提出的"分享"信息的观念、潜在的长期效果及后来所探讨的大众传播责任理论、大众媒介与国家发展理论等，又都体现了合法性的重要内涵。在他之后，西方主流传播学理论又不断地给合法性注入更为精致的内容，如麦库姆斯（Mawell McCombs）和肖（Donald L. Shaw）率先提出的"议题设定"（agenda-setting）研究，建构了"新闻所设定的优先次序会成为受众的优先次序"的理论假说，为加强媒介效果提供了新思路；蒂奇纳（P. J. Tichenor）等人提出的"知识沟"（knowledge gap）研究扩大了对媒介信息功能的认识；格本纳（G. Gerbner）等人通过对电视涵化效果的研究，展现了这样一个理论命题：看电视越多者，其对现实世界的认知也越与电视所呈现的世界相符合。因此，暴力节目看得越多的受众通常也认为现实生活中暴力越多，也越关切暴力犯罪问题。另外还有探讨舆论形成问题的"沉默的螺旋理论"、建构传播与发展模式的"创新扩散理论"、研究受众如何使用媒介以满

---

① 任平：《走向交往实践的唯物主义》，《中国社会科学》1999 年第 1 期。

② 此为意大利哲学家 G. 维特莫在《透明社会》一书中表述的观点，转引自陈卫星《西方当代传播学学术思想的回顾和展望（下）》，《国外社会科学》1998 年第 2 期。

足自我需要的"使用与满足理论"等。这些理论表述都呈现出一个鲜明的特点，即把媒介看成现代民主的新工具和社会调整的决定性机制，从而追求对西方社会制度价值（特别是信息自由和经济自由的价值）和现存事物状态的再生产。它们都对特定社会情境和技术条件下的媒介管理问题有很强的解释力，但一旦脱离特定社会情境和技术条件，其解释力就会被削弱甚至丧失。

四　挑战西方社会文化和媒介文化问题的新闻与大众传播理论表述

从 20 世纪 50 年代电视进入家庭以来，大众媒介已成长为文化工业巨人，民众对媒体的依赖感加强，政治机构对媒体的运用也越来越频繁，同时，20 世纪 60 年代欧美各国普遍发生的社会抗争、种族冲突、劳资纠纷、学生运动、反战示威和政治丑闻，使得媒体在政治动乱年代所扮演的"政治"角色引起许多争议。如政治传播学者布鲁勒（Jay Blumler）所指出的，当时的社会危机也引发了媒介危机，许多社会群体认为媒体扭曲了他们的本质。[①] 另一些人则为媒介的霸权和专制而深感忧虑，法兰克福学派的文化工业批判话语代表了这种深深的忧虑，在他们那里，文化工业一方面是资本主义社会中操作大众意识形态的工具，另一方面又是服从于资本主义商品交换逻辑的，总而言之，是为资本主义制度服务的。他们在媒介体制外的哲学思辨在某种意义上揭示了媒介危机的实质。

于是，新闻传播的理论表述再也难以囿于单一的实证主义、专业化思维，再也不能过分地集中于传播媒介的"效果"，过分偏向于探讨受众个人对传播媒介信息的反应，而轻视对效果和反应的反思，再也无法有意无意地回避大众传播媒介的所有权和控制问题，忽略对大众媒介与整个社会历史变革之间关系以及资本主义社会制度之间的关系进行宏观的研究。在美国，最具典型意义的是，1969 年的"议题设定"研究使理论表述不再受限于社会学或心理学的范畴，开始以媒介及其与受众的关系为研究重点，隐含着以此出发解释社会运作

---

① 张锦华：《传播批判理论》，台湾黎明文化事业公司，1994，第 2 页。

的尝试；1970 年的"知识沟"研究已触及信息传播的社会性负面功能，即由于社会经济地位的差异而带来信息接受的差异，从而加深内在的社会冲突，其理论意趣已转移到探讨社会结构中的传媒角色。曾与拉扎斯菲尔德一起建构大众传播和个人影响两级传播模式的卡茨随即转移视野，从 1959 年就开始搭建大众传播研究和大众文化研究的桥梁，从多元视角探讨个人对媒介事件的影响力（influence）问题，从介入媒介影响力中的主要社团和人际网络的角色，到舆论形成的机制，再到影响媒介反应的文化和亚文化因素，通过并不单一的路径，他从"使用和满足"的社会心理学研究转到在复杂的文化和技术环境下媒介传播过程的个性化研究。正如英国传播学者索尼亚·利文斯通所评价的，卡茨的媒介研究在某种程度上整合了把媒介置于政治怀疑与批判框架中的批判研究（critical research）与在既定政策参量内评估媒介系统功能的行政研究（administrative research），他对证据的重视、对单一或封闭的媒介效果定义的排拒以及对传播的社会和心理过程的通观，成就了他对媒介研究的贡献。① 但是，实证主义和媒介自由市场观念的深刻影响，使北美传播学者难以消解实证式的媒介效果研究的"情结"，常常是用文化批判作手段，去达到加强媒介效果的目的。

20 世纪 60 年代，欧美传播学出现了戏剧性的学术景观：麦克卢汉（M. McLuhan）以"媒介的功能在于延伸人体的感应能力""媒介即讯息"等新奇的观点震动学界；与此同时，英国伯明翰大学现代文化研究中心的霍尔（S. Hall）等学者则从社会存在和社会意识的辩证关系出发，考察资本主义社会意识形态与大众传播之间的关系，吸收法兰克福学派的文化工业理论，开创了文化研究的新途径。

更具戏剧性的是，尽管麦克卢汉和文化研究学者都注意"媒介的权力"，但描述的方法和心态并不相同。麦克卢汉认为，拥有绝对力量的是媒介本身而不是媒介的内容，"一切传播媒介都在彻底地改造我们，它们在私人生活、政治、经济、美学、心理、道德、伦理和社会各方面的影响是如此普遍深入，以

---

① Sonia Livingstone, "The Work of Elihu Katz: Conceptualizing Media Effects in Context," in John Corner, Philip Schlesinger and Roger Silverstone, eds., *International Media Research: A Critical Survey* (Routledge, 1997), pp. 18 – 36.

至于我们的一切都与之接触，受其影响，为其改变"①。显然，他试图形式化地揭示当今时代愈演愈烈的媒介技术统治现象，形式化地呈现媒介如何改变了人们的思维方式和理解方法，但并不对此进行反思，而是顺着技术决定论的思路，呈现出现代人置身于新交流方式中的舒适感，以媒介对人的支配的合法性给消费时代下定义。相反，文化研究学者对媒介支配人的现象是警觉的、反思的，他们从语言和内容层面描述着传播媒介巨大的政治和意识形态影响力，认为这种影响力主要通过传播媒介所特有的"议题设定功能"得以发挥出来，而大众传播媒介所设定的"议题"是一种高度人工合成物，它必然经过传播者的新闻价值标准的过滤筛选，因此，媒介所报道的事件已非事件本身，而是媒介将一些语言符号联结在一起，以传递某种意义，从而使媒介担负意识形态的构建角色。更为可悲的是，传播媒介的"议题设定功能"依存于其"非党派性"和"中立"的招牌，这些招牌给人一种可信赖感，从而传播媒介所设定和提示的"议题"能对受众产生巨大影响。

应该说，上述学者所面对的历史情境是相似的，即二战后，大众文化（尤其是美国模式的流行文化），包括电影、电视、流行音乐、杂志等，在传播科技的力量、商业化包装的魅力及超级强国的威力下，大举渗透各国，社会生态文化产生巨大的变化，大众文化构成民众生活中极重要的空间。但他们对历史情境作了不同层面的观察。一方看到了传播科技对人的巨大统治力量，并由此看到了支配受众、拓展媒介市场的巨大潜力；一方则察觉出包括大众传播在内的大众文化总是处于特定的社会权力体系中，所谓文化的高雅与低俗、传播媒介的议题设定、文本的意义、传播的效果等，都是社会权力以各种面目渗透的结果。前一种观察是符合美国的市场研究模式的，其眼中的受众只是一个媒介或信息所指向的带有已知"社会—经济"特征的、潜在消费者的聚合体；后一种观察则与法兰克福批判学派相呼应，把限于哲学思辨和推论的文化工业批判发展成媒介体制内的文化研究，如霍尔所揭示的，在迎合读者口味报道新闻、遵守客观性原则等一些既有的认知框架里，可能早已隐含了有利于现有权力架构的意识形态，因为当媒介"客观"地引用某一新闻来源的时候，早已

---

① 转引自徐耀魁主编《西方新闻理论评析》，新华出版社，1998，第295页。

在客观采访的结构关系中嵌进了一个已经设定的议题，虽然媒介并非被动地在复制消息，而是有一个主动创造过程，但这种采访结构已被媒介视为当然的逻辑，这样一来，媒介的"自主"能力也就只是相对而非绝对的了。[①]

在一般意义上，我们很可能说，从那时起，欧美传播学研究形成了鲜明对照：北美传播学以行为主义的科学方法见长，而欧洲传播学开始流行批判方法和诠释学方法。但我们还应该看到，首先，这些方法不是相互排斥的，而是互补的，它们共同融入了西方传播学方法论体系；其次，任何方法都不能独立于研究者的基本观念架构之外，而自成一个客观的运作体系，因为任何人在运用方法研究问题之时，心中早已有一套自觉不自觉的关于人类社会及知识的基本观念，这些基本观念导引着他看问题的方法。因此，要明白欧美传播学研究方法分歧的实质，还得去追问这样一个问题：是什么样的观念导引着他们研究传播现象的方法？

正如我们前面所分析的，社会进步的信念使行为主义新闻传播理论表述者着迷于媒介在社会变迁过程中的潜力，认为媒介影响社会变迁的过程是可以预测和控制的。同时，按照霍尔的说法，他们以一套多元论（pluralism）的社会假设，视权力的运作是某一个人直接影响于另一个人的行为，个人的决策过程也是可以预测和控制的。[②] 因此，确定选择行为或市场行为是这些学者研究的主要内容，并由此确立研究问题的目标是预测和控制。他们思考问题的方法是：在这个主题（如人物、事件、现象等）中，有没有可测量的趋势？如果有，是什么？[③] 进一步看，其思考逻辑是市场逻辑或经济逻辑，其动力是追求媒介运作的最大利润，因此，如何争取消费者就成为最重要的问题，而任何干扰自由市场竞争的要求（如规范节目内容、保持节目的平衡、禁止跨地域媒体经营等）均被视为违反自然，同时还强调媒介产品的同质性以减少生产成本。

---

① 转引自张锦华《传播批判理论》，台湾黎明文化事业公司，1994，第 147 页。
② 转引自张锦华《传播批判理论》，台湾黎明文化事业公司，1994，第 137 页。
③ Edward J. Fink & Walter Gantz, "A Content Analysis of Three Mass Communication Research Traditions: Social Science, Interpretive Studies, and Critical Analysis," *Journalism & Mass Communication Quarterly*, Vol. 73, No. 1, Spring 1996.

相反，从事文化批判研究的学者认为，社会权力的发挥，并不在于某人影响某人的单一层面，意识形态所造成的"潜移默化"的影响，才是更深层次的因素。另一方面，文化工业批判者构筑了当代民主政治的核心概念——"公共领域"（public sphere），即针对公共事务，在法律制度保护下，公民得以自主而理性地互动及辩论，而大众传播的商业化和舆论技术的出现，限制甚至从根本上改变了公共领域的性质和特征，使其从理性—批判论争的场所逐渐蜕变为一个文化消费领域，公共性原则也被转化为管理化的统一原则。其结果是公众变成一种被管理的资源，他们被从公共讨论和决策过程中排除出去了，而一些利益集团的政治主张则被合法化了。① 在这种观念的引领下，他们很自然地把社会文化研究转向意义的理解和诠释，对社会冲突予以高度关注，尤其关心社会冲突中体现出来的支配—被支配的关系。由此，他们的思考方法是：一方面，媒介内容是多义的，要以动态的方式去发现外部世界、事件对人的价值和意义；另一方面，知识是通过批判而产生的，要从价值分析和判断中去寻求人类社会的解放和变革。其问题集中于：是什么造成了研究主题中的"霸权"（Hegemony）？那种霸权的价值观应不应该改变？应如何改变？② 其思考逻辑是文化教育的逻辑，讲求言论自由、美的品质、公共利益的考虑、观念整合、保护少数族群和青少年，重视文化认同与区域自主的保护，认为媒介在文化层面上应是多元而富有地方特色的，在告知和教育民众成为民主政治的一员方面，极具文化上的重要意义。

上述思考方法的差异的形成显然有着欧美新闻传播制度的背景，即欧洲长期推行的公共广播制度和美国长期奉行媒介商业制度。后者顺应商业主义原则，视受众为被动的新闻消费聚集体，立足于这种背景的新闻传播理论表述就

① 讨论"公共领域"概念的学者主要有阿伦特（Hannah Arendt）、鲁曼（N. Luhmann）、米尔斯（C. Wright Mills）、杜兰（A. Touraind）及哈贝马斯（Jurgen Habermas）等，其中以哈贝马斯的讨论最为系统。此处所引即为哈贝马斯的观点。参见张锦华著《传播批判理论》，台湾黎明文化事业公司，1994，第197页以及周宪著《文化工业—公共领域—收视率——布尔迪厄的媒介批判理论》（载《国外社会科学》1999年第2期）。

② Edward J. Fink & Walter Gantz, "A Content Analysis of Three Mass Communication Research Traditions: Social Science, Interpretive Studies, and Critical Analysis," *Journalism & Mass Communication Quarterly*, Vol. 73, No. 1, Spring 1996.

很自然地遵从着经济逻辑；而前者重视受众主动接收、诠释的能力，希望借此传播价值、理念等信息给他们，因此，从一开始就抗拒商业主义的哲学，由此便偏向于从文化教育的逻辑来展开新闻传播的理论表述。更进一步地看，文化研究学者和批判学者较多地承续了西方自由主义思想传统——把自发性和没有强制性看作是自由的精髓，强调公共权力（诸如司法体制和暴力手段使用的合法化等）不能超越一定的界限，即个人享有某些权利，这些权利不受国家的干涉。他们对社会权力渗透的结构性考察，对媒介由公共领域蜕变为文化消费领域的批判，对媒介运作过程中所内含的反民主、拒绝自由交流的"符号暴力"[1] 的揭露，都是对自由主义思想传统所作出的新注解。它突出了自由主义思想传统对民主的反思，即在民主制下，个人自由的保障并不是完全可靠的，如果把多数人的决定看作是至高无上的，如果所有问题都依照多数人的意志来解决，那么，自由就会被断送。由此出发，它把新闻自由思想的建构导向对媒介权力的反思。相反，行为主义实证论者的媒介研究主要由西方传统的民主思想支撑——强调公共权力要由民众来行使，主张多数人的统治。同时，它又给这种民主思想以新的注释：公众是个人通过对公共问题和解决方法的共识而形成的作为社会单位的政治集合，这样的集合需要多种传播工具来发展和延续。换言之，现代传媒担负着一个健全的民主社会不可缺少的功能：提供自由的意见交流市场和充分的信息以监督政府。由此出发，它把新闻自由思想导向制度化、工具性权利的建构。

应该说，这是两种相得益彰的理论体系，因为它们所根源的新闻传播制度背景和思想方法是互补的。这构成了两种理论体系多向发展与整合的客观基础。所以，纵观西方新闻传播理论表述的历史，一方面，美国是历史意义上媒介研究最初的焦点，并且在媒介环境的重构方面也走在前列，由此而来的影响波及美洲各国以及更远的地域。另一方面，在欧盟及其成员国中，就媒介问题和文化政策而言，美国已成为时而被仿效时而被抛弃的对象。当研究者面对全球媒介市场或着力于为东欧国家的媒介转型而提供现代化、多元化、市场化的

---

[1] 法国思想家皮埃尔·布尔迪厄（P. Bourdieu）在《关于电视》一书中揭露了电视在资本主义社会中的两个基本功能：反民主的符号暴力和受商业逻辑制约的他律性。参见周宪著《文化工业—公共领域—收视率——布尔迪厄的媒介批判理论》，《国外社会科学》1999 年第 2 期。

媒介模型时，美国就成为被模仿的对象，而当研究者潜心于文化层面的批判研究时，则往往关注欧洲文化认同，强调媒介的地区特色。20 世纪 80 年代以后，随着商业与技术浪潮的冲击，欧洲人引以为豪的公共广播电视系统逐渐被瓦解，1980 年，西欧 17 个国家共有 41 个电视频道 61 个广播，绝大部分都是"公共"性质，而到 1990 年，一下子冒出 36 个商业频道，与 40 个公共频道及其他有线电视频道相抗衡。变化了的媒介环境对欧洲媒介研究产生了深刻的影响，按麦奎尔（Danis McQuail）等欧洲学者的说法，欧洲媒介研究开始进入由"旧秩序"向"新秩序"转变的过程，即以公共服务和政府控制为重要特点的"旧秩序"，受到新科技的冲击以及跨国商业势力与欧体情势变化的影响，进入抗拒、冲突及调适阶段，逐渐由新的媒介运作法规孕育出新的秩序，同时新秩序的基本规约再经过受众、市场的考验，导引出欧洲新的媒介模式——私人和不同的市场机会构成的私人媒介与公共媒介的双元系统。① 如此一来，一些欧洲传播学者便开始整合市场研究模式和文化批判研究模式，在麦奎尔切割出媒介—文化论、媒介—唯物论、社会—文化论和社会—唯物论四个不同的面向的同时，法国传播学者米涅把传播研究的内容和范围界定为五个方面：其一，研究传播技术装置和信息的产生及意义的产生的关系；其二，研究社会对技术的干预，特别是使用者—消费者的活动如何使技术装置在社会层面上普及应用；其三，研究显现信息的文字形式（形象、声音、图式）和支配它们的概念以及它们实现的条件；其四，研究信息传播活动的社会维度、政治维度和经济维度以及这些维度和新信息传播载体的发明和试验的关系；其五，研究传播交换中调解过程的变化。② 在这种整合的趋向中，文化批判研究常常转化为"文化效果"研究。以"媒介帝国主义"（亦称"文化帝国主义"）理论为例，作为法兰克福学派对西方文化进行全面批判的思想结晶，它包括"媒介表述论"和"媒介传送论"两个基本要素，"媒介表述论"认为意识形

---

① 参见 Danis McQuail, Rosario de Mateo and Helena Tapper, "A Framework for Analysis of Media Change in Europe in the 1990's," in Karen Siune and Wolfgang Trvetzschler's, eds., *Dynamics of Media Politics*（London：Sage, 1992），p. 16。

② 转引自陈卫星《西方当代传播学学术思想的回顾和展望（下）》，《国外社会科学》1998 年第 2 期。

态、文化背景及传播内容产地的文化和社会形态等决定了传播媒介的表现形式；而"媒介传送论"指出在大众传媒中大量传播的西方文化形成了对第三世界国家的巨大影响，具有消解民族认同、扼杀第三世界人民的创造性与参与精神等作用。这后一方面的表述就常常吸引研究者去关注大众传播所达到的资本主义文化传播效果，从而借用实证主义的研究方法，精细地描述多种媒介工业在全球特别是第三世界国家的影响力。于是，在后来的媒介批评研究中，出现了广泛描写媒介帝国主义具体实例的现象，而拙于发展批判精神和传播批判理论了。

在美国，媒介效果理论向长期效果研究的发展早已为这种整合开辟了一条道路。当时，研究者主要涉及这样一些问题：对社会角色或规范的非正式学习（社会化），基本社会价值观念的传送与强化，媒介传达不明确的意识形态的趋势，意见气候的形成，社会中知识分布的差异，文化、机构甚至社会结构的长期变化。[①] 这样一种视野已隐含了接受文化研究和批判研究影响的内在因素。以传播学者乔治·格本纳（G. Gerbner）1969 年提出的"文化指数"（culture indicators）理论为例，它认为传播媒介尤其是电视媒介已成为一个社会的符号环境的主导媒介，因此，观察并研究传播媒介，尤其是电视的形象和语言及其所表达的观念、思想和意识形态是文化研究的重要任务。虽然它强调应当建立系统的、持续的、公正的和准确的文化指数来表述文化的现状和变化，带有实证主义味道，但它把分析的基础建立在这样一个观点上：媒介内容的整体所表现的是占社会主导地位的白种中产阶层所享有的意识形态，这种意识形态的核心是维护现有的权力和权力结构[②]——这又有明显的文化批判意味。于是，我们看到，在以后的研究中，格本纳和他的同事能不断地"发现"美国电视内容相当系统地"歪曲"社会现实的"事实"，如男权统治、个人主义和种族主义等。

随着媒介长期效果研究不断向社会文化、心理、观念层面展开，也由于媒

---

① 丹尼斯·麦奎尔、斯文·温德尔：《大众传播模式论》，祝建华、武伟译，上海译文出版社，1987，第 83 页。

② 潘忠党：《传播媒介与文化：社会科学与人文学研究的三个模式（上）》，《现代传播》1996 年第 4 期。

介效果研究者越来越体会到展现在大众传播领域的资本主义文化的矛盾，美国在 20 世纪 80 年代后期开始大量引入文化研究和批判研究。据美国学者所做的统计，整个 80 年代，尽管实证式的科学研究仍占主导地位，但运用批判学方法和诠释学方法撰写的论文已稳定在 40% 左右。① 此外，主要由欧洲学者创造的媒介帝国主义话语、文化研究话语等也在美国扩散开来，并有了新的发挥。如费杰士（Fred Fejes）企图研究媒介帝国主义与媒介效果的关系，解决媒介帝国主义话语没能正视的问题：第三世界国家中究竟有哪些环节特别地受到了跨国媒介的文化冲击？到底人们如何体验资本主义文化？其种种效果又如何在不同的人身上产生了互异的体验？在市场已为特定力量支配之下，对于接收这些文化产品的人们又产生了"哪些意义"呢？② 这样一来，他把媒介帝国主义理论导向追踪媒介产品及受众接收这些产品后的反应，从而"客观地"展现资本主义的文化效果，同时又视媒介为"中性"，淡化媒介产品的操纵性效果。在这里，他一方面抛弃了媒介帝国主义话语的主观性色彩，另一方面又抛弃了蕴含其中的批判精神。

另一位传播学家詹姆斯·凯利（J. M. Carey）是美国文化研究话语的重要"代言人"。他完全打破了沿袭已久的拉斯韦尔研究模式，宣称传播的最高表现并不在于信息在自然空间内的传送，而是通过符号的处理和创作，参与传播的人们构筑和维持的、有意义的、成为人的活动的制约和空间的文化世界。在他看来，传播活动是人们交往的一种仪式，其作用在于通过符号的处理和创造，定义一个人们活动的空间和人们在这一空间扮演的角色，使得人们参与这一符号的活动，并在此活动中确认社会的关系和秩序，确认与他人共享的观念和信念。因此，对于他来说，研究人的传播活动的原因并不在于它有巨大或潜在的影响，而在于人们的符号表述活动本身就是文化，研究人的传播活动就是研究文化。③ 在这里，凯利既融进了施拉姆的"传播即分享信息"的观念，又

---

① W. J. Potter, R. Cooper & M. Dupagne, "The Three Paradigms of Mass Media Research in Mainstream Communication Journals," *Communication Theory*, Vol. 3, 1993.

② 〔英〕汤林森：《文化帝国主义》，冯建三译，上海人民出版社，1999，第 70～80 页。

③ 潘忠党：《传播媒介与文化：社会科学与人文学研究的三个模式（下）》，《现代传播》1996 年第 5 期。

深入到对文化、意义和权力的诠释，把文化研究导向传播媒介容纳文化及其变迁的过程，呈现出人仰仗媒介的影像建构其实体生活的过程。尽管这其中有着挥之不去的"媒介中心论"的情结，但它本身无疑是对资本主义文化的现代性的真实表述：在社会生活和文化图景被片断化了的时代，人们唯有依赖媒介去保持"整体"感觉，去构筑和维持的、有意义的、成为人的活动的制约和空间的文化世界。更为可叹的是，实际上人们并不能通过媒介达到此目的，因为媒介所呈现的"媒介事件"，只不过是根据媒介的信息传播特征和媒介市场而预先策划并"彩排"的"中心化"片断或"片断化"中心。这是现代人通过媒介演绎出的现代文化的困境，要走出这一困境，还得去除"媒介中心论"的情绪，站在人的全面发展与整体体验的角度，批判性地考察媒介对人的经验与文化创造的"统治"，而这对美国传播学界来说，是一个相当艰难的转变。

五　西方新闻与大众传播理论表述的发展方向

从上述回顾与反思中我们可以体会到，西方新闻与大众传播理论表述在总体上是顺着新闻自由的逻辑而发展的。这种逻辑又进一步分为政治的逻辑、市场的逻辑或经济的逻辑、文化教育的逻辑。所谓政治的逻辑，是指围绕媒介、政府和受众三者间的权利与义务关系展开的新闻传播理论表述，思维目标指向新闻自由及其法律保护、国家文化认同、媒介体制与媒介政策等问题。所谓市场的逻辑或经济的逻辑，就是围绕如何争取消费者、建立自由的媒介市场以展开新闻传播的理论表述，追求在绝对的自由市场中进行新闻传播，实现其最大媒介效果。所谓文化教育的逻辑，就是着重于文化、意义和社会权力的批判性考察，如前所述，它讲求言论自由、美的品质、公共利益的考虑、观念整合、保护少数族群和青少年，重视文化认同与区域自主的保护，认为媒介在文化层面上应是多元而富有地方特色的，在告知和教育民众成为民主政治的一员方面，又极具文化上的重要意义。这些逻辑相互对立又相互激荡，在不断拓展学术空间的同时又指向新闻与大众传播理论的终极性问题：传播何以不自由？传播如何自由？

从某种意义而言，这种理论表述活动是与人类传播的发展相联系的。

一般来说，人类传播史上的每一个进步，都是迈向自由的一步。从洞穴文明的产生，到语言的运用、文字的产生、印刷媒体的面世，再到报纸、杂志、广播、电视等新闻媒体涵盖人的生活领域，乃至网络传播使"地球村"变为现实，人类一步步实现着精神交往的自由，同时也一次次面临着精神交往的困境。于是，追寻自由及新闻自由的价值及其实现途径，就成了一个具有普遍意义的精神交往话语，它在各个不同的面向上展开，构成了一个多样化的、处于多学科及多种思想方法相交叉的"十字路口"式的公共论域。

网络时代出现的传播主体的多极化、媒介角色的多元化①及强大的媒介统治力量，使得新闻与大众传播理论的终极性问题亦即新闻自由问题变得更为复杂起来，因此，可以预见的是，西方新闻与大众传播理论表述还将顺着新闻自由的逻辑演绎下去，面对以新的形式出现的旧问题，如媒介影响力问题、所有权和控制权问题、公民权问题、媒体使用的社会心理问题等。② 所不同的是，理论家们还将面对在复杂的信息环境中出现的公共领域与私人空间、文化冲击与文化多样性的新矛盾，而这一新矛盾很可能成为西方新闻与大众传播理论的生长点之一。

与此同时，互动的、灵活多样的新传播形式，文化与政治、市场与意识形态、传送者与接收者的多样化关系，以及各种信息传播形式的交叉，都给传统的研究方法提出了挑战，将进一步加速方法论的整合与创新。

20 世纪末普遍存在的对媒介统治力量的焦虑或兴奋将延续下去，发展出两条重要的研究路径：一是在人文主义视野中审视媒介统治力量，一是在科学主义视野内继续发展信息传播技术理论和媒介社会学、媒介经济学、媒介管理学理论，为不断加强媒介统治力量构筑更精细的技术理论，使人们产生对媒介统治力量更深的认同。

在传播技术、共同市场理念和资本主义意识形态推行下的跨文化传播及跨国传播将是未来的核心议题之一。当然，研究者们也会思考另一个核心议题：

---

① 所谓媒介角色的多元化是指网络时代的媒介既是全球的又是地方的，既是公共的又是私人的。

② 参见 John Corner, Philip Schlesinger and Roger Silverstone, eds., *International Media Research*：*A Critical Survey*（Routledge, 1997），p. 10。

支撑本土媒介发展和国家意识的公共媒介政策是什么?① 但思考这个问题时还是不得不面对跨文化传播及跨国传播问题：怎样保护本国文化又促进跨文化传播？如何化解市场逻辑和国家利益的矛盾？与此相伴随的是，国际媒介比较研究将会成为理论表述的一个重心，集中于媒介政策与法规、媒介文化、媒介内容、媒介管理、新闻道德等层面的比较研究，为跨文化传播及跨国传播研究建立各种各样的理论模型。

然而，西方新闻与大众传播理论表述依然摆脱不了"西方中心论"的立场，使得从理论上制造媒介文化全球化的神话，依然受制于实用主义和功利主义的统治，进而去为消费主义时代的媒介推行商业化的逻辑。显然，这是西方新闻与大众传播理论表述很难超越的事情。

---

① 参见 John Corner, Philip Schlesinger and Roger Silverstone, eds., *International Media Research: A Critical Survey* (Routledge, 1997), p. 111。

鲍德里亚后现代传播理论的历史谱系

石义彬 纪 莉 杨 喆*

在研究后现代境况中的媒介功能时，被欧美学界称为"后现代主义的巨头"的法国学者鲍德里亚是一个重要的话题。

一 后现代境遇的鲍德里亚其人

"20 岁是想象科学家（pataphysicien）——30 岁是境遇主义者（situationniste）——40 岁是乌托邦主义者——50 岁横越各界面——60 岁搞病毒和转喻——我一生的故事。"这段话是鲍德里亚在 20 世纪 90 年代对他自己一生的评价。

1929 年鲍德里亚出生于法国一个小布尔乔亚家庭。早年所受的教育和日后在巴黎南特大学从事的教学都偏重于德语文化，对尼采、路德和荷尔德林都有过一定的研究。20 世纪 60 年代，鲍德里亚翻译了许多德语著作，其中包括参与翻译马克思与恩格斯的《德意志意识形态》。从 60 年代开始，他还积极参与了一份名为《乌托邦》（*Utopie*）的非正统的左翼激进刊物，阿尔都塞的结构主义马克思主义和境遇主义思潮主导着这份刊物。"鲍德里亚深受情景决定论的影响，但与这一学说又没有形式上的联系。"[1] 1968 年出版的《物体系》是鲍德里亚的博士学位论文。从这篇文章开始，鲍德里亚"对消费社会

---

* 纪莉，武汉大学新闻与传播学院讲师，在职博士生，主要研究传播学和比较新闻学；杨喆，武汉大学新闻与传播学院博士研究生。

① 盛宁：《人文困惑与反思——西方后现代主义思潮批判》，生活·读书·新知三联书店，1997，第 265 页。

中的客体、符号以及符码提出了一系列激动人心的分析"①，正式走上了社会学研究的道路。

20世纪60年代爆发的"五月风暴"使资本主义结构中需要加以分析和批判的变化，如日常生活的重要性，显得格外引人注目。鲍德里亚作为马克思主义激进左派的一员，积极参与和支持着这场运动。与传统的马克思主义者的不同之处在于，他对符号学理论的运用让人从一个新的角度去认识消费主义的特征（这种分析方法的运用则要受益于法国当时浓厚的结构主义学术气氛），这同时也奠定了他未来的理论道路。他认为，在消费体制的引导下，人们对物品的符号性追求已经远远地超过了对物品本身的功能性需求，传统的马克思主义生产和经济结构的研究应转向于由符号组成的文化研究层面。

此后，鲍德里亚利用符号学理论继续剖析消费社会的种种现象，并对传统的马克思主义进行了重新诠释，出版了《消费社会》（*Consumer Society*，1970）、《符号政治经济学批判》（*For a Critique of the Political Economy of the Sign*，1981）、《生产之镜》（*The Mirror of Production*，1975）、《象征交换与死亡》（*Symbolic Exchange and Death*，1981）等著作。由于与马克思主义在方法论上的根本分歧，他与马克思主义发生了决裂，继而把目光转向了某种符号技术与主体间性的思考，构建了"仿真理论"，开始了所谓后现代的描述。后期的鲍德里亚深受宿命论的影响，沉迷于反理性的形而上学。其间，他撰写了《忘却福柯》（*Forget Foucault*，1987）、《传播的迷狂》（*The Ecstasy of Communication*，1988）、《预言的报复》（*Revenge of the Crystal*，1990）、《致命的策略》（*Fatal Strategies*，1990）、《幻想与仿真》（*Simulacra and Simulations*，1994）等著作和文章。"近年来学术资料检索部门的最新统计显示，在被引用和被翻译次数最多的法国知识分子中，鲍德里亚已成为跻身前六名的佼佼者。"②

---

① 盛宁：《人文困惑与反思——西方后现代主义思潮批判》，生活·读书·新知三联书店，1997，第265页。

② 〔美〕道格拉斯·凯尔纳、斯蒂文·贝斯特：《后现代理论——批判性的质疑》，张志斌译，中央编译出版社，2001，第143页。

二 鲍德里亚的理论定位

现在存在的一种普遍看法是把鲍德里亚当作最重要的后现代主义思想家。

美国学者道格拉斯·凯尔纳（Douglas Kellner）指出，"让·鲍德里亚是迄今为止立场最为鲜明的后现代思想家之一，而鲍德里亚的追随者称赞他是新的后现代世界的守护神，是给后现代场景注入理论活力的汹涌巨浪，是新的后现代性的超级理论家。"[1] 更重要的是，凯尔纳还认为，鲍德里亚发展出了迄今为止最引人注目也是最极端的后现代性理论，其理论极具渗透性，影响到了文化理论、现代媒体、艺术等各个层面的话语。

英国学者尼克·史蒂文森（Nick Stevenson）在《理解媒介文化》（*Understanding Media Cultures*）一书中，把鲍德里亚的理论比喻成暴风雪的来临，是"当前所见到的最精密复杂的对大众传播的后现代性批判"。这一论断给人一个提示，要深入、透彻理解鲍德里亚的传播媒介理论，就必须融入他所描述的那个后现代性的社会文化景观——一个由时尚符号、电子媒体主宰的世界。换句话说，也就是要在一个后现代语境中去把握鲍德里亚的思想。

鲍德里亚也是一个悲观的媒介技术论者。对传媒的讨论是鲍德里亚理论架构中的主题之一，电视、网络、广告都是他关注的焦点。他试图从历史和批判两方面来运用符号学，在研究方法上，采用了符号学、心理分析和差异社会学等研究范式。在信息传播手段高度发达的情形下，他直接追问人的本质和人的意义，摒弃了意识形态等诸多社会因素，把传媒技术和人的最终迷失和堕落作为一对因果关系。这一方面为人们开辟了思考的新疆域，为人们冷静地、理性地重新审视新型文化提供了一条路线。学界普遍认为，他是第一位反思新型文化的思想家。但另一方面，过分强调媒介的作用又使他极容易落入客体主义的陷阱中，落入万事无一物的虚无中。

虽然研究界倾向于将鲍德里亚定位为一个后现代主义者，但鲍德里亚自己

---

[1] "I Don't Belong to the Club, to the Seraglio," (Interview with Mike Gane and Monique Arnaud) in Mike Gane, eds., *Baudrillad Live: Selected Interviews* (London and New York, Routledge, 1993), pp. 19 – 20.

却不认同这种看法。他说："对于这种'后现代'的诠释，我不能做什么，那只是一种事后的拼贴。在拟像、诱惑和致命策略这些概念里，谈到了一些与'形而上学'有关的东西（但也没有想要变得太严肃），而'后现代'则把它化约为一种知识界的流行效应，或者是因为现代性的失败而产生的症候群。由此来看，后现代自己就是后——现代：它自己只是一个肤浅模拟的模型，而且只能指涉它自己。"① 台湾学者林志明认为，这表明了鲍德里亚面临的某种"两重困境"：一方面要反对大众、反对深沉；另一方面，又要反对精英、反对种姓阶级、反对文化、反对特权阶级。既要站在愚昧的大众那边，又要站在自大的特权阶层那边，此题无解。②

詹明信更愿意把鲍德里亚看作是一位文化思想家，他认为，在所谓后现代主义是当代资本主义文化逻辑的论证过程中，鲍德里亚是不可或缺的环节。伊哈·哈桑则"将他归入政治哲学家一类，名列马尔库塞之后，但位居哈贝马斯之前③"。这样排名的依据，应该与鲍德里亚早期的"符号马克思主义"分析消费社会有关。凯尔纳在《后现代理论——批判性的质疑》中则把鲍德里亚作为一位形而上的诗意哲学家来进行剖析，重点批判他后期的虚无主义哲学。到底把鲍德里亚放入怎样一个理论坐标里去考察？学者们众说纷纭，似无定论。

有人问鲍德里亚："您是哲学家、社会学家、诗人，以上皆非或以上皆是？"鲍德里亚回答："我既非哲学家亦非社会学家。我没有遵循学院生涯轨迹，也没有遵循体制步骤。我在大学里教社会学，但我并不认为我是社会学家或是做'专业'哲学的哲学家。理论家？形而上学家？就极端的角度而言才是；人性和风俗德行的思索者？我不知道。我的作品从来就不是大学学院式的，但它也不会因而更有文学性。它在演变，它在变得比较不那么理论化，也

---

① "I Don't Belong to the Club, to the Seraglio," (Interview with Mike Gane and Monique Arnaud) in Mike Gane, eds., *Baudrillard Live: Selected Interviews* (London and New York, Routledge, 1993), pp. 19 - 20.

② 〔法〕让·鲍德里亚：《物体系》，林志明译，上海人民出版社，2001，译序，第8页。

③ 盛宁：《人文困惑与反思——西方后现代主义思潮批判》，生活·读书·新知三联书店，1997，第263页。

不再费心提供证据和引用参考。"①

其实，这种理论归属的流变性和透明感，不仅反映了鲍德里亚整个理论发展的轨迹，也为把他最终定位为后现代思想家下了很好的注释。他的理论中充满了对同一体系、总体化的拒斥，崇尚差异性，强调瞬间感的话语。他的叙事体系缺少严密的理论论证，常常流于空洞的说教，而且行文时思想跳跃性强，文字怪诞，使我们在理解他的思想时会遇到不小的障碍。另外，对符号现象的分析是鲍德里亚的理论基点。符号结构体系支配着现实世界，拟像、仿真是符号结构支配的形式和手段，在后期，鲍德里亚甚至把这种符号结构用"全能符码"这一抽象的概念来描述。有人认为，鲍德里亚的这种做法实际上是以一种总体性去取代另一种总体性，这种理论上的悖论既存在于他所信奉的那种反总体化的观念中，同样也存在于其他许多后现代理论家的理论中。

三　鲍德里亚理论的历史系谱

早期的鲍德里亚著作《物体系》和《消费社会》的灵感来自其老师亨利·列菲弗尔对日常生活的批判形成的可能性命题和罗兰·巴特的符号学理论。② 这使他更多地以后结构马克思主义者的面貌出现，处于后结构主义和西方马克思主义所编织的思想网络中。

1. 结构主义／后结构主义的方法论

瑞士语言学家费尔迪南·索绪尔的结构主义语言学理论是现代语言认知范式的奠基石。索绪尔对语言学基本单位——语言记号（sign）的真知灼见，使列维·斯特劳斯、罗兰·巴特、雅克·拉康等结构主义思想家受益匪浅。在索绪尔那里，记号被划分为两个组成部分：一个是声音，即声学部分，称之为能指（signifier）；另一个是思维，即概念部分，称之为所指（signified）。能指构成语言的物质方面，而所指是一种物的观念。在这个分析过程中，具有物质性的事物本身从讨论范围里隐退出去了，因此语言学天生具有脱离物质的特性，

---

① 〔法〕让·鲍德里亚：《物体系》，林志明译，上海人民出版社，2001，译序，第8页。
② 〔美〕马克·波斯特：《第二媒介时代》，范静哗译，南京大学出版社，2000，第143页。

只在符号指涉关系上来探讨世界，它成为后现代主义认识现实世界的工具也就不足为奇了。

鲍德里亚曾指出，在资本主义当下的消费社会中，资本生产逻辑所造成的对物质丰富的追求，必然要扩张到符号领域。也就是说，人类使用语言描述世界，资本生产逻辑或许正是利用这一点，通过媒体、文化娱乐等制造符号消费，使得资本主义得以延续。不过，语言结构理论中有明显差异的能指和所指在现实生活里具有映射式的辩证关系。完全没有意义的声音就不算是能指；没有能指的所指也是不存在的。但是，鲍德里亚对媒介社会下的符号状态的阐述，从根本上颠覆了这种辩证关系。在他那里，能指和所指关系断裂了，能指之间可以随意地相互指涉，而所指被抛弃在一边。鲍德里亚所采用的这种分析模式更多的是以后结构主义为圭臬。索绪尔关于语言符号的另一个重要观点在于语言记号是"任意的"（arbitrary），词语之间的意义是相对的，意义只能在与其他词语相比较的差异性中体现，单词语言是不能存在的。索绪尔提出"语言是一种形式，而不是一种实体"。构成语言整体的各个部分，只有依据于某个整体或中心才具有意义。

而到后结构主义者那里，语言已经不是一个稳定不变的形式。后结构主义的观点是："所指不过是一个瞬间，在无休止的指意过程中，意义并不是在主客体间的稳定的指涉关系中生成的，而仅仅是在所指的无限的、模棱两可的游戏中生成的。"[1] 德里达把这种瞬间性总结为："意义的意义是能指对所指的无限的暗示和不明定的指定……它的力量在于一种纯粹的，无限的不确定性，这种不确定性一刻不息地赋予所指以意义……它总是一次又一次进行着指定和区分。"[2] 第二次世界大战后，法国学界中许多结构主义和后结构主义理论家如拉康、斯特劳斯、巴特、德里达、阿尔都塞、福柯等人提出的理论构成了浓厚的后结构主义和结构主义理论景观，结构主义占据了人文学科的主导地位。这种氛围对鲍德里亚的影响是决定性的。

---

① 〔美〕道格拉斯·凯尔纳、斯蒂文·贝斯特：《后现代理论——批判性的质疑》，张志斌译，中央编译出版社，2001，第27页。
② 〔美〕道格拉斯·凯尔纳、斯蒂文·贝斯特：《后现代理论——批判性的质疑》，张志斌译，中央编译出版社，2001，第27页。

2. 罗兰·巴特：物的符号学

在结构符号学家中，罗兰·巴特对鲍德里亚的影响最大。鲍德里亚回忆道："的确，萨特曾经有重大的影响，但 60 年代又有别的影响出现，它来自巴特。我发现了巴特，而且和他一起工作，立即发现更为有趣。我的意思不是说他更为重要，而是说他更令人着迷。巴特提供了一个更未经人探索的处女地。从那一刻开始，所有的事都改变了。"①

鲍德里亚对罗兰·巴特的借鉴集中于巴特关于物的符号意义的分析。物品意义的研究有着两种阐述模式：一是马克思主义的政治经济学；二是结构主义符号学。这种分析范式在解读和批判资本主义文化时拥有独特的穿透力，在这方面，罗兰·巴特作出了颇有建树的叙述。林志明认为，巴特被呈现为鲍德里亚分析方法的提供者，《物体系》一书可以视为巴特"物品语义学"的研究补全。

如果把视野放宽，那么巴特对鲍德里亚的"影响"绝不止于此。他可以说是鲍德里亚的"模范"。② 一旦把具有物性的物品纳入"无物"的结构主义视野中，就有了把结构主义和马克思主义结合在一起的可能，鲍德里亚的思考起点也就是从此开始的。尽管在学理上，马克思主义"与纯粹的结构主义是无法调和的"③。

巴特的分析对符号理论作出了某些修正。他首先从使用的目的性来定义物品，确定了物品的物质性。然而，巴特认为，一旦物品进入生产和消费的社会程序中，除了满足物质上的需求外，它总是会传递比这一点更多的含义——特别是在今日，当制造已被规范化和标准化之时。此刻，一个物品可以视为是它的"功能"（本义）和"一个剩余物"（它的引申意义）的结合。例如，一辆银色的劳斯莱斯轿车，除载人代步功能以外，更多地表达了拥有者的财富和地位。巴特指出，物品的引申意义存在于一组坐标系内：坐标横轴代表象征义，

① "I Don't Belong to the Club, to the Seraglio," (Interview with Mike Gane and Monique Arnaud) in Mike Gane, eds., *Baudrillard Live*: *Selected Interviews*(London and New York, Routledge, 1993), p. 20.

② 〔法〕让·鲍德里亚：《物体系》，林志明译，上海人民出版社，2001，第 268~269 页。

③ 〔英〕约翰·斯特罗克：《结构主义以来——从列维 - 斯特劳斯到德里达》，渠东、李康、李猛译，辽宁教育出版社、牛津大学出版社，1998，第 11 页。

属于物的隐喻深度；坐标纵轴代表分类系统，乃是由社会所赋予的分级类别。既然物品的确可以表达和传播带来符号性质的信息，那么，要用及符号互相指涉功能就必须组成符号意义上的体系。"这种体系结构由符号组成，也就是说，它基本上是一个由差异、对立和对照所组成的系统。"①

这种策略显然被早期的鲍德里亚所采纳。他认为物品的功能性的追求不再只满足于人的物质需要，它更着重的是物品的文化功能或符号意义上的满足功能。鲍德里亚把功能新形式喻为风格化，这是一种"纯心智活力，是失落象征关系的拟像，它尝试以记号的力量来重新发明一个目的性"。他列举了一则关于打火机的广告。卵石状打火机被设计为长而椭圆，简略、不对称的形式，这样的设计不在于它在打火功能上比别的打火机好，而是因为它吻合手掌的形状。海洋把卵石洗磨为适合于手掌的形状。它的功能性不在于打火而在于方便顺手，它的形式仿佛由自然（海洋）注定，正好给人操纵。② 在对这则广告的分析中，鲍德里亚认为脱离了功能性所创造的目的性物品，由物品符号意义或文化功能创造了新的目的性，构成了对打火机独有的修辞。这里，鲍德里亚引用了巴特功能—符号的语言分析。他提出打火机的引申意义分为两个层次：首先，它仍是一个工业产品，但这种打火机"被认为拥有手工艺品的品质，其形式乃是人的手势和身体的延伸；其次，海洋的影射将我们带到一个神话的境地，一个为了人，将自身文化化为自然，并且能配合人任何微小的欲望。海洋在这里扮演了磨石者的文化角色，而那是自然崇高的工艺。因此，首先想象海水所做的石头，又为人取去生火，这个打火机也就变成了奇迹般的燧石，而一整套人类史前和工匠模式的目的性，也就如此，前者在一个工业产品的实用本质的构成中，扮演了它的角色"③。

从物品功能到符号意义的转向，如果可以说是语言结构学向物质世界所做的试探性访问，那么对于符号向功能的回返，则可视为一种"回访"，这也是一次意识形态的"回访"。正是通过这两者的双向交流及沟通，产生了鲍德里亚符号学批判方法论的全部雏形，当代资本主义消费社会在这种"回访"中

---

① Barthes, L' aventure semiologique（Paris：Seuil, 1985）, p. 250.

② 〔法〕让·鲍德里亚：《物体系》，林志明译，上海人民出版社，2001，第58页。

③ 〔法〕让·鲍德里亚：《物体系》，林志明译，上海人民出版社，2001，第58页。

构建了一种新的意识形态事实。

3. 批判的马克思主义源流

第二次世界大战后，参战西方国家的经济恢复和技术发展与制度黏合性的增强所带来的经济繁荣，促发了物质的空前丰裕。资本主义的生产逻辑与生产体系似乎在技术创新和物质符号表征两方面找到了一条协调共进维系资本主义社会体制的道路。新的生产—消费关系或称为新的资本意识形态的出现形式，主要表现为在符号象征意义上吸引消费者，营造出各种让人置身其中的商品符号幻境，从而产生更多的消费需求。这种生产—消费关系的倒置对社会理论产生了地震式的影响。以批判和解剖社会经济基础与上层建筑关系为己任的马克思主义也相应产生了很大的变化。社会经济基础为主要叙事导向被对上层建筑如意识形态、文化、艺术以及个人主体地位等的剖析所取代，也就是发生了所谓"语言学转向"。由此，对于社会重构、革命运动、个人存在等问题的思考开始以意识形态等上层建筑为主要议题。德国的法兰克福学派、法国的结构主义和马克思主义都为这种新的批判分析理论作出了重要的贡献。在某种程度上，社会现代化促进了马克思主义理论的发展，社会现代性的原则是追求理性、规范、标准化，这些原则对社会经济、文化发展起到了决定性的作用，但也为颠覆和超越这些原则埋下了种子。如前所述，早期的鲍德里亚刚刚跨入社会理论领域时是以马克思主义者的身份出现的，他那时在认识资本主义社会体制方面仍然位于马克思主义的理论叙事架构内，符号学理论则更多地在操作性纲领层面上对他予以支持。因此鲍德里亚认为自己所进行的符号政治经济学的批判是马克思政治经济学批判的继续。

（1）日常生活和亨利·列菲弗尔

亨利·列菲弗尔（Henri Lefebvre）是法国左翼社会学家和马克思主义理论家。作为鲍德里亚的导师和同事，他对鲍德里亚的影响可以用"深远"两字来形容。鲍德里亚在早期著作《物体系》《消费社会》中延续了列菲弗尔日常生活的批判思想。

所谓"日常生活批判"就是"通过创造一种关于日常生活中异化的现象学，通过对这些异化形式如家庭、两性关系、劳动场所、文化活动、口头和其他的交往形式，社会的相互作用制度以及意识形态中的异化形式作精致、丰富的描述来进行批判"①。在德、法的批判理论中，许多人在考虑当代资本主义社会的变革时，都注意到了对日常生活的批判，列菲弗尔是其中最著名的一位。列菲弗尔根据他对当代资本主义社会中异化现象的普遍性分析，提出从微观层面入手，把对现实中日常生活的观测和批判树立为当代资本主义和社会变革的有效手段和途径。

马克思在自己的理论中着重为"社会阶级""生产力""生产关系"概念予以定性。而在列菲弗尔看来，当代的马克思主义者还应在新的包含日常生活的范畴如消费、旅游、广告、城市社会等方面予以定性。这些范畴更多应归属于列菲弗尔所建立的最基本和最核心的概念——日常性。他指出，日常生活已不是平常意义上的普通、平凡的生活，它透过充满了具有想象投射和意识形态的消费物，加强资本主义制度的剥削。这种现象加剧了日常生活中肤浅性的滋长，戴个性化面具的消费，实际上是用工业化同质性扼杀人们的创造力和反抗精神，把一切塑造成没有深度的平面。所以，列菲弗尔将当下社会定名为引导性消费官僚社会，"日常生活，在当代社会中，已不再是'主体'（具有丰富的主体性可能），而成为'客体'（社会组织的作用对象）"②。这种社会把恐怖统治包裹上温和的外衣，在表面上洋溢母性和兄弟之爱。对此，列菲弗尔提出了"所有技术都为日常生活服务""革命改变生活"的口号。

列菲弗尔引用境遇主义者德博特（Dedord）的戏剧消费概念进行了批判，提出了符号消费的说法，也为鲍德里亚定下了理论走向的大纲。不过，与列菲弗尔谨守在理性主义的底线上不同，鲍德里亚大胆全面地介入符号学分析，闯入以前无人敢深涉的领域，为人们提供了一个全新的视野。不过，由于人的主体性和社会结构在符号中的消逝，鲍德里亚在后期滑落到客体主义的深渊。但在早期，他实际上仍在发展列菲弗尔的观念，并且把列菲弗尔对符号学的转用（détoumenment），提升到一个更高的层次上。

另外，"不在场无罪证明的结构"和"模拟程序"这两种具有强大批判的诠释策略被列菲弗尔在分析社会现代性的总体结构中加以运用，同时，这

---

① 李青宜：《"西方马克思主义"的当代资本主义理论》，重庆出版社，1990，第236页。
② Henri Lefebvre, *La Vie Quotedienne Dans la Société Moderne* (Paris Gallirnanl, 1968), p. 116.

两个策略也曾是鲍德里亚在论说媒介仿真理论和虚无主义哲学思想时最常用的。

列菲弗尔认为，当代社会并非一个完整合一的体系，而是分裂为许多"次体系"，并且一个体系可以为另一个次体系作掩护，证明其不在场无罪的状态。他举例说明，技术形式和技术官僚的无罪证明，精英文化和大众文化互为无罪证明。上述例子所呈现的是一个互相给予对方合法性的逻辑，而模拟程序正是此种逻辑的补偿方式。在思考互相赋予合法性的逻辑时，应该持一种反向辩证法来看待。过度的正面性实际上反而是负面性的征兆。就列菲弗尔而言，这种反向辩证法谈的是对失去之物的代替。当参考指涉消失时，前来占据这个空位的后设语言——就像媒体信息的大量传播——取代了意义的零程度状态。

总体说来，当列菲弗尔谈及符号消费时，他所说的是"无而为有"的模拟性物品获取。同时，他也提出了广告是符号消费的最佳对象。鲍德里亚则把符号消费的主要对象圈定为电视、电脑网络等现代化的电子媒体，它们创造的符号仿真社会取代了意义的缺席。

对于自己在运用马克思主义进行日常生活批判和对符号学理论的关注这两方面，列菲弗尔以哲学式的语言予以总结，为与自己研究方向相同的后来人标出理论地图上的分界点。他指出："日常生活的研究可朝两个方向发展。或者是，在理性（哲学）和（社会）现实合一的路途上比黑格尔走得更远，也就是说，走在哲学的现实的道路上……或者是，回返到形而上学上，回到尼采想要超越的虚无主义上——回到神话，而且使得哲学自身成为最后的宇宙创世和目的论神话。"他接着说："如果我们接受黑格尔和马克思的导向，也就是理性在哲学中实现，那么便会发展出日常生活的批判性分析。如果我们接受尼采的假设，进行评价，前景设定，在事实的无意义之上颁定一个意义，日常生活的分析和转变便和它牢牢相系，这是一个开创性的行动。"[1] 这是一种宿命式的预言：必须在理性批判和神话及语言的价值建立之间做出选择。当鲍德里亚站在这个分界点时，他义无反顾地踏向了标志着尼采式的虚无主义道路，这也

---

[1] Henri Lefebvre, *La Vie Quotedienne Dans la Société Moderne* (Paris Gallirnanl, 1968), p. 33, p. 35.

是他作为后现代主义者所能走到的终点。一些马克思主义学者对于鲍德里亚的最后选择感到不解甚至十分厌恶，如道格拉斯·凯尔纳。而马克·波斯特（Mark Poster）更愿意从正面来评价这种选择。他指出："当鲍德里亚争论说只在死亡中才能躲避代码时，当意义最终并没有被重新并入符号的梦魇时，很显然，他的客体主义已经导致他退缩到一片遥远的荒漠，不过……尤其是鲍德里亚，发展了批判理论，使之远远超越了生产方式的边界而进入了一片更加肥沃的理论土壤；人们可以在这片沃土中追寻技术与文化问题的答案。"[①]

（2）阿尔都塞和德博特

与"日常生活批判"有着某种程度的联系，阿尔都塞把列菲弗尔所关注的家庭、教育、文化活动等层面也重新纳入了意识形态领域。在 20 世纪 60、70 年代的法国思想界，阿尔都塞关于意识形态概念的理论对文化理论研究产生了巨大影响。他对意识形态的反思力图揭示西方资本主义社会是如何复制主流社会关系的，他的理论依据是反对对经济基础/上层建筑公式的机械理解，坚持社会构成论。

阿尔都塞式的马克思主义的主要特色在于他拒绝了社会主义的人道主义，提出了富有开创性的关于意识形态的理论。而鲍德里亚最初的理论体系被认为是人道主义和结构马克思主义的一场碰撞和结合。阿尔都塞把社会构成总结成由三种要素组成：经济、政治和意识形态。经济基础与上层建筑之间不是一种体现与被体现的关系，上层建筑不是经济基础的被动反映。与此相反，他认为应该将上层建筑看作经济基础存在所必需的一个条件。这个模式使上层建筑处于相对独立的地位。经济基础与上层建筑之间的决定关系依然存在，但那是一种最终决定关系。阿尔都塞的最终决定关系的观点想要表达的意思是，社会构成中的其他实践是相对独立的，并具有一定的具体功效。"所有意识形态都具有将各个具体的个体'塑造'成主体的功能（这种功能界定了意识形态的范畴）。"[②] 阿尔都塞的观点受到了葛兰西文化霸权和话语霸权思想的启示。就葛

① 〔美〕马克·波斯特：《第二媒介时代》，范静哗译，南京大学出版社；2000，第 158 页。
② 路易·阿尔都塞：《列宁与哲学》，纽约每月观察出版社，1971，第 222 页。转引自〔英〕约翰·斯道雷《文化理论与通俗文化导论》，杨竹山、郭发勇、周辉译，南京大学出版社，2001，第 167 页。

兰西看来，以一种或另一种代议制政治为特征的现代资本主义社会，主要依靠于获得了从属阶级对于现存的社会形式和指派给他们在这种社会中所处地位的积极的认同，从前那种刺刀与监狱的压迫手段广泛让位于意识形态和文化上的从属的更高级手段。

阿尔都塞通过在科学和意识形态之间划出一条严格的分界限，提出"在科学的理论框架中，作为一切意识形态构成要素的主体范畴所发挥的作用，并不是它正在发挥的作用，而是由过程的机械装置指派给它的作用"①。这种策略是典型的对结构理论的引用。人在社会结构中处于静止状态，马克思所指出的人有能力进行反映性和创造性的动态活动在结构中静止了。换言之，以前人道主义所宣扬的"以人为本"的精神和原则只是一个神话。人天生就听命于早已存在的社会结构、语言结构、心理结构等诸多结构框架。在揭示社会现象和阐述社会理论时，人的主体性被边缘化了。按阿尔都塞的理论来看待社会状况，静止意味着沉闷、无味、平庸烦琐、一潭死水的社会氛围。这样的社会必定会走向社会的终结和历史的终结，而这两种终结正是后期的鲍德里亚乐意描述和论证的社会发展终极状态。

阿尔都塞关于意识形态与反人道主义的评论为鲍德里亚涉足马克思主义和文化理论提供了思想土壤。鲍德里亚强调边缘化主体、意识形态和人道主义在意识形态方面的破产，这所有一切倾向似乎都扎根于此。另外，鲍德里亚关于总体化体制对人的束缚和控制思考的灵感，也来自于阿尔都塞的意识形态理论。阿尔都塞的理论分量在于他坚持意识形态注定先验式的反映并把它和主流社会持续的功能发挥联系在一起。

不过，这两者也有所不同。阿尔都塞的理论仅仅在分析方法上借用了结构主义的策略，他在后期甚至修正和批判了他早期的这种看法，不愿承认自己是个结构主义者。他考虑的真实目的实际上是意识形态和经济基础在一定社会条件下的关系问题，对人的地位没有根本的动摇，人的主体性仍然没有丧失。而鲍德里亚运用了结构分析方法和符号学理论去质疑微观生活中的消费心理和行为，去思考物的符号意义。他对结构理论范式的借用未流入生搬硬套，得益于

---

① 徐崇温：《"西方马克思主义"论丛》，重庆出版社，1989，第406页。

其用先锋派小说般的叙事风格描述各种具体的生活物品和现象，这种做法使他的阐述在透视社会消费的文化意义时具有强大的穿透力。但是，他激进地认为人在与符号的互动中逐步丢失了主动权，成为受符号结构摆布的木偶，人的主体地位消失了。对此，波斯特评价道："在社会理论中运用结构语言学理论便要承担一定的代价：语言学形式主义的运用就意味着批判力的弱化和去意化。"[①]

鲍德里亚深受情景决定论的理论主将德博特的影响。德博特试图把先锋派的艺术激情与马克思主义结合起来，拓宽马克思主义用经济分析的眼光去对待文化、媒体的生产，此种分析是建立在早期作为人道主义者的马克思的论著基础之上的。德博特指出，资本主义异化的加剧，不但在公共领域，在私人领域也同样如此，媒体和文化商品（commodification）生产了貌似事实的图像和表征。我们每晚面对着电视新闻中显现的画面，而它们却似乎不与每天的日常生活相联系，观众似乎处于超然的地位。德博特认为这种景象使人们产生了苦恼，忍受着非现实的表象。这种景象具有意识形态性，因为大众被影像生产的工具分割了，同时被迫处于一种消极麻木的状态。他们生活在强制性的娱乐中，这种娱乐隐藏了决定现存社会关系的权力关系。德博特在《资本》（*Capital*）一书的首句中很富有戏剧性地宣称："被现代生产状况所统治的社会的全部生活自我昭示为景观（spectacles）的极度积聚"。景观，在其每一特殊形式中，作为信息或宣传，广告或娱乐的直接消费，必须被看成是以影像为媒介的人们之间的社会联系。这样，"景观社会"就是商品拜物教原则的完全实现。

鲍德里亚承认受境况主义者们的影响，而同时拒绝他们的观念：我们已不再生活在景观社会中了……也不再受制于这种社会所意指的异化和压迫的特殊类型。其理由是异化和压迫这样的概念要预先假定某事物被异化或被压迫了。而鲍德里亚认为在一个拟仿的超真实世界中，真实和影像，正确和错误在这里都入乡随俗地变得混淆不清了。[②] 现代电子媒体如电视所展现的话语躁动不

---

① 〔美〕马克·波斯特：《第二媒介时代》，范静哗译，南京大学出版社，2000，第144页。

② 〔英〕阿列克斯·考林尼柯斯（Alex Collinicos）：《商品拜物教之镜：让·鲍德里亚和晚期资本主义文化》，王昶译，《当代电影》1999年第2期。

安，瞬间、快捷的本性往往使其只花几秒钟时间来充分关注许多十分重要的事物。旧的基于印刷文化和面对面交流的资产阶级公共空间已被瞬时性的不留任何答复空间的单向度话语所代替。现代通信系统的无情速度使得主体不再有能力构建一个稳定的历史看法，历史和社会的语境在喋喋不休的白色媒体噪声中消失了。

尼克·史蒂文森把德博特和鲍德里亚作了一番比较。他指出了两者的两点相似之处："第一，他们共同强调了传播媒体。在德博特和鲍德里亚看来，无数的媒体频道和话语很明显的万花筒式的混乱状态，为媒体分析提供了前提。然而，假设诸如异化和具体化的概念与马克思主义的人道主义模式有更深的关联，则鲍德里亚对这些概念弃置不用。反之，他从德博特汲取了一种认知，即形式而不是媒体信息的本质是现代性的一个中心特征。鲍德里亚和德博特都认为声音的爆炸只需要被听到而不需要反馈。第二，德博特和鲍德里亚两者都提倡一种先锋派的政治策略。这避开了某种自相矛盾的政治风险，而这种风险是建立在更易挑起争端和激起情绪的策略下的。"① 我们由此可以看到鲍德里亚综合马克思主义批判语汇、模式和巴特的符号模式所进行的符号政治经济学批判。

通过以上的论述，我们可以发现，当我们考察鲍德里亚的媒介埋论时，如果把他的理论背景和传媒理论割裂开来而直接加以讨论，那么他的许多关键概念和整体的逻辑脉络走向便不能很好地得以澄清和理解。鲍德里亚的符号批判理论和后现代性媒介分析为传播学研究开辟了广阔的疆域。他使用的仿真（simulation）、超真实（hyperreality）和内爆（implosion）等概念也成为我们理解技术媒介运作规律、分析电子媒介造成的人的主体性沦丧时必须把握的重要手段。这些都使他在后现代语境中对大众传媒的分析作出了极高的贡献。

许多人曾对鲍德里亚怪诞的和疏于严密的理论论证的文风提出了批评，认为过于抽象的判断削弱了鲍德里亚理论的说服力，然而，网络的出现，使我们

---

① Nick Stevenson, *Understanding Media Cultures*: *Social Theory and Mass Communication*（New York: Sage Publications, 1995），p. 148.

看到人类社会正在逐步逼近鲍德里亚描绘的虚无世界的事实。在鲍德里亚的理论历史渊源之上理解鲍德里亚的思想，笔者更愿意把他看作是我们这个由技术主宰的世界的"激进先知"。或许对鲍德里亚来说，这就是他的宿命，一个开路先锋的宿命。他为人们打开了一扇通往对高科技社会进行探索的理论之门，而自己却抽身而退，隐身于虚无之中。

媒介暴力研究的多重视角

石义彬　张 卓*

美国学者 W. James Potter 曾作过这样一个比喻："媒介传播效果对人的影响就像天气对人的影响一样，它无处不在，无时不有，且存在形式多种多样。"① 在某种意义上，媒介暴力即是大众传播中的暴风骤雨。从电影到电视，再到网络游戏，视听兼备的影像媒介一次次成为媒介暴力研究的焦点。影像媒介的直观与形象，使"暴力"跨越语言障碍、文化隔阂、虚实界限，成为最畅通无阻的"全球议题"。因为"任何人都可以理解动作电影（action movies）。如果我讲一个笑话，你也许不懂，但如果一颗子弹穿透窗户，我们都能知道它会射向地板，无论我们使用什么语言"②。虽然仪器的先进无法控制天气的变化，但个人却能够有效地避开风雨、享受阳光。媒介暴力研究的最终目标便是寻求回避风暴的有效途径。

媒介暴力的现实泛滥与媒介暴力的学术关注都与电影、电视、网络游戏等影像媒介的产生、发展密切关联。电影剧院放映、付费收视的模式使暴力具有可选择性与可控制性，家庭化、个人式的"免费电视暴力"则使受众常常被动地沉溺其中，而众多的角色扮演类网络游戏导致更加逼真的暴力场面的产生以及陌生人之间的网上虚拟较量成为可能，把被动的"观看"上升为主动的"参与"。影像媒介特有的收受模式、视听兼备的媒介特性、直观形象的传播效果使之成为最具影响力的大众传媒。"电视是历史上唯一一个在人生最初和最后阶段都能与之互相影响的媒介，更别说在人生

---

* 张卓，武汉大学新闻与传播学院教授，硕士生导师。

① 张开、石丹：《提高媒介传播效果途径新探》，《现代传播》2004 年第 1 期。

② George Gerbner："TV Violence and the Art of Asking the Wrong Question."

059

的其他阶段"，① 因而以电视为代表的影像媒介成为暴力研究的重中之重。

综观媒介暴力的研究历程，媒介暴力对受众行为与态度的影响、媒介暴力表述方式的多样化及媒介的暴力呈现与现实生活的暴力图景之比较等问题几乎贯穿始终。本文试图从受众与效果层面分析媒介暴力与攻击行为的关联，从内容层面分析影像时代媒介暴力的多种表达，从控制层面分析"暴力世界"的双重建构，以期从多重视角梳理媒介暴力研究的论争，勾勒媒介暴力研究的图景。

特定议题的多次论证

"观看媒介暴力是否会导致受众的攻击行为？"是媒介暴力研究的核心问题，也是各种理论论争的焦点。儿童与青少年的特殊性使其成为最主要的研究对象。最广为引证的一项早期研究是 1971 年由利伯特（Liebert）和巴伦（Baron）实施的。在 5 至 9 岁儿童中，研究者随机分派他们或观看一个短片，或观看暴力节目《无法接触》（*The Untouchables*），或观看非暴力的体育节目。之后，实验对象被告知他们可以"帮助"或"破坏"隔壁房间里另一伙伴正在设法赢取的一场游戏。他们还被告知，如果按"帮助"键，他们就能够帮助那个孩子更轻易地转动一个能使游戏制胜的关键操纵杆；如果按下"破坏"键，操纵杆将变得烫手难触，并最终破坏那个孩子的游戏进程。研究结果显示，那些此前观看了暴力电影片段的儿童比起那些观看体育节目的儿童，更有可能按下"破坏"键并持续地按此键。斯坦（Stein）和弗里德里克（Friedrich）1972 年对儿童进行了另一实验，随机分派实验对象观看暴力动画片《蝙蝠侠》和《超人》，或者观看社会认同节目（prosocial programming）《邻居罗格斯先生》（*Mister Rogers Neighborhood*）。在随后两周的观察中发现，观看暴力动画片的儿童在与其他儿童的交往中，比那些观看社会认同节目的儿童更具攻击性。这两个早期实验促进了人们对媒介暴力与儿童的攻击行为之关系的关注。

---

① Stanley J. Baran and Dennis K. Davis, *Mass Communication Theory: Foundations, Ferment and Future*, 清华大学出版社，2003。

　　威廉（Williams）1986 年的研究尤其应受到关注。她对加拿大的一个小镇进行了连续数年的攻击行为变化的研究。最初，这个小镇不能接收电视信号，但在自然试验（natural experiment）的过程中，接收到了电视信号。她同样发现，攻击行为随着接触媒介暴力内容的增加而增加。遗憾的是，由于现在电视信号的普遍深入，收集更多同类证据的可能性逐步下降。

　　1999 年齐尔曼（Zillmann）和韦弗（Weaver）观察了连续四天观看暴力或非暴力故事片的受试者，结果发现：与早期的实验结果相同的是，观看了暴力电影的受试者随后的行为更具敌意；与其不同的是，以往实验倾向于表明受试者只对事先激怒他们的人表现出敌意，而齐尔曼和韦弗的受试者无论事先是否被激怒过，都显示出敌意。[①]

　　诸多实验都试图证明，"电视允许儿童参加成人交往（interaction）。电视移走了那些一度依据年龄和阅读能力区分不同社会境况的障碍。电视的广泛使用使儿童直面战争与死亡、求爱与勾引、犯罪情节与鸡尾酒会。儿童也许不能完全理解性、死亡、犯罪和金钱等电视中所呈现的议题。或者，他们是以一种不同的、孩子似的方式来理解。电视让成人花费了几个世纪试图向孩子们掩藏的话题与行为暴露在他们面前。电视把孩子们推入了一个复杂的成人世界，刺激他们去追问那些行为与语言的含义，如果没有电视，这些语言与行为他们根本不会听到或读到。"[②] 这一结论似乎在说明，媒介是暴力的制造者与传播者，受众则是媒介暴力的受害者，尤其是防范能力较弱的儿童。在这一暗含的预设前提下，媒介暴力研究中的受众分析更多的是针对特定人群、特定议题的特例研究，普遍忽略了受众的个体差异和受众的能动性。纵然格伯纳有关"重受众"与"轻受众"的区分涉及个体收视行为差异与收视效果之关联，论述了收视时间长短与受媒介暴力影响程度的关系，但整体上，受众分析的样本选取、实验设计等仍显视角单一且过于简单，缺乏应有的立体感与全面性。

　　当这一特定议题形成较为一致的观点后，受众分析的重点逐步由是否造成

① Glenn G. Sparks and Cheri W. Sparks, "Effects of Media Violence," in Jennings Bryant and Dolf Zillmann, *Media Effects: Advances in Theory and Research* (London and New York, Routledge, 2002).

② Stanley J. Baran and Dennis K. Davis, *Mass Communication Theory: Foundations, Ferment and Future*, 清华大学出版社，2003。

侵害、造成何种侵害，转为如何预防侵害，更具积极意义的媒介素养教育研究逐渐兴盛。1933 年，利维斯（ER. Leavis）和丹尼斯·桑普森（Denys Thompson）在《文化和环境：培养批判意识》（*Culture and Environment：The Training of Critical Awareness*）一书中提出，新兴的大众传媒在商业动机刺激下所普及的流行文化，往往是推销一种"低水平的满足"，这种低水平的满足将误导社会成员的精神追求，尤其会对青少年的成长产生各种负面的影响。因此，教育界应以系统化的课程或训练，培养青少年的媒介批判意识，使其能够辨别和抵御大众传媒的不良影响。这一明显带有精英文化烙印的观念，使媒介素养研究在近 30 年的时间里吸引了西方传播学、新闻学、教育学和心理学等各学科学者的普遍关注。"如何通过提高受众自身的思考能力、辨别能力、控制能力等，以抵制媒介的消极影响"，这一议题使媒介暴力研究在受众分析层面逐渐摆脱被动，走向主动，获得了一个全新的视角。

媒介暴力的多种表达

内容分析作为媒介暴力的主要研究方法之一，不仅分析暴力的数量，同时还要分析暴力的性质或特征。"公开表现以实力对抗他人或自我，或者反对他人意愿的强制行动造成被伤害或杀害的痛苦。"乔治·格伯纳（George Gerbner）的经典定义把暴力局限为非法的行为暴力，这无疑是最具代表性的暴力表达方式，最引人注意，也最具直接破坏性，对受众所产生的负面效果也最为明显。影像媒介的发展与技术的日臻完善，促使了"战争暴力""体育暴力""卡通暴力"等的出现，使媒介暴力的表达方式不再仅仅局限于行为暴力，也不再是绝对的非法途径，而可能以反暴力或非暴力的形式展现着暴力的影像。以战争暴力、体育暴力、卡通暴力等为代表的"合理暴力"，使暴力行为逐渐告别非法与无理，以种种合理、合法的方式给予表现，甚至可能赢得认同或称道，成为更为隐性的暴力表达，也更易被人忽略。

依据 Potter 的观点，由于"合理暴力"中的暴力元素或未受到惩罚，或赢得了受众的认同，或其行为具有某种"正当性"的解释，因而增加了被模仿的可能性，甚至会导致观念上的根本转变。

战争暴力。此为"以反暴力名义表达暴力影像"的典型例证。大众传媒与战争的结盟可以追溯至 1901 年的英国影片《突袭中国使团》，一战、二战期间传媒与战争也都结下了不解之缘，直至越南战争被称为"电视之战"，影像媒介开始了对战争肆无忌惮的转播与直播，战争赤裸裸、血淋淋地展现在受众眼前。1990 年海湾战争直播使 CNN 声名远播；2001 年"9·11"事件的电视转播，让受众目睹了比任何好莱坞巨片都更具震撼力与想象力的暴力场景；2003 年伊拉克战争直播更令半岛电视台一举成名，CCTV 也因此创下收视率与广告收入的新高……凡此种种，使局部战争成为跨越国界的全球图景。如果以"战争是和平的助推剂"为由，战争暴力似乎可以视作媒介反暴力的一面旗帜，但这面旗帜无法掩盖影像本身的暴力实质。

体育暴力。体育从最初的单纯竞技游戏，到如今日益明显的商业介入，一直是日常生活中的热门话题。竞技运动本身的残酷性一方面表现为"胜者为王，败者为寇"的截然两分；另一方面也表现为以正当且公开的方式展现暴力影像。譬如，以用暴力行为击败对手为终极目标的重量级拳王争霸赛作为一项体育赛事本已备受争议，比赛实况的电视转播使主办方获利颇丰，也使这项暴力的运动以正当的理由传遍"地球村"。获胜者甚至成为一代青年效仿、崇拜的对象，暴力在此成为合法的获利手段。

卡通暴力。即使在卡通片已不是儿童的专利的今天，卡通暴力所暗含的危害依然不容小觑。卡通暴力是一种"快乐暴力"，是暴力娱乐化、暴力游戏化的集中体现。有关调查显示，娱乐节目中的暴力内容高于新闻节目和教育节目。在快乐的掩映下，暴力不再面目可憎，甚至是和蔼可亲，暴力因此成为一种"合法的甚至必需的文化表达"。

如果说暴力表达的整体形式更多是对受众的观念产生影响，那么暴力内容的细节陈述则直接影响受众对暴力行为的取舍。

W. James Potter 认为，媒介暴力的细节陈述能否成为受众的模仿原型取决于以下七个重要的"情境变量"（contextual variables）。[①]

---

① Stanley J. Baran and Dennis K. Davis, *Mass Communication Theory: Foundations, Ferment and Future*, 清华大学出版社, 2003。

（1）奖赏/惩罚——受到奖赏的攻击行为较多地被模仿，受到惩罚的攻击行为则较少被模仿。我们知道这会分别产生非抑制效果和抑制效果。

（2）结果——伴随着否定描述或有害结果的媒介暴力内容较少被模仿。这又一次表现出抑制效果。

（3）动机——有据可依、有理可辩的媒介攻击性节目较多地被模仿，未被证明其正确性的媒介暴力内容则较少地被模仿。受众会被暗示采取攻击行为是适当（或不适当）。

（4）真实性——尤其对男孩子而言，栩栩如生的媒介暴力更有可能导致现实世界中的攻击行为。正如 Potter 所解释的那样，"真实的（媒介）犯罪者更有可能减少抑制作用，因为相对于虚构的犯罪者，如卡通或科幻角色，他们的行为更适合于现实生活情境。"

（5）幽默——由于减少了行为的严重性，幽默的媒介暴力描述更有可能导致受众在现实生活中采用攻击行为。

（6）对媒介角色的认同——受众对媒介角色的认同程度越高（例如，那些他们认为与自己相似或有吸引力的角色），越有可能模仿由这些角色表演的行为。

（7）激励——Potter 解释说，"情感诉求能提升叙述的戏剧性，并且能提升对角色使用暴力的积极倾向的注意力……高水平的激励更易导致攻击行为。"

在商业利益的巨大诱惑与媒介技术飞速发展的合力作用下，媒介暴力表达的内容与形式以更为直观、更具冲击、更加诱人的面容呈现于受众眼前。与技术进步带来的欣喜相反，媒介暴力的多重表达，在某种意义上意味着"暴力"边界的模糊、防范难度的增加，以及随之而来的危害程度的加强。

普遍共识的持续论争

效果分析是媒介暴力研究的终极指向，在某种意义上是受众分析的延伸。行为效果与时间效果是其中最主要的分析视角。相对于前文受众层面的分析，媒介暴力的行为效果分析着力于整体受众，而非特定群体，强调行为之于社会生活的直接或间接影响，而非单纯的受众个体行为的改变。

在行为效果的分析中，最引人注目的是菲利普斯（Phillips）和森特瓦尔（Centerwall）的研究。森特瓦尔的研究表明，美国在电视机出现以前，全国的杀人犯比例为十万分之三，到1974年，杀人犯比例翻了一番。森特瓦尔认为这一数量的增加与整体文化大量接触电视有直接关系。他注意到加拿大也出现了同样的现象。而在南非，尽管各方面的可变因素都存在某些相似性，由于电视禁令的存在，1945年至1974年间南非的杀人犯比例并没有上升。然而，当禁令一解除，那里的杀人犯比例就开始上升，近20年里增长了一倍多，这与美国和加拿大的情况非常相似。森特瓦尔把他的研究资料加以总结后指出，美国大约一半的杀人犯在某种程度上是由于接触电视引起的。

菲利普斯分析了自然发生的数据资料，并且得出与森特瓦尔相似的结论。菲利普斯认为，广泛宣传重量级拳击争霸赛后，杀人犯比例上升了。同时他还注意到自杀事件被广泛报道后，车祸和飞机坠毁事件增多了。

时间效果分析主要表现为即时效果、长期效果与短期效果三个方面。即时效果是指在接受媒介信息的过程当中的情绪或行为反应。如惊恐、害怕，或与之相应的行为表现，捂住眼睛、紧抓某类物品、尖叫等等。长期效果是指长时间反复接触某类信息后，受众接受并形成某些新的观念，或发生行为的改变。短期效果介于二者之间，是指受众在接受媒介信息后的2~3天发生的情绪、观念或行为变化，通常这种效果持续的时间不会超过一周。

媒介暴力的消极影响主要体现在其产生的长期效果。尽管也有一些调查认为媒介暴力与攻击行为之间关系不大或没有关系，但1986年休斯曼和埃龙（Huesmann & Eron）进行了一项调查研究，他们收集了一些8岁儿童的资料，并对同一样本追踪研究，直至他们30岁。结果发现，那些童年时观看电视暴力最多的孩子，成人后更可能卷入严重的犯罪活动。休斯曼从这项研究中得出的基本结论是，攻击行为习惯形成于幼年时期，一旦形成就难以改变并预示着成年时期严重的反社会行为。如果一个孩子观看媒介暴力内容并养成攻击行为习惯，将造成终身的危害性后果。

虽然大多数学者就媒介暴力的效果分析达成共识，但学界和公众对这一问题的论争却此起彼伏。导致争论产生的一个重要原因是围绕统计显著性

（statistical significance）、统计重要性（statistical importance）和社会重要性（social importance）而产生的概念上的混淆。统计显著性中的"显著"（significant）在统计上的意义并非"重要"，而是说"只靠抽样的随机性不容易出现这样的结果"[1]，"显著"意味着可能正确（并非偶然）。当统计人员说一项结果"非常显著"时，指的是正确的可能性非常高，它们并不必然地代表"非常重要"。

当统计显著性结果显示媒介暴力与攻击行为有因果关系时，研究者可以确认他们观测到了一种并非偶然的关系。然而统计显著性并不能说明关联程度。为了衡量这种关联程度或它的统计重要性，研究者通常通过了解接触媒介暴力的水准，求助于攻击行为所占的统计方差指标。就研究者在因变量中能计算的 10%~15% 的方差而言，媒介暴力和攻击行为的研究与人类行为其他领域的研究并无两样。两方面因素导致媒介暴力对攻击行为影响的总体强度的低估。其一，由于在大多数研究中，85%~90% 的攻击行为都不能证明是由接触媒体引起的，因而媒介的影响作用十分有限。其二，在任何特定的研究中说明攻击行为的统计方差，在多大程度上能用作现实世界里这些变量间关系性质的一般性指标，仍是不明晰的。没有一种方式，能轻易地把孤立研究得出的统计指标绘制成有关现实世界关系量值的一般陈述。一些轻视媒介暴力与攻击行为之间关系的批评者强调，大部分攻击行为似乎更多地源于其他渠道而非接触媒介暴力。而另一些批评者则强调，考虑到任何人类行为动因的多样性，在一项特定研究中，只要能说明攻击行为中 10%~15% 的方差是与接触媒介相关，就会给人留下相当深刻的印象。

社会重要性（social importance）这一概念加剧了有关效果值（effect size）大小（统计重要性）的争论。由于受众数量庞大，有时数以亿计，即使很小的统计效果也能够转化成非常重要的社会问题。即使几十万受众中仅有一人受暴力电影的影响实施了严重的攻击行为，对几亿观看了此片的电影观众而言，其社会后果也极为引人注目。另一方面，这样小的统计效果似乎全然不可避免，这是由任何特定受众群中人的巨大差异性所决定的。解决这些问题的困难

---

① 柯惠新、祝建华、孙江华：《传播统计学》，北京广播学院出版社，2003。

性已经使学者现存的对这一事实清晰的共识——接触媒介暴力和侵犯行为之间有着因果关联——变得模糊起来。①

"暴力世界"的双重建构

早在暴力研究尚未成为美国社会重心的 20 世纪 40、50 年代,社会学家 Daniel Bell 就曾提出:"关于这个问题的合理看法是,相对于一百年、五十年,甚至二十五年前,美国今天的犯罪可能更少,而且,当今美国比大众舆论想象中的更为守法、更为安全。"② 这一论断直接关涉"现实世界"与"媒介世界"的关系讨论。

美国暴力委员会的一项全国调查表明,电视所呈现的暴力世界在许多重要方面并不能正确地反映现实世界:首先,电视夸大了直接卷入暴力行为的可能性。其次,在现实生活中合法性是暴力获得赞成的先决条件,但在电视节目中非法暴力也常常赢得赞同;在现实生活中,大多数暴力发生在家庭成员、朋友或熟人之间,但是在电视中大多数暴力发生在陌生人之间;电视世界中的暴力大多会使用武器,但美国大部分成年人和青少年从未经历过此类暴力。此外在电视暴力世界中,最常见的角色是攻击者,最少见的是旁观者,而在现实生活中,情况恰恰相反。这项调查的一个最重要的发现在于,大多数美国人并未直接经历暴力。他们对暴力的了解大部分来自电视中的陈述。③

"两个世界"的比较表明"现实世界"的暴力与"媒介世界"的暴力存在极大差异,电视中的暴力描述并不真实,但电视在建构现实、使受众的暴力行为社会化方面作用极大。如果电视能够影响受众的态度、价值观念与行为,那么"现实世界"与"媒介世界"会越来越相似。

---

① Glenn G. Sparks and Cheri W. Sparks, "Effects of Media Violence," in Jennings Bryant and Dolf Zillmann, *Media Effects*: *Advances in Theory and Research* (London and New York, Routledge, 2002).

② Shearon A. Lowery、Melvin L. DeFleur, *Milestones in Mass Communication Research Media Effect*,刘海龙等译,中国人民大学出版社,2003。

③ Shearon A. Lowery、Melvin L. DeFleur, *Milestones in Mass Communication Research Media Effect*,刘海龙等译,中国人民大学出版社,2003。

格伯纳提出的涵化理论（cultivation theory）较为完整地探讨了大众传媒对公众塑造"社会实况"（social reality）的潜在影响。"此一理论的重点是，看电视的时间愈长，所形成的对社会实况的认知和态度会愈接近电视所呈现的景象，也就是'媒介实况'（media reality）。正由于媒介实况和社会实况之间有些落差，且电视所呈现的媒介实况里有强调暴力、色情的倾向，因此，电视看得愈多的人，愈有可能觉得身处'黑暗社会'（mean world）。"① 格伯纳还认为，媒介所"创造"的世界之所以成为"现实"，仅仅是因为我们相信它是现实，并且基于我们对日常生活的判断认为那是现实。

媒介暴力对受众建构"媒介世界"的影响毋庸置疑。但受众为什么关注"暴力"？受众关注的"暴力"是什么？受众感受的、谈论的，乃至恐惧的"暴力"是现实的，还是虚幻的？究竟是媒介还是受众自身在建构着"暴力世界"？"事实上，我们之所以关注电影乃至所有大众媒介中的暴力描写是因为：在后现代语境下，我们对于'暴力'的认知和理解在相当程度上依赖于电影、电视等大众媒体，而那些媒体中的暴力英雄也比历史上任何其他一个时刻都更深刻地影响着我们的日常生活形式以及精神状况。……在这样一个影像化和符号化的时代，如果我们试图讨论现实的暴力，在相当意义下其实就是讨论后现代大众传媒加工过的暴力。"②

在这个意义上，"媒介暴力"至少可以拓展为三个层面的含义：其一，媒介中的暴力内容。既包括非法的行为暴力，也包含前文提及的战争暴力、体育暴力、卡通暴力等"合理暴力"，且会随着暴力表达方式的多样化日益增多。其二，媒介自身的"象征暴力"。媒介技术的飞速发展，媒介影响力的迅速攀升，使受众无处藏身，媒介本身成为无孔不入、无法抗拒的"暴力"。"在后现代文化中，影像文化的特殊优越地位，构成了电视在新闻场中经济实力和符号表达力都占据上风，进而对其他媒介（比如印刷媒介）构成了一种暴力和压制，甚至影响他们的生存。"③ 电视成为"一种形式特

---

① 王旭：《收看电视与对治安观感之间的关联：涵化理论的验证》，"台湾社会问题研讨会" 1999 年 12 月。

② 周濂：《影像时代的暴力表达》，http：//www. aisixiang. com/data/26316. html。

③ 〔法〕皮埃尔·布尔迪厄：《关于电视》，辽宁教育出版社，2000。

别有害的象征暴力。象征暴力是一种通过施行者与承受者的合谋和默契而施加的一种暴力，通常双方都意识不到自己是在施行或在承受"①。其三，媒介与受众共同建构的"暴力世界"。媒介对暴力的不真实表现导致了受众对现实世界的重构，导致了受众对"黑暗社会"的臆想，使之产生或支持"世界旨暴力"的观念。这一观念将提升社会公众对暴力的普遍容忍，对控制暴力希望渺茫，继而认为使用暴力是在暴力社会中求得生存的必要手段。

媒介通过"议程设置"功能，把遥不可及的、与己无关的、非常态的暴力事件转化为受众身边的、共同的、经常的媒介事件，受众在无意中被强行拉入"暴力世界"，见证暴力事件。"暴力世界"在媒介与受众的双重建构下，从单一的行为伤害，转而呈现多种表达；从单纯的内容传播，发展为复合的形式宰制；从个体的情绪变化，扩展为群体的观念、行为改变。

20 世纪 60 年代末，美国民众在家里看到了越来越多的暴力。社会动荡不安，社会运动兴起，犯罪及暴力事件层出不穷，犯罪年龄降低等等，为美国"电视暴力"研究设定了特定的时空背景。1968 年 6 月，约翰逊总统通过行政命令成立了"暴力诱因与预防国家委员会"（National Commission on the Causes and Prevention of Violence）。这个委员会负责调查美国的暴力情况并向总统提供行动建议。1969 年 12 月，该委员会提交了名为《建立正义，确保国家安宁》（*To Establish Justice, To Insure Domestic Tranquility*）的报告，其中之一的"暴力与媒介"（Violence and The Media）部分，成为大众传播研究的里程碑。1969 年 8 月到 1970 年 4 月间，斯图尔特（Steward）收集了 40 多篇关于"电视与社会行为"的论文，提出了《美国公共卫生部报告》（*Surgeon General's Report*），这两份报告汇集了电视暴力研究的重要成果，并得出了一系列影响甚广的结论。60 年代以来产生的大量有关媒介暴力的学说，包括宣泄理论（catharsis theory）、社会学习理论（social learning theory）、预示效果（priming effect）、强化理论（reinforcement theory）等，至今影响甚重。格伯纳经过十多年研究提出的涵化理论更成为电视暴力研究中最具代表性的理论之一。

---

① 〔法〕皮埃尔·布尔迪厄：《关于电视》，辽宁教育出版社，2000。

　　基于实用目的而产生的媒介暴力研究，在经验学派的影响下，实证分析一直是其最主要的研究方法。尤其在受众分析、内容分析与效果分析中，在一系列复杂的实验设计、数据收集、统计与分析之后得出的结论，具有严格而精确的科学意义。但恰恰又是这种严格与精确，实验环境与现实环境的差异，以及样本选择的差异，使某些实验难于广泛复制，其结论更多地作为个案分析的总结，而难以成为普遍的适用法则。批判学派对媒介暴力研究的介入，使其更具宏大、宽广而深邃的视野，并置媒介于更广阔的社会背景中以寻求暴力之于社会整体的深层影响。新技术、新媒介的兴起，暴力表达的丰富，在形式与内容上共同扩展着媒介暴力研究的方法、对象及论题，予媒介暴力研究以再次繁盛的契机。面对媒介的狂风暴雨，暴力研究的积极意义正在于提供一切有可能的方式以遮风避雨、趋散乌云、重获阳光。

西方新闻自由的历史逻辑与现实表达

石义彬　庄曦　周娟*

从弥尔顿对"一切自由中最重要的自由"的呼吁伊始，西方新闻自由的演化与其经历的政治压制、制度变迁紧密相关，其因萌生于封建社会而推崇市场，并因个人主义传统而偏重私有制。西方新闻自由虽然被作为普适性真理而备受推崇，但其现实表达终摆脱不了资本主义的意识形态框架以及市场逻辑的纠缠。

一　西方新闻自由的历史逻辑

1. 从理性自由到制度性自由的演化

新闻自由从言论自由当中衍生而来。言论自由的传统可以追溯至古希腊和古罗马时期。公元前 24 世纪，"自由"一词出现。公元前 8 世纪前后，古代雅典首创城邦制民主政体，允许合法公民自由发表意见，[①] 参与城邦管理，这为言论自由的诞生提供了前提。德国历史哲学家卡尔·雅斯贝斯明确指出："希腊城邦奠定了西方所有自由的意识、自由的思想和自由的现实的基础。"[②]古罗马共和国随后对言论自由予以承认。后来，这种思想传统逐渐扩散到英格兰，最后抵达美国。[③] 弥尔顿、洛克、密尔等思想家为西方新闻自由学说的发展提供了直接的理论滋养。

弥尔顿在其著作《论出版自由》中指出，人是有理性的，不能阻止他们自由地发表意见，真理总是在观点的自由碰撞中产生的。这些观点成为自由主义新

---

* 庄曦，武汉大学新闻与传播学院博士研究生；周娟，武汉大学新闻与传播学院博士研究生。

① 雅典式的民主是男性公民的民主，妇女、外邦移民、奴隶不享受公民权利。

② 卡尔·雅斯贝斯：《历史的起源与目标》，魏楚雄、俞新天译，华夏出版社，1989，第 74 页。

③ Thomas L. Tedford, *Freedom of Speech in the United States* (New York：McGraw－Hill, 1993), p. 4.

闻理论的重要组成部分，即"观点的公开市场"和"观点的自我修正过程"。

洛克和弥尔顿的理论前提是一致的，认为人生而平等且是有理性的，他从自然权利说出发，首次从理论上论证了资产阶级天赋人权的原则。但与弥尔顿不同的是，作为英国传统的自由主义者，洛克从经验主义出发，强调历史的、自然的、有机的社会成长。他承认人的理性是先天存在的，但认为人的观念并不是天赋的，理性是一种具体的能力。

密尔则对自由权利的实现展开了进一步探讨。他在《论自由》中开宗明义地指出，"任何人的行为，只有涉及他人的那部分才须对社会负责。在仅只涉及本人的那部分，他的独立性在权利上则是绝对的。对于本人自己，对于他自己的身和心，个人乃是最高主权者。"① 密尔同时认为，即便法律条文规定了人的自由，也未必人人都能获得自由，他担心运用权力的人民与权力所加的人民不能统一，造成"人民的意志"沦落为"一部分人民"的意志，由此"社会所能合法施用于个人的权力的性质和限度"②，成为密尔讨论自由的基本主题。

在北美和欧洲，两部宪法的通过标志着自由主义占据了核心地位。第一部是美国的《人权法案》。在杰斐逊的推动下，1789 年"出版自由"（the Freedom of the Press）一词第一次见诸成文法，这也被看成是美国新闻自由的法律根源，"国会不得制定关于下列事项的法律：确立国教或禁止信教自由；剥夺言论自由或出版自由；或剥夺人民和平机会和向政府请愿申冤的权利。"③ 同年，法国国会也通过了《人权宣言》，以宪法形式确认了公民言论、出版自由的原则。然而，这两部宪法所保障的依然是作为公民权利的个体自由。

之后，在革命运动、政治势力的角逐中，作为重要宣传阵地的报刊所表现出的舆论性、鼓动性和战斗性作用与潜力使其与一般的出版物区别开来，体现出自己特有的政治优势，成为统治者试图掌控的工具。同时，随着报刊日益成为人们发表言论、获知信息的重要中介，在反抗当权者控制报刊和媒介日益受

---

① 约翰·密尔：《论自由》，许宝骙译，商务印书馆，1959，第 9 ~ 10、56 页。
② 约翰·密尔：《论自由》，许宝骙译，商务印书馆，1959，第 1 页。
③ 转引自张军《两种表达自由及其法律保障——〈表达自由的法律限度〉之解读与启示》，《广西民族学院学报（哲学社会科学版）》2006 年第 2 期。

托成为信息中介的进程中，作为个体权利的言论自由和出版自由最终延伸到了制度性的新闻自由。

19 世纪中期大众化报刊的兴盛促使新闻传媒"第四等级"地位表述适时出现。出于广告和受众市场考虑，客观公正的报道原则成为大众化报刊的响亮口号。"第四等级"概念的提出正对应于这种需求。"第四等级"概念来源于18 世纪的英国。当时英国的议会设立了记者旁听席，强调新闻业作为与行政、立法、司法并立的一种社会力量，对这三种政治权力起制衡作用。1951 年，国际新闻学会采纳"自由采访、传播自由、出版自由、表达自由"四项为新闻自由的标准，标志着新闻自由作为"制度性的基本权利"被广泛认可。①1974 年，美国联邦法院大法官 P. 斯图亚特提出"第四权力理论"，并从法理角度对该权力进行了解释和界定："根据我的看法，宪法保障的目的是媒介的机构自主权"②。自此，作为机构权利的出版自由在美国第一次得到确认。"第四权力理论"使新闻自由的价值认定从"追求真理说"变成了"健全民主程序说"，③新闻自由从人的理性的自然权利转变为制度性的权利，成为社会政治体制的一个部分。④

2. 知情权理论对新闻自由含义的扩展

二战后，西方新闻界反思法西斯主义对舆论的挟持，认为新闻业和广大受众被剥夺了知悉政治情况的权利给独裁者的任意妄为提供了温床。基于此，美国新闻编辑肯特·库柏在 1945 年首先提出了"知情权"这一概念，其基本含义是：公民有权知道他应该知道的事情，国家应最大限度地确认和保障公民知悉、获取信息的权利，尤其是政务信息的权利。公民享有和行使自己的知情权的基本形式是公民在法律不禁止的范围内以有偿或无偿的方式自由地选择、获知各种信息。⑤从理论上说，个人有了解政务的法定权利，但这种权利通过个人无法实现，个人主要通过新闻传媒来实现知情权的满足。由此，"知情权"

---

① 刘迪：《现代西方新闻法制概述》，中国法制出版社，1998，第 11 页。

② 转引自吴瑛《自由主义与民主主义思想的碰撞——论托马斯·杰斐逊的言论自由观》，《四川大学学报（哲学社会科学版）》2007 年第 1 期。

③ 林子仪：《言论自由与新闻自由》，月旦出版公司，1993，第 17~34 页。

④ 黄旦：《传者图像：新闻专业主义的建构与消解》，复旦大学出版社，2005，第 60~61 页。

⑤ 金晓春：《受众知情权保障中的媒体责任》，《当代传播》2005 年第 3 期。

与传媒获取政府信息的要求联系在一起。传媒将自己视为"公众知情权"的捍卫者，并将该原则作为维护采访权、维护新闻自由的依据。

知情权理论的提出和发展，是西方新闻理论研究在当代西方新闻实践基础上的新成果，它把新闻自由进一步提升到制度性的社会权利高度，明晰了新闻传媒的社会责任，从理论上拓展了新闻自由的含义。

总的来讲，西方新闻自由理论发轫于资产阶级革命初期，对西方近代资产阶级报刊冲破封建主义的桎梏起到了积极的作用，为资本主义国家协调内部利益提供了润滑剂，同时为新闻业迈向专业化提供了平台，提升了西方新闻传媒的社会政治地位，其进步意义值得肯定。但随着新闻业垄断程度的提高，思想自由市场日益呈现集中化趋势。

二 多重视域中的西方新闻自由悖论

从源流出发的考量为我们审视西方新闻自由提供了思考架构。在对西方新闻自由诞生与演变的历史分析中，西方新闻自由的发展逻辑得以呈现，其与政治压制、制度变迁、文化浸润的紧密关系得以展现。现实与理想的差距，凸显出西方新闻自由的困境。

1. 制度逻辑内化国家意识形态

西方新闻自由发展历程显示，作为民主政治的重要组成部分，新闻自由一直是资产阶级巩固权力、捍卫政体、彰显国家意志的有力工具，并逐渐具化成一种制度性权力。早期，资产阶级利用新闻自由向封建统治阶级争取权益；当其登上历史舞台之后，新闻自由便以法律的形式确定下来，成为其巩固自身政治经济利益的保障；而当资本主义发展到垄断阶段、以全球化的名义向外扩张时，新闻自由又成为其对外进行新闻垄断和政治、文化渗透的有力武器。

西方新闻自由对外渗透的形式和手段多样，但通常裹藏于"自由平等地交换思想和报道""倡导国际新闻自由"等主张之中。这些普适性的吁求看似美好，却隐含着浓厚的意识形态色彩，并潜藏着对他国施行文化渗透的动机。仔细分析可以发现，这种"交换"虽然打着"平等"的旗号，但由于东西方在物质和传播技术手段等方面的巨大差距，实际上成了西方新闻价值和意识形态的单方面入侵。诺顿斯特伦曾对西方学者有关"国际信息流向"的相关研究做过简要归纳，结果发现，"从数量上看，据估计，从工业化国家（居住着人类三分之一的人口）流向第三世界（占世界人口的大约三分之二）的信息总量，相当于从后者流向前者的信息总量的至少100倍之多。"①

西方社会大张旗鼓疾呼所谓"全球新闻自由"的同时，却在自身实践中对新闻自由原则大肆扭曲。学者哈林与吉特林分析海湾战争报道内容时发现，美国媒体习惯于以国家政策考虑为依归，将新闻事件塑造得与美国群众息息相关。② 另有相关研究表明，美国在国际事件中的涉入程度影响着美国媒体对该事件的报道程度。③ 科索沃战争、伊拉克战争、"9·11"等一系列新闻事件都印证了上述结论。美国对老挝的轰炸是有史以来最猛烈的，人均高达两吨高性能炸药，"使美国的政策降低到纳粹德国的道德水平"，④ 媒体对此却毫无反应。在这样强烈的意识形态色彩下，能否产生客观真实的报道和独立多元的评论？答案明显是否定的。

2. 市场逻辑体现商业利益的影响

考察西方新闻自由时另外一个无法忽略的因素就是市场逻辑的影响。经济因素的作用使新闻活动的某些特质变得复杂起来，新闻自由不可避免地服务于经济利益，从而影响了其原有的发展轨迹。商业利益固然能为新闻实践提供优越的物质手段以利于新闻自由的实现，但它的负面影响同样不容忽视。

首先，出于对利益最大化的追求，抑或基于自身意识形态等因素的考量，媒体所有者可能惯于介入日常新闻生产，从而扭曲新闻的真实面貌，影响独立的新闻评论，干扰日常的新闻自由实践。

其次，在媒介市场中，商品的供给必须符合消费者的需要。新闻信息在商

---

① Howard H. Frederick, *Global Communication and International Relations* (Belmont, CA: Wadsworth Publishing Company, Inc., 1993), p. 128.

② Daniel C. Hallin & Todd Gitlin, "The Gulf War as Popular Culture and Television Drama," in W. L. Benett & D. L. Paletz, eds., *Taken by Storm: The Media, Public Opinion, and U. S. Foreign Policy in the Gulf War* (Chicago: The University of Chicago Press, 1994), pp. 149 – 163.

③ Chang, T. K. & Lee, J. W., Factors Affecting Gatekeepers' Selection of Foreign News: A National Survey of Newspaper Editors," *Journalism Quarterly* 69 (1992): 554 – 561.

④ Noam Chomsky, *Necessary Illusions: Thought Control in Democratic Societies* (London: Oxford UP, 1989).

品市场上常常被当作休闲、娱乐信息进行消费。许多时候，让读者过瘾、满足其需求，更有利于带来利润，而公正、客观和深入的报道并不一定能符合大多数新闻受众的需求。因此，在商业利益的侵袭和导引下，资本解构了新闻的专业主义，表达意见的公众沦落为需要被迎合的消费者，客观公正的新闻报道在某种程度上被边缘化，与之伴随的新闻自由观念逐渐被扭曲。

此外，市场竞争中的优胜劣汰造成了新闻资源的集中甚至垄断的现象。20世纪90年代后期，加拿大的三个报业寡头控制了全国报纸72%的发行量；六家超大型媒介集团控制了全美最有影响的新闻、评论和提供日常娱乐的媒体机构。① 资本拥有媒体，自然将自身的增值作为媒体的第一使命。新闻资源的高度集中与同质化，限制了媒体的多元和自由发展。新闻报道尺度和言论取向掌握在少数人手里，媒体的独立和自由在媒介集团化的阴影下黯然失色。在"利润最大化""成本极小化"的追求下，媒体的社会责任意识趋于淡薄，传播内容的雷同挤压了独立思考的空间。赫伯特·席勒曾由此讥嘲媒体成了忠于资本家的"思想管理者"。②

3. 文化逻辑主导新闻意义生产

新闻并非自然产物，而是新闻工作者对客观事实的主观呈现。大众传媒传递和传承着特定的文化信息，媒介组织及其成员也是一定文化规范之下的产物。因此，对西方新闻自由所根植的文化传统进行考察显得尤为重要。

整个西方文化强大的文化认同和异己感与宗教认同和宗教异己相伴相生。历史上，基督教对"自我"与"他者"界限严格，其对本教教徒的宽仁和对异教徒的惩治都是史无前例的。如严酷的"宗教裁判所"制度曾长存七百年之久。而中世纪权威神学家阿奎那也曾直言：信仰异端是所有罪行中最罪大恶极者，应处死刑。③ 在中世纪的文化背景下，"西方—基督徒、非西方—异教徒"等界定"自我"与"他者"的模式开始形成。在西方人眼中，"他者"首先是指异教徒。随着技术革命和经济的发展，以宗教上的差异来界定"他者"的方法逐渐发生了变化，"他者"概念扩展至西方文化边界之外的东方世

---

① 本·H. 贝戈蒂克安：《媒体垄断》（第六版），吴靖译，河北教育出版社，2004，第4~6页。
② 席勒等：《思想管理者》，王怡红译，远流出版社，1996。
③ 爱德华·伯曼：《宗教裁判所——异端之锤》，何开松译，辽宁教育出版社，2001，第89页。

界，并且总是涉及对差异的否定描述。

对西方而言，"他者"的建构是为了传递文化优越意识和加强自身的霸权地位。西方媒介以一种与"自我"不同的"他者"形象不断叙述和建构非西方国家的历史身份。在这种媒介话语中，对非西方世界固然有着某种程度的理性认知，但更多地充斥着一种历史想象和非理性因素。"他者"形象实际上是"自我"形象的投射，而"自我"无论从历史上还是文化上理解，始终采取了支配的形式。如沃斯伯恩的研究发现，尽管美国新闻媒介上的国际新闻丰富多彩，它们其实都被美国现存的社会制度和意识形态系统所建构，始终致力于"生产并不断再生产一个相当一致的美国形象"，用沃斯伯恩的话说就是："我们（指美国新闻媒介。——引者注）在谈论自己"①。

上述文化语境中的西方新闻生产常规及排他性原则，将社会主义中国及实行有别于西方政治体制的其他国家或地区界定为西方世界的"他者"，并为之附上专制、落后等负面标签。新闻自由理论在实践中滑向霸权话语，客观中立的专业精神在文化的樊篱下悄然失声。

4. 表述逻辑显现理论预设的固有缺陷

在弥尔顿"观点自由市场"的基础上，孟德斯鸠、密尔等人对言论自由的原则做了进一步论述，构成新闻自由理论的基础。这一理论基础隐含了从启蒙学说一直到整个西方社会民主体制的预设，即人类具有理性，真理可以透过观点在自由市场中相互论辩最终胜出，因此不必担心错误的言论蒙蔽或误导他人。这显然是以过于乐观的态度来看待人的理性。

然而，当下已被普遍接受的"有限理性"主张针对上述理性预设提出挑战。有限理性观念认为，人类认知因为受到自身记忆能力的限制与影响，所以只能拥有"有限理性"②。除此之外，究竟何为理性也存在争议：对于个人而言的理性选择，对于社会而言未必理性；一些短期内看来理性的行动，长期来看也未必理性。在新闻学界盛行一时的"社会责任论"就认为：人类常满足

---

① Philo C. Wasburn, *The Social Construction of International News: We are Talking about Them, They are Talking about Us* (Westport, Connecticut and London: Praeger, 2002), p. 19.

② Simon, H. A., "Rationality as Process and Product of Thought," *American Economic Review* 68 (1978): 1 – 16.

于眼前的需要与欲望，会因为怠惰运用理性而陷入盲从。① 1948 年，拉扎斯菲尔德的伊里调查结果问世，指出在每一次貌似公正、自由、民主的政治大选运动中，民众并不是根据自己对候选人的客观评估，独立而理性地投出选票，而是受到固有偏见、个人喜好、家庭成员、舆论领袖等诸多因素的影响。此研究是在经验层面对理性人假设的证伪，建立在此基础之上的"真理是越辩越明"的观点也不攻自破。此后，沉默的螺旋等经验学派的调查也纷纷证明了言论自由原则的虚幻性。

所以，新闻自由理论预设的表述并不严谨。正如米尔恩指出：18 世纪以来的诸多权利文件都欠缺缜密论述，"因为他们的目的是实用性的和政治性的，而不是学术性的和哲理性的"②。

三　从西藏"3·14"事件报道看西方新闻自由悖论

综上所述，各种因素规制着西方新闻自由的施展空间，使西方媒体所谓客观性在实践中经常呈现双重标准。在西方报道中，同样是自然灾害，美国卡特里娜飓风体现了美国公民众志成城的精神，中国 2008 年春的暴风雪则揭示出政府抗灾不力；同样是暴乱问题，法国的巴黎骚乱是暴民滋事，中国西藏"3·14"事件则是宗教迫害、政府镇压；同样是新闻造假，《洛杉矶时报》对伊拉克战地照片的移花接木是有违职业道德，CNN 对"3·14"事件照片的断章取义则是"适当应用"，等等。在此，我们以西方媒体"3·14"事件报道为例来具体解读新闻自由理念在实践层面所受的约制及其对新闻专业主义的背离。

2008 年 3 月 14 日，拉萨发生打砸抢烧暴力事件。暴力行为的突发性加上延伸话题的敏感性，使这一事件立刻成为国内外各界关注的焦点，进而也引发了传播活动中理念与方式的冲突与对抗。整个事件报道已不仅是一个单纯的新闻业务或新闻理念方面的话题，而成为集中展示西方新闻自由现实表

---

① Peterson, T., "The Social Responsibility Theory," in F. S. Siebert, T. Peterson & W. Schramm, eds., *Four Theories of the Press* (Urbana: University of Illinois Press, 1956), pp. 73 – 104.

② A. J. M. 米尔恩：《人的权利与人的多样性》，夏勇、张志铭译，中国大百科全书出版社，1995。

达窠臼以及中西方意识形态冲突的典型案例。通过对《华盛顿邮报》《经济学家》《解放报》等主要西方媒体报道的具体考察，我们得出的结论是：在新闻自由的旗帜下，西方报道客观性的虚伪面纱掩盖了非客观的判断、论调，种种有违专业主义的做法主要以表征符号的构建以及自由表述的悖论等方式具体呈现。

一方面，西方媒体的报道在符号构建中融入了过多意识形态预设。在西方新闻自由的实践中，弥漫于大众媒介的"天然感"隐藏着意识形态价值的运作。[①] 意义生产环节是开放的，而不是一个封闭的系统，职业代码在占主导地位的代码"统治"之下运作。[②] 媒体报道的是精心挑选、编织的"画面"，在新闻从业者的笔下、镜头前，西藏事件中涉及的各种角色被植入既有符号系统，成为象征性的表征。近期，《时代周刊》《纽约时报》等知名媒体对于达赖喇嘛以及中国政府形象的差异性构建就集中体现了上述符号化运作。

在西方报道中，达赖喇嘛通常以"非暴力的""理想主义的""富有超凡魅力的""在政治上略显柔弱的"形象出现。他作为一个象征性符号被镶嵌在西方文本中，一方面是西方世界标榜自身自由、人权的表征，另一方面更成为妖魔化中国形象的参照体。如"3·14"事件后，美国《时代周刊》把达赖喇嘛作为封面人物，并配发说明文字："随着中国发动对西藏的镇压，这位佛教领袖为他的人民的尊严而抗争。"该刊物还发表了题为《一个僧人的抗争》的文章，提到，"作为一名佛教徒，达赖喇嘛的发言代表了所有人民基本的言论自由、思想自由的权利；身为佛教徒，他也坚持秉承暴力并不能解决根深蒂固的问题的观点。近日他说如果流血事件继续升级，他就会作为一个政治领袖辞职，而作为一个象征性的符号，他还是西藏的领袖。"2008年3月22日，《纽约时报》发表类似文章——《他（达赖喇嘛）也许是个"神"，但不是政治家》指出，"达赖喇嘛是一个伟大的、富有超凡魅力的精神领袖，但却是一个可怜的、没有深谋远虑的政治策略家。""达赖喇嘛更注重'非暴力'而不是'抵抗'，他从未真正想过要采取直接行动来实现权力。"文章还评价道，"达

---

① 潘知常、林玮、曾艳艳：《结构主义—符号学的阐释：传媒作为文本世界——西方传媒批判理论研究札记》，《东南大学学报（哲学社会科学版）》2004年第3期。

② Stuart Hall et al., *Culture*, *Media*, *Language* (London：Hutchinson，1980)，pp. 128–138.

赖喇嘛早在十年前就应该结束好莱坞策略，而应关注与中国政府展开反向通道的外交，他应该公开发表'伟大西藏'的声明，呼吁将其从拉萨政府的控制中解脱出来……。"①

反观西方媒体对于中国形象的构建，则始终将其置于偏振的取景框下。如3月14～22日，美国《纽约时报》这份标榜"刊登所有适合刊登的新闻"的大报，共发表了18篇关于西藏事件的报道，其中涉及中国政府的所有报道中中性报道占1/3，负面报道占2/3，正面报道为零。美国CNN网站4月9日发表《我们为何向中国抗议》一文，指出，"北京奥运会，从一开始就染上了政治的色彩"；"事实上，正是由于中国禁止言论自由，在火炬传递时召集示威活动才变得如此重要。因为这是唯一能表达同中国政府对立观点的办法。"英国《经济学家》4月11日发表了《两种修复中国形象的妙方》一文，提到，"如果砸自己的脚也是一项奥运会项目，中国无疑是冠军得主。""一次意在炫耀自己崭新、外向、自信的活动却彰显出其黑暗的一面：不安、压制、易怒和顽固。"

可见，西方媒体对于中国政府以及达赖喇嘛的标签化符号构建暗合了西方社会自我文化诉求的需要。西方媒体中的中国形象既是中国现实某种程度上的反映，也是西方文化欲望的一定程度上的反映。②西方文化把"他者"作为"自我"烘托陪衬的对象，给西方新闻自由的表述框定了范围。

另一方面，西方新闻自由表述的悖论体现为对自身的放任及对他者的干预。在"3·14"事件报道中，部分西方媒体不惜采用多种主题先行的报道方式：英国广播公司（BBC）在其网站上刊登了西藏公安武警协助医护人员运送受伤人员的图片，图片所配说明却是"在拉萨有很多军队"；《柏林晨报》网站将一张西藏公安武警解救被袭汉人的照片说成是抓捕藏人；德国NTV电视台在报道中将尼泊尔警察抓捕人抗议者说成是"发生在西藏的新事件"；有的西方主流媒体还在数字上大做文章，对事件中的伤亡数字或模糊表述或任意夸大。而标榜客观公正的西方媒体对于类似移花接木、肆意妄言式的报道多采

---

① back-channel: an alternative to the regular channels of communication that is used when agreements must be made secretly.

② 周宁：《永远的乌托邦——西方的中国形象》，湖北教育出版社，2000。

用了自由放任、轻描淡写的处理方式。如 CNN 网站在使用了一张经其特殊剪裁并被发现严重失实的照片后，发表声明辩称，对图片进行裁剪是受到版面尺寸的限制，"照片被完全'适当地'应用在了特定的编辑内容中"，不会引起误解。

与上述自由放任行为形成鲜明对比的是西方媒体对于外来批评的强烈反驳。当其失实报道在世界范围内引发了"偏见压倒客观"的质疑后，西方媒体纷纷撰文为自身辩解。如针对中国民众的抗议，《华尔街日报》发表《中国拒绝被负面"画像"》一文，该文指出，"中国先后面临了冬季冰雪灾害、股市暴跌和消费者物价指数创出 12 年新高的困扰。对中国的批评更增加了中国人的挫折感。""中国的教育体制一直在灌输西方列强仍像 19 世纪一样希望削弱和分裂中国等观念，这带来了对西方的猜忌，也使得中国人对外国批评格外敏感。"言下之意，即中国人抗议西方媒体的行为带有民族主义引发的非理性色彩。法国《解放报》4 月 7 日发表文章《中国，阴谋的宣传》，文章提到中国人"面对西方媒体的'偏向性'，表现出一种不公正和遭受羞辱的集体感情，再次采用官方公报中带有攻击性和排外性的词语。阴谋论已被用滥了，但依然有效"。德国《法兰克福汇报》亦在 4 月 17 日发表文章《为解放科西嘉而斗争！》提出，"外国对中国侵犯人权和西藏政策批判得越多，中国人就越团结在他们政府周围。就算是之前对政府颇有微词的中国人，也团结一致地拒绝西方批评，分担在奥运火炬传递事件中全民族受辱的感受。""在西藏问题上大部分中国人从未意识到有什么罪过。""许多网上的评论水平低下，有时甚至是侮辱性的、猥琐的。"在上述言辞中，反对西方媒体不公正言论的中国民众被呈现为无知、不识好歹、易被煽动、偏激的群体形象；而西方世界则处于布道、救赎的位置。一种试图挑起中西对立情绪的语调显而易见。

当下，中国网民中流传着一首讽刺西方媒体的小诗："当我们沉默时，你们要我们言论自由。当我们不再沉默时，你们称我们是洗脑式的仇外。你们有谁能真正了解我们？"西方新闻自由的虚伪性在其表述逻辑的悖论中无处遁形。

四 结语

西方新闻自由的发展逻辑及其当下表述的悖论，提示我们对全球话语体系下"他者"描述的失误与偏差应保持警醒。正如西方自由主义先驱密尔所言，"迫使一个意见不能发表是一种特殊罪恶"，"假如那意见是对的，那么他们是被剥夺了以错误换真理的机会；假如那意见是错的，那么他们是失掉了一个差不多同样大的利益，那就是从真理与错误冲突中产生出来的对于真理的更加清楚的认识和更加生动的印象"。① 让全世界听到除却西方话语以外的多种声音，才可能呈现出更为真实的全景。

面对西方媒体对中国报道的肆意扭曲，我国政府应尽快完善高速的信息公开以及新闻发布体系，在各类事件发生后能第一时间主动介入舆论，成为值得信赖的权威新闻信息源。我国媒体在对外传播中应重视国家意识的技巧性融入与表达。部分国内媒体惯于报喜不报忧、喉舌宣传的报道传统，经常在报道中抓住中国的进步大做文章。殊不知，如此大张旗鼓的宣传在西方视野下正暗合了其"中国威胁论"的忧虑，更易激发"敌意"。反之，客观中肯、平实示人的报道则更易赢得理解与支持。因此，如何进一步考察宏观国际环境，在报道中恰当、有效融入国家意识，是国内媒体急需应对的课题。

此外在对外传播实践中，个体叙事的作用同样不能小看。回顾西方新闻自由的发展，其背后蕴含着理性主义、新教伦理、个人主义等丰富的文化和历史认知。对于资本主义社会而言，每个个体的意见都有可能达到真理，或者说与真理休戚相关。因而，个体叙事在我国对外传播中理应得到进一步重视。随着网络新媒体的崛起，博客、播客、BBS 等传播形式为普通人提供了更多参与全球传播的机会。我们期待新平台之上的政府外交、媒体外交、民众外交能为全球传播秩序的合理建构融入新的希望，最终破除西方新闻自由对"他者"功利性的遮蔽，完成对彼岸公正合理的描绘。

---

① 约翰·密尔：《论自由》，许宝骙译，商务印书馆，1959，第17页。

女性主义视域中的大众传媒批判 [*]

严利华 [**]　石义彬

大众传媒对现代社会生活产生了重大影响，成为人们信息接收和观念形成的主要来源。而作为社会观念层面的性别角色观念，也同样深受大众传媒的影响。现实生活中，性别歧视和偏见正以各种形式渗透到我们社会生活的各个方面，而大众媒体则在很大程度上充当了这种性别歧视和偏见的传播器。正如西蒙娜·德·波伏娃在《第二性》中所说："女人不是天生的，而是被造就出来的。"大众传媒对于带有偏见和歧视的女性形象的塑造和再现，很容易在人们心理中被复制，通过有意识或无意识的过程内化为社会共有的认同。因此，对大众传媒对传统男性统治的"权力"关系体系的再现，以及大众传媒对女性的刻板印象和将女性价值物化等问题进行分析和揭示就显得尤为重要。

一　女性传媒批评及女性传播权现状

"女性主义"一词，最早于19世纪80年代在法国出现，它的诞生伴随着西方主张男女享有政治和法律平等的思潮和运动，因此，它本身负荷了妇女解放运动和女性主义理论研究两个层面的所指。[①] 作为一种观念，女性主义起源于18世纪。1792年，女记者玛丽·沃斯通可拉夫特在《女权辩护》中针对卢梭鼓吹的对男女儿童实行不同的教育方法和体制的问题，主张教育上的性别平等。作为一种理论形态，女性主义最先出现在文学领域，代表人物有伍尔夫

---

[*] 本文系教育部人文社会科学重点研究基地重大项目"数字时代的全球媒介传播与文化身份认同"，项目批准号：2006JDXM184。

[**] 严利华，武汉大学新闻与传播学院博士研究生。

① 许正林：《欧洲传播思想史》，上海三联书店，2005，第400、405页。

（1929《一间自己的屋子》）和西蒙娜·德·波伏娃（1949《第二性》）等，其中心观点在于揭示了在文学中出现的男权中心主义和性别歧视。后来的美国学者打破生物决定论的统治地位，强调男女差异是后天环境形成的，把生理性别和社会性别加以区别。

女性主义传媒批评是女性主义文学批评的延伸。1978 年，美国传播学女研究者盖尔·塔奇曼等人主编出版了《炉床与家庭：媒介中的女性形象》论文集，这标志着"性别与传播"研究浮出水面，正式成为传播学研究的一个分支。[①]

女性主义媒介批判涉及的问题层面很广，可分成 4 类：第一是解释性的，如妇女为什么长久以来受到压迫？第二是价值性的，如依据什么基本价值认为妇女的受压迫是不对的？第三是诊断性的，如在不同的文化、社会现实中，对妇女压迫的形势、严重性如何？第四是策略性的，如针对这样的现况，如何寻求解放途径？女性主义各个流派有其偏重、专长的问题，而几乎所有理论都有策略性的建议。西方女性主义批判理论家之所以热衷于研究"父权制度是如何鼓吹对性别关系、知识结构和充斥于组织中的男性支配权的特定理解的"[②]，目的是要改变社会中男女既存关系的政治，对抗我们社会中行之已久的父权体系，亦即将女性利益从属于男性利益的权力关系。女性主义在传播领域对父权制的批判，主要是通过检视媒介权力的运作而进行的。

目前，我国女性主义传媒批评主要限于媒介批评，主要体现在对电影、杂志、报纸、广告、电视、肥皂剧等的批评研究上。其批评方法也以文本的量化分析为主，诸如角色数量、呈现次数等，大多限于文本分析本身，政治、经济、文化方面的内涵分析相对表面化，也较少涉及女性传播权等基本问题，落后于西方女性主义传媒批评理论。

1985 年 7 月，联合国通过的《内罗毕战略》首次对女性参与传播和改善女性在传播中的形象等问题，提出了积极的建议和行动目标。然而，20 多年来，女性的传播权问题并没有得到很大的改观。当前各国女性不能充分平等、自由地享有传播权的现状在大众传播中主要表现为：（1）有关女性问题的报道占社会

---

① 陈阳：《性别与传播》，《国际新闻界》2001 年第 1 期。
② 〔美〕凯瑟琳·米勒：《组织传播》，袁军等译，华夏出版社，2000，第 103 页。

信息总量的比例相对较小，女性的表达权和知情权仍然受到限制；（2）一些有关女性问题的报道缺乏真实性、客观性和公正性；（3）女性的形象和有关事件常被新闻媒介为达到赢利目的而进行哗众取宠，甚至夸张、歪曲和侮辱性的报道，这使有关女性的报道成为媒介进行市场竞争和追求利润的手段；（4）对女权主义思想、女权运动及一些女权主义者的报道和形象塑造常带有性歧视、性偏见的倾向；（5）女性使用传媒的能力总体还低于男性；（6）在传媒工作的女性在工资和地位等方面仍然有受到不公平待遇的现象；（7）在发展中国家，对一些女性问题的报道和女性形象、思想言论在传媒中的发表仍有禁忌和限制；（8）由于西方发达国家的传媒垄断着世界传媒领域，发展中国家的女性较西方发达国家女性享有的传播权更小。①

二 大众传媒对传统男性统治的"权力"关系体系的再现

美国女性主义学者指出，社会现实中女性对男性的依附性或非主体性的关系不是一种天然定制，而是文化建构的结果。他们认为，一方面，妇女所拥有的身体和心理是被建构出来的；另一方面，妇女所面临的社会和文化也是被建构出来的，这两方面之间的相互作用强化了妇女的从属地位。② 而大众传媒则在这种文化建构中发挥了主要作用。可见，女性主义视角下的传播体系，深植于历史的两性权力关系，支配了媒体对两性关系的再现。

在人类的历史中，女性是由男权历史所塑造的特定群体的集合。恩格斯曾以巴赫芬和摩根的人类学观点为基础，认为人类最初的形态是母系社会。他认为，母权制社会在某个特定时期被父权制社会颠覆了，从而构成了"女性在世界史上的失败"，而被颠覆是由于工具的发展导致的分工和私有制的出现。在传统社会的分工模式和意识形态的作用下，形成了一套"男主外，女主内""男尊女卑""男高女低""男主女从""男优女劣"的价

---

① 许正林：《欧洲传播思想史》，上海三联书店，2005，第400、405页。
② 〔澳〕马尔科姆·沃特斯：《现代社会学理论》，杨善华等译，华夏出版社，2000，第277～279页。

值判断体系，这一价值判断体系使女性长期遭受着压迫和不平等的对待。格尔哈斯·伦斯基指出："在农业社会中，几乎每一个妇女的生存权利、特权和希望，都是由她们所依赖的男子的地位，以及她们同该男子的关系所决定的。随着工业化的发展，妇女的情况变化很快，不能再把她们说成仅仅是某个男人的附属了……长期以来将分层系统中的女性系统和男性分离开来，并使前者依附后者的传统壁垒正在明显地消失。"在中国，新时期的历史转型，提供了对曾以"三纲五常"伦理束缚女性达千年之久的封建父权神话的质疑的可能。

然而，作为一种深层的社会观念和文化心理，女性在两性关系上的不平等地位成为一种历史的记忆，沉淀于女性的自我意识的深处。男尊女卑、男主女从的男权意识不仅掣肘着女性的主体行为，也制约着社会对女性的角色期待和价值评价，这在传媒中以不同的方式表达出来。

戴锦华认为，男人作为一个相对的权力集团，是一个权力集团的既得利益者，而女性则是作为一个被压迫的群体而存在的，长久被放逐在权力之外。这种不平等的权力关系表现在，男性是传媒和信息的控制者，女性则成为媒体和信息的消费者。在新闻报道中，女性通常很少在"重要"的新闻中出现，媒介的报道很少针对女性的工作、成就、情境或需要。在诸如政治、经济、社会等主流事件中，"男性"成为报道的中心，而生活、消费方面的信息则以女性为报道主体，只要与"家庭""私人"有关的谈话节目也基本以女性为对象。一般而言，女性很少被报道，即便有，也往往被媒介以"琐碎化"或扭曲的方式报道。于是，大众媒介便将处于男性"权力"关系之外的女性形象加以刻画并灌输到人们的意识之中。

此外，男性把持的媒介往往从男权文化中心的角度对两性特征进行概括和归类，将女性定性为从属于男性的依附者或性对象，并以此设置妇女议题、建构女性形象和评判女性话语对广大受众施加的影响。在大众传媒的内部结构中，因媒体从业者以男性居多和占主导地位，很难改变女性受支配的现状，媒介成为男性和父权制的同盟和工具，维护和强调男权意识，并巩固男性地位。

可见，女性要抵制这种长期以来仅仅将女性界定为迎合男性的需求和欲望而存在的男性中心主义传统，要打破这种女性的边缘化地位和沉默，维护女性的利益及生存方式，就必须对其加以批判和分析。

三　大众传媒中女性的刻板印象和女性价值的物化

刻板印象，也称固定成见，是指人们对某一类人群或事物产生的比较固定、概括而笼统的看法。大众传媒在人们刻板印象的形成中发挥了重要作用。如戴安娜·米罕在《夜晚的女性：黄金时间电视中的女性角色》一书中，通过分析得出，女性在电视中，几乎总是在从事服务性行业，相反男性却总是被表现为从事"支配性职业"。[①] 塔什曼在《大众传媒对妇女的象征性歼灭》一书中，通过对美国传媒中女性的象征性形象的分析，认为她们被符号化为单纯的装饰物，女性或者缺席，或者以被忽略、排斥和鄙视的方式呈现出来。男人和女人已被媒介遵循用于再造传统的性别角色的文化陈规塑造出来，男性通常被表现为占优势的、活跃的、积极进取的和有权威的；女性通常被表现为次要的、被动的、唯命是从的和边缘性的。在塑造性别的过程中，媒介权力肯定了性别角色的自然特性的社会的不平等，而女性由于大众传媒通过忽略、谴责或贬低而被"象征性地歼灭"。[②] 就像波伏娃所说："世界的再现，如同世界本身一样，都是男人的作品，他们从其自身的观点描述它，并与绝对真理加以混同。"

长期以来，大众媒介通过对女性群体的定位和形象的塑造，使人们在无意识状态下对女性的媒介形象逐步转化为社会知觉、价值判断，从而在态度和行为上产生相应的意义和价值认同。由于在传统和通俗文化中都已有女性刻板印象的定势，已经形成了相对确定和稳定的意义结构，受众在这种已成定势的意义结构下进行的解读，必然使本已极端男性化的社会价值观进一步加固，强化了性别偏见与性别歧视。女性在媒介文本中再现时，有许多是明显涉及歧视的，如以不贞、淫荡的特定字眼，以非人性的字眼，宠物、男性的附属品来形

---

① 〔美〕伊·安·卡普兰：《女性主义批评与电视》，载罗伯特·C. 艾伦编《重组话语频道》，中国社会科学出版社，2000，第253~255页。

② 〔英〕多米尼克·斯特林纳提：《女权主义与大众文化》，载陆扬、王毅选编《视点：大众文化研究》，上海三联书店，2001，第197~207页。

容女性，甚至在处理有关女性精英谈话时，媒介都会刻意附加一些情感与美学的词语，而类似情况在论述男性上几乎完全不曾出现。此外，在浓厚的男权意识之下的大众媒体中，有关女性的议题、活动、构筑，常被以娱乐的形态呈现于大众眼前，而刻意忽略其背后所隐藏的意涵。而现实中当人们无法察觉出媒体所预设的陷阱时，便强化了社会中对于女性的负面的刻板印象。错误的刻板印象必然导致不合理行为，甚至使广大的女性公众也自觉不自觉地认同男性对女性形象的塑造和建构，从而淡化或消解了女性平等权利的意识。

随着媒介商业化的发展，女性形象已成为媒体利用的"卖点"。为了迎合男性口味、欣赏习惯及心理需求，大众传媒把女性形象设计为供男性品味而创造的玩物，女人的身体通常则既是观赏品又是性对象，女性已完全被"物化"。女性被塑造为玩赏的花瓶或性消费对象，在这类形象中，我们看不到女性真实的面目，看到的只是被男性命名、规定、解释的女性。

劳拉·马尔维在《视觉快感与叙事性电影》中对电影文本对男性观影者的主体性、女性的对象性建构进行了深入的分析。她认为："在一个性别不平衡的世界中，看的快感已被分裂成主动的男性和被动的女性。决定性的男性注视将其幻想投射到照此风格化的女性形体，她们因此而被展示出来。"于是，女性"身体"的再现就成为了媒介界定"女性特质"的关键。媒介将女性与色情联系在一起，妇女常被作为有辱人格的色情形象或当作暴力的对象出现在媒体中，甚至将社会的色情泛滥归罪于女性，"女人是祸水"在现代社会被媒体再版。这种对女性扭曲的、支离破碎的描写自然会引起对男女关系的曲解，甚至使女性成为暴力的牺牲品。

台湾女性主义者李昂曾说过："在这样变化纷纭的现代化社会里，真正的幸福和生命之道，是掌握在你（女性）手中，而不是在你的父亲、丈夫、家庭手中。"那么，女性作为独立的个体存在，就必须冲破、剥离男权主流话语的桎梏，关注自身的生存状态和命运遭际，揭示出两性在经济文化差异中的爱情婚姻、社会人生等本质关系，而且最重要的是树立自主独立的现代女性价值观念。可见，仅仅通过打破传播领域内的成见和偏执，减少大众媒介对传统性别歧视的建构与影响，是远远不够的。如何能真正促进社会的性别平等，提高女性的地位，也许是一项长远而艰巨的任务。

中篇 文化全球化、后现代主义与中国文化认同

全球化背景下媒介文化产品的混杂化

——以影视节目为例*

石义彬 周 娟**

"混杂化"（hybridization）是近年来国外文化研究的新理论概念，指两种或多种文化杂糅而产生的具有"混杂性"（hybridity）的中间形态的过程。"混杂性"概念是由后殖民理论家霍米·巴巴（Homi Bhabha）率先成功引入文化研究当中。巴巴对于混杂性一词的界定建立在拉康的"模拟"和德里达"带有差异的重复"概念基础之上。他认为模拟是一种复杂、含混、矛盾的表现形式，目的并不是追求与背景相和谐，而是要像变色龙一样，依照外界环境的需要变化自己的肤色。通过"带有差异的重复"的模拟，话语变得不再纯粹，殖民者通过这种手段，解构、颠覆殖民话语，抵抗帝国权势。巴巴对"模仿"

---

* 本文为教育部人文社会科学重点研究基地重大项目"数字时代的全球媒介传播与文化身份认同研究"（项目编号2006JDXM184）研究成果之一。

** 周娟，武汉大学新闻与传播学院博士研究生。

和"模拟"这两个概念作出区分，指出前者的特点是同源系统内的表现，后者的目的则在于产生某种居于与原体相似和不相似之间的"他体"。巴巴认为混杂性是开启"第三度空间"的钥匙，这个空间消除了所谓"本真性""本质性"意义的权威，开启了创造、生成新意义的可能，① 他反对静态、僵化的分析过程，关注"文化接触、侵略、融合和断裂复杂过程的机制"。② 墨西哥学者加西亚·坎克里尼（Nestor Garcia Canclini）1989 年出版的名著《混杂文化：兼论进入和离开现代性的策略》（*Hybrid Cultures*：*Strategies for Entering and Leaving Modernity*）一书使"混杂文化"概念受到广泛关注。③ 约翰·汤姆林森（John Tomlinson）也在《全球化与文化》（*Globalization and Culture*，1999）一书中探讨了文化的混杂化（hybridization）问题，他运用"非领土扩张化"范畴分析了文化的全球性与地方性的混杂化带给现代人的文化体验，并据此提出个体不再局限于关注直接的地方性，而是意识到全球的归属、复杂的情况和责任，且形成能够把这些更广泛的关注融入到日常生活的实践中去的"世界主义"的意向。

大众传媒作为文化产品的主要载体和通道，在文化混杂化问题探讨中成为关注的焦点。本文所指的媒介文化产品的混杂化，既指不同文化内涵的文化产品通过大众传媒的全球传播，又指不同社会和文化元素在单个媒介文化产品内容上的结合。这种混杂化，在提升媒介及其文化产品在跨文化市场上魅力的同时，也日益成为令人担忧的话题。西方影视剧、节目形式、流行音乐的大量涌入并受到追捧、模仿令很多人担忧其对中国本土文化的消解。同时，《花木兰》《卧虎藏龙》等影片在西方市场的大受欢迎，却招致不少来自国内的批评，认为其为迎合西方受众品味而牺牲了中国传统文化的精髓，西方文化将中国文化合目的性地纳入了其全球文化体系。这种思路认为，一种西方主导的单一的、同质化的全球文化将借媒介全球化之东风应运而生，这种文化以整合为特征，或许就是"西

---

① 陆巍：《混杂性》，《国外理论动态》2006 年第 5 期。
② Robert J. C. Young, *Colonial Desire*：*Hybridity in Theory, Culture and Race*（London：Routledge，1995），p. 5.
③ 何平、陈国贲：《全球化时代文化研究若干新概念简析——"文化杂交"和"杂交文化"概念的理论内涵》，《山东社会科学》2005 年第 10 期。

方化""美国化"的代名词。与此形成对照的思路是，媒介文化产品的混杂化消除了中心与边陲的界限，排除了以往两极化的思考，预示着文化帝国主义理论的式微，一种既非东方的、又非西方的"第三种文化"即将浮出水面，代表着全球文化的未来走向。巴巴的理论似乎更支持后一种思路。

媒介文化产品的混杂化及其对全球文化走向的影响的揣测及理论架构在争论中让人无所适从，或许将目光转向实际的传播过程与语境更有意义。本文拟以影视节目为视角，在媒介文化产品传播的具体语境下，揭示全球化背景下媒介文化混杂化的复杂面向，并不以整体宏大的论述和确切的解答为探求目标。

一 全球市场下媒介文化产品的混杂化途径

传播技术的迅猛发展以及资本扩张的冲动使媒介文化产品间的相互借用、模仿成为可能和现实需要。文化产品混杂化主要通过媒介文化产品的直接输出输入、文化解构和文化重构途径得以实现。媒介文化产品直接的输出输入形式为大家所熟知，在此不再做具体分析，而文化的解构与重构过程实际上是对文化元素合目的性的取舍过程。全球化背景下，文化产品的混杂化在很多情况下都是以全球市场或区域市场为目标，好莱坞多年来就遵循着一套让他们的文化产品通行全球的公式。区域市场上，亚洲的韩国和日本通过文化元素的取舍与重组，目前也已形成其较为成熟的产制模式。

（一）文化解构

文化解构是一个文化的转移过程，将被认为不能为全球受众所理解和欣赏的特殊文化置换或抹去，帮助媒介文化产品跨越文化樊篱。以电影《花木兰》和《卧虎藏龙》为例。为适应西方市场的需要，中国的花木兰故事被美国化、迪斯尼化：爱与荣誉取代了中国传统的核心价值观念，如孝道和家族责任，个人主义取代了集体主义，女性主义色彩取代了爱国主义。此外影片中出现的现代报纸、香肠和煎鸡蛋的早餐、慈祥的老奶奶唱起了西方歌剧……这一切似乎在提示着观众这是一部西方电影。在《卧虎藏龙》中，等级观念、孝道和中国传统社会的男女界限被淡化，世俗的爱、黄沙漫漫当中的激情被放在突出的位置得到表现。日本媒介文化产品在亚洲市场成功的一个重要法宝就是产品中日本文化特色的去除，将产品吸引力定位于对人类共性的诉求，如情感的需要、对恐惧的下意识回避等，还有就是虚化影视剧的具体时空情境。这也是好莱坞电影和美国电视打入全球市场的标准模式。[①] 当然文化特色的移除是表层的，影视剧中人物的对白、对待事情的态度清晰地显现出特定的价值观念。如在最近屡创票房佳绩的梦工厂出品的动画片《功夫熊猫》中，好莱坞对中国文化的运用更为娴熟，连片头都颇费心思。电影迷一定很熟悉梦工厂出品的片头：一个小男孩坐在月亮上"钓"梦想。而《功夫熊猫》的片头让人忍俊不禁：月黑风高，侠客夜行，一路蜿蜒而上，最后坐到了月亮上，伸出竹竿，作姜太公钓鱼状。这个花了心思的片头立刻引来全场掌声。然而，故事采用的仍是好莱坞屡试不爽的励志模式：浑身缺点的小人物追求自我价值的实现，最终也能得到好结果。这和迪斯尼出品的《怪物史瑞克》中长相丑陋、身无长物的史瑞克却通过努力娶到公主的套路如出一辙：好莱坞文化符号在影像中被去除的表象下潜藏的是中国文化符号包装下的美国文化内核。

（二）文化重构

文化解构的过程实际上也就伴随着文化重构。文化重构也出现在解构后为本地化因素的重新置入过程当中。在《花木兰》当中，迪斯尼公司在对故事进行去情境化解构之后，又在电影中加入中国龙，将故事放置在一个由长城、柳树、山水风景、佛洞等文化符号所构成的情境中，通过再度情境化手段，保留独特的中国风味以吸引西方受众。《花木兰》女主角典型的东方女性形象使这个影片早已脱离了纯粹的美国文化，得到了来自不同国度的消费者的认可，为迪斯尼带来 2.97 亿美元的收入，其中 59.2% 来自于海外。在《卧虎藏龙》当中，侠客驰骋的大漠风情、徽州深宅的江南韵味、飞檐走壁的中国功夫，使西方人眼里东方文化的神秘被表现得淋漓尽致。台湾热播的偶像剧《转角遇到爱》改编自日本漫画，但在人物对白和情节设置上融入了本地题材，使故

---

① 汪琪、叶月瑜：《文化产品的混杂化与全球化：以迪斯奈版〈花木兰〉与〈卧虎藏龙〉为例》，《传播与社会学刊》2008 年第 3 期。

事和观众更加贴近。最突出的表现是台湾特色食品"蚵仔煎"台词与画面的重复出现。在《功夫熊猫》中，除片头外，影片中的汉字、传统手推车影像、四人轿的原型保留、鞭炮针灸等传统国粹的出现，甚至诸多中文发音的原样保留，比如"Shi fu"（师傅）、"Wu gui"（乌龟）、"Tai lang"（唐狼，还有译为太郎，这种在中国市场将反面角色译为日式名字的做法更具文化意味），飞檐斗拱、红墙绿瓦的全面复古的建筑风格及诸多可爱人物的服饰饮食等，都显示出制片方文化重构的良苦用心。

二 媒介文化产品混杂化：迈向"文化同质化" 抑或"第三种文化"

（一）迈向"文化同质化"？

上述媒介文化产品的解构过程，实际上就是在传播过程中，主动与目标受众市场文化混杂的过程；文化的重新建构过程，是保留或适应本土特色的过程；而直接的输出输入过程，是媒介文化产品在不同的传播语境中被解读的过程。这个过程中，用"同质化"或"异质化"来简单地界定全球文化发展的趋势首先在现实中难以推行，这存在着一个观察视角的问题——从全球的角度看，西方影视节目所裹挟的流行文化或消费主义文化的传播是文化同质化的依据；但站在本土立场看，新的节目形式和内容的引入，却促进了本地节目的异质化。其次，从上文对文化解构和重构的具体分析来看，他们是"融合文化的片段特征"[1] 的过程——正如阿尔君·阿帕杜莱（Arjun Appadurai）所指出的，全球化使用了不少同质化手段，但并不等同于文化的同质化[2]。因而，文

---

[1] Nestor Garcia Canclini, "The State of War and the State of Hybridization," in Paul Gilroy, Lawrence Grossberg and Angela McRobbie, eds., *Without Guarrantees-In Honour of Stuart Hall* (London: Verso, 2000), p. 99. 转引自何平、陈国贲《全球化时代文化研究若干新概念简析》，《山东社会科学》2005 年第 10 期。

[2] Arjun Appadurai, "Disjuncture and Difference in the Global Cultural Economy," in Meenakshi Gigi, Durham and Douglas M. Keller, eds., *Media and Cultural Studies*: *Keyworks* (Blackwell Publishing Ltd., 2006), p. 596.

化解构和文化重构的共生过程显著地呈现出巴巴所描述的"模拟"与"带有差异的重复"特性，文化的同一性和差异性处于持续的斗争状态，混杂化后的文化产品与原型文化相比显示出一种介于"似与不似"之间的"第三空间"的特性与矛盾状态，由此使全球文化呈现出不确定的景观。

在全球资本扩张的压力下，市场逻辑主导着当前媒介文化产品的混杂化过程。这为我们慎用"同质化"界定全球文化走向提供了另外的根据：目标市场决定着文化产品的面貌，由此这种混杂化必然是有偏向的。市场的多维度、多层面和持续变化的性质，决定着文化产品混杂化形式的多样性。假设阿拉伯世界是《花木兰》《卧虎藏龙》《功夫熊猫》的主要市场，制作方对这些影片的文化诠释肯定会有所不同。这种条件下，文化的同质化如何出现？

这是不是意味着文化帝国主义范式的终结呢？显然不是。

市场力量的不均衡暗示着我们，在媒介文化的混杂化过程中，文化各个混杂化成分并不"均等"，混杂化中的权力关系值得关注。

在得知《卧虎藏龙》获得最佳外语片和最佳导演奖之后，李安告诉记者，他童年的时候看的是中文字幕的美国电影，如今终于成功地吸引了外国观众看配上外文字幕的中国电影了。这种陈述似乎是一个全球传播的"去西方化"的描述，然而考察这部电影背后的制作发行过程就会得出完全不同的结论。首先，它的筹资模式是好莱坞式的——通过预售等各种渠道吸引投资，这也成为后来《英雄》《无极》《夜宴》等华语武侠大片筹资的典型模式。其次，它的剧本改编自中国的一部武侠小说，改编剧本的工作最初由中国人王蕙玲、蔡国荣负责，但最终剧本是由美国人詹姆斯·夏慕斯敲定的。最后，它的导演李安，主要男女演员周润发、杨紫琼、章子怡都是好莱坞电影工业里的熟面孔。或许李安的自述能把这个问题阐述得更清楚：

"武侠片是个很特殊的国粹技术，但我恨它的粗糙、不登大雅之堂。我以好莱坞的品质去要求，又要有艺术片的味道，结果是中西古今雅俗都加入，成了现在的面貌。

"拍片时，我知道那些东西通不过西方标准，我爱面子，想提升主流华语片的品质，为华语片脸上贴金。我觉得，中国古典的东西的确有不足之处，无论是从西方的戏剧性、语法、美学观点，还是西方结构的情节推理等优势，我希望都能在影片中做足。……特别是在文化情境的转换时，我发现很困难，但不调整，国际上又真的拿不出手。

"当我做跨文化开拓时，当我硬改掉一些华语片的惯性时，是不是也暴露了华语片的弱点，使得它失去了生机？《卧虎藏龙》引发出工业、商业及文化上的冲击，同时在文化政治上引发的尖端现象，我到底是做了好事，还是坏事？我也不知道，但觉得又有责任去面对。"①

此外，大众传媒的实力决定着其影响力。在当前的形势下，文化产品呈现显著的单向流动模式，第三世界的逆向流动很少，其文化产品鲜见于西方的大众传媒。

可见，资本、市场规模和消费者购买力最终决定着媒介文化产品各混杂化成分的权重。同时不难理解，非领土的文化扩张始终伴随着混杂化过程，即便撇开市场逻辑的因素，强势文化总是主导着文化混杂化的走向，弱势文化要想跻身主流，为当前西方文化所接纳，难免需要采用主流的话语体系。从这个角度看，本土特色媒介文化产品要在国际市场上流通，本质上仍需具备全球的或者具体就当前而言是西方的文化内核。因而，媒介文化产品的混杂化又必然会带来一定程度的"文化同质化"，文化帝国主义范式仍具理论解释力。

但正如约翰·汤姆林森所指出的那样，"哪里有非领土扩张，哪里也就会有新领土扩张化……非领土扩张化不可能意味着地方性的终结，而是发生了转型，进入到了一个更为复杂的文化空间之中。"② 正是人类对于自身文化认同、精神家园的不懈追求让我们看到了"去文化同质化"的驱动力。亨廷顿在《全球化的文化动力》一书的前言中就指出，全球文化反而会导致本地文化形式的复兴。③

（二）"第三种文化"的来临？

巴巴的混杂理论认为，"第三空间"通过表达与混杂化成分不同的话语和

---

① 《古典侠义 水墨中国》，《新京报》2007年10月20日，第B07版。
② 约翰·汤姆林森：《全球化与文化》，郭英剑译，南京大学出版社，2002，第216页。
③ 塞谬尔·亨廷顿、彼得·伯杰：《全球化的文化动力》，康敬贻、林振熙、柯雄译，新华出版社，2004，第9页。

内容，创造新的文化形式。它的出现需要对不同的观念、价值和意义进行反思、妥协和谈判。因此，混杂化不是简单地从表面上混合不同的文化因素，它需要去除或中立己方文化中为他方文化所不能接受的内容和形式，同时纳入或接受他方文化的内容和形式。媒介文化产品的混杂化能带来文化的协商与融合吗？在媒介文化产品的混杂化带来的"似与不似"的"第三度空间"或转型后"更为复杂的文化空间"当中，既非东方又非西方的"第三种文化"是否会逐渐成形，代表全球文化的走向？或许这些问题可以从不同向度来考量。

其一是在全球化背景下，媒介文化产品产制过程中的"成本极小化、利润最大化"原则使不同文化元素被合目的性、仓促、任意地进行拼凑。从这个角度来看，文化的融合很难发生。近期上映的《木乃伊3：龙帝之墓》，就是一道由西方主厨、以埃及佐料乱炖中国元素、五味杂陈的"fushion"菜。再比如说游戏或综艺节目换上本土的主持人，以这种形式制造的混杂化产品本质上还是属于来源国文化的。

其二是外来影视节目和《卧虎藏龙》这类通过一系列文化解构和重构过程构连而成的新的文化形式以及直接输入的媒介文化产品是否会促成文化的融合，催生"第三种文化"？这一直是讨论的热点所在。对此进行探讨之前，我们不妨先将问题具化一下，首先探讨媒介文化产品的混杂化是否会对本土民众的价值观和行动产生影响，如果有，又是一种什么影响呢？在这个前提下继而探讨文化的变迁，更具直观意义。

上文提到，《花木兰》《卧虎藏龙》等影片在西方市场大受欢迎，却招致不少来自国内的批评。《花木兰》《卧虎藏龙》两片在美国都取得了票房过亿的好成绩，在国内却遭遇惨淡。此外，香港中文大学的李少南在《"全球化"的论述下香港人如何看待外来电视》一文中，以香港观众为研究对象，随机抽样、调查访问了905位市民。研究发现，香港人并不常看欧美的电视节目，反而更多地收看中国大陆、台湾及日本的节目，在本地与外来电视中要选择收看的话，他们仍然是喜欢看本地制作的。① 另一位学者陈韬文的研究表明，民

---

① 李少南：《"全球化"的论述下香港人如何看待外来电视》，载郭镇之主编《全球化与文化间传播》，北京广播学院出版社，2004，第63页。

族身份是由社会建构的，受到不同社会力量的影响，在这个全球化的时代，民族国家不但没有消亡，其对教育系统和传播系统仍然施加着重要的影响。文化边界现在无疑是处于不断的变动状态，但是，这种对文化身份之流动性的强调不应该阻止我们看到国家身份的惰性，因为民族国家的身份往往更多地因血缘、宗教和历史的稳定性而持续难变。同时，下面因素也有效地冲淡外来电视对民族认同本来应有的冲击力：本地节目因文化相近性而拥有的先天吸引力、受众往往以自己的文化处境阅读多义的电视文本、地方化在电视全球化中仍然起着关键作用等。[①] 大陆方面，美国热播电视剧《绝望的主妇》被中央电视台第八套于 2005 年引进后的平平反响显示出"文化折扣"形成的收视障碍。从上述研究结果来看，媒介文化产品混杂化似难大范围促生汤姆林森的"世界主义"意向。

当然，这并不排除特定的"第三种文化"在一定人群中的"播撒"，借用德里达的这个概念，是为了表明此类"第三种文化"的碎片化呈现状态。冯（Fung）的研究表明，受众对于媒介文化产品的接收呈现明显的阶层意识。[②] 比如，西方流行音乐在全球以不同方式在都市青年阶层/群体中的扩散，如黑人的 Hip-hop 音乐通过与本地文化混杂化以 J-pop、K-pop 形式流转于日本和韩国；西方消费主义文化以不同形态在全世界城市中产阶层中的蔓延。安德森·萨顿（Anderson Sutton）也发现，去除异域文化特色而被移植到印度尼西亚 MTV 上的世界知名的流行文化明星主要受到印尼青少年的追捧。[③] 这些阶层化/群体化的"第三种文化"表明了汤姆林森的"世界主义"意向在一定范围内的客观存在。

美国语言哲学家奎因（Willard Van Orman Quine）认为，"在整个知识或信念的体系中，各种命题构成一个圆圈，居于中心的是内容玄远的命题，其普遍性最强；距离中心最远的感性命题最少普遍性。它同经验的接触、冲突和适

---

① 陈韬文：《电视全球化与文化认同：亚洲背景下的理论思考》，载郭镇之主编《全球化与文化间传播》，北京广播学院出版社，2004，第 45 页。

② Anthony Fung, "Intra-Asian Cultural Flow: Cultural Homologies in Hong Kong and Japanese Television Soap Operas," *Journal of Broadcasting & Electronic Media* 51 (2007).

③ Anthony Fung, "Intra-Asian Cultural Flow: Cultural Homologies in Hong Kong and Japanese Television Soap Operas," *Journal of Broadcasting & Electronic Media* 51 (2007).

应引起距离经验最近的命题的调整和改变，最后才引起居于中心的命题的调整和改变，就是说，距离中心越远和距边界越近的东西，其改变的速度越快；越靠近中心的东西，其改变的速度越慢，而中心则不轻易因周边的改变而等速改变，但也不是不改变。"[①] 文化的变迁就具有这种特性。上述研究表明媒介文化产品的混杂化一定程度上改变了现代人的文化体验，但据此断言"第三种文化"的来临为时尚早。

此外，印度禅宗在中国的传播历程也许可以为针对这个问题的思考提供另类视角。印度佛教传入中国后，首先依附于中国原有文化而得到传播，之后和中国文化发生过冲突，从现象看，佛教在社会生活的影响甚至一度超过了原有的传统文化，最后为中国文化所吸收，融合于中国文化当中。佛教当中禅宗这一支在这方面的特征尤为突出，它通过儒禅携手，迎合士大夫的心理结构，提倡"顿悟"，迎合士大夫的生活方式，提倡"适我"，迎合士大夫的价值取向等手段，主动与中国文化混杂化，达到成功传播。禅宗在中国的成功，并没有破坏或钳制中国传统文化，反而为中国文化的向前发展提供了新鲜血液。这种混杂化过程在历史上绝非特例。这启示我们换个角度看待文化：文化在历史上从来就是流动的、变化的，文化混杂化是一个动态的过程，一直在进行着并且仍将持续。从这个角度看，巴巴的混杂化理论被批评为对知识论贡献有限，也自有其道理，因为文化的混杂化，古今中外概莫能外，时刻在进行着，文化发展的过程就是边界不断被打破、重建的过程。在这个架构下，摆脱文化保守主义视角，寻求媒介文化产品是否促进"第三种文化"的形成似无必要。

三　结语

全球化背景下媒介文化产品的混杂化并不是一个简单的"同质化"或形成"第三种文化"的过程，它包含着各种对立的原则和倾向，呈现出一种文

---

① 爱德华·赛义德：《想象的地理及其表述形式》，载张京媛主编《后殖民理论与文化批评》，北京大学出版社，1999，第41页。

化的离心力与向心力并存的内在紧张、复杂多样的博弈状态，其结果在不同的文化语境下呈现出差异的形态。对于这种文化变迁态势，任何静止的分析方法都难以对现实作出解释，动态的情境分析才是把握文化样貌的有效进路。正如阿帕杜莱在《全球文化经济中的断裂与差异》（*Disjuncture and Difference in the Global Cultural Economy*，1990）一文中所提出来的，全球文化理论建构的起点是我们应当把当今世界文化的型构看作是根本断裂的，但同时又是相互重合的，它不具备欧几里得式的界限、结构和规律，我们应当把着眼于流动性、不确定性的"混沌"理论引入到人文学科，如此，我们才不会与全球化至关重要的"过程"失之交臂，才不会把稳定的秩序幻觉强加给这个变幻莫测的世界。①

---

① Arjun Appadurai, "Disjuncture and Difference in the Global Cultural Economy," in Meenakshi Gigi, Durham and Douglas M. Keller, eds., *Media and Cultural Studies*：*Keyworks*（Blackwell Publishing Ltd.，2006），pp. 599 – 600.

西方新闻传播的后现代表征透视

王 勇* 石义彬

后现代主义是 20 世纪末西方最具影响力的泛文化思潮。这一思潮对当代社会产生了如此巨大的影响，以至于在西方，"后现代不仅已经介入我们所能设想的从人类学到企业管理到政治到科学的每一个领域"，而且已经渗透到了"后现代心灵""后现代神学""后现代电视节目"等一系列当代大众文化的各种不同主题之中。① 加拿大社会学家莱昂甚至认为，"现在，任何人想描绘文化变迁的图谱，以及理解当代社会现象，都必须围绕后现代性这个中心问题。"② 因此，考察作为大众文化的重要载体以及"现代性的合理性实践"（哈利特语）的西方新闻传播，显然不能脱离后现代语境，也不能无视后现代主义思潮对其的渗透及其所呈现出的后现代特征。莱昂就曾说过："后现代不可避免地也波及一些大众传媒"。③ 美国传播学者柯林斯也曾指出："电视常常被人们认为是后现代主义的典范，而后现代主义又常常作为单纯的'电视文化'被加以封杀"。④

而且，正如美国学者贝斯特等指出的那样，"后现代转向是全球性的，涵盖几乎全部世界"，⑤ 因此，考察西方新闻传播的后现代表征，不仅有利于深刻理解当今西方的新闻传播，而且有利于更好地把握我国新闻传播的走向。

---

* 王勇，武汉大学新闻与传播学院博士研究生。
① 〔美〕道格拉斯·凯尔纳、斯蒂文·贝斯特：《后现代理论》，张志斌译，中央编译出版社，2004，第 36 页。
② 〔加〕大卫·莱昂：《后现代性》，郭为桂译，吉林人民出版社，2004，第 127 页。
③ 〔加〕大卫·莱昂：《后现代性》，郭为桂译，吉林人民出版社，2004，第 9 页。
④ 〔美〕吉姆·柯林斯：《电视与后现代主义》，载罗伯特·C. 艾伦编《重组话语频道》，麦永雄等译，中国社会科学出版社，2000，第 332 页。
⑤ 〔美〕斯蒂文·贝斯特、道格拉斯·凯尔纳：《后现代转向》，陈刚等译，南京大学出版社，2002，第 4 页。

一 西方新闻传播的后现代表征

后现代主义的显著标志是：质疑客观真理、理性、同一性和客观性等这样的经典概念，质疑普遍进步或人类解放，不信任任何单一的理论框架、大叙事或终极解释，反乌托邦、反历史决定论、反体系性、反本质主义、反意义确定性，而倡导多元主义、世俗化、历史偶然性、语言游戏、意义不确定性。① 后现代主义渗透到新闻传播中，就表征为对现代新闻传播主流的理论基础、思维方式和价值取向的否定和超越，表征为放弃继承启蒙运动对理性、科学、进步、真理的承诺和维护"民族—国家"利益和公众参政权利的使命，不再热衷于报道"启蒙至上"的公共领域、政治与权力，而是热衷于报道生活和情感的私人领域、身份与认同；也就是英国社会学家哈利特所说的，由"权力新闻"转向"身份认同新闻"②。新闻传播的这种后现代表征具体表现为以下几方面。

1. 报道题材：硬新闻下降，软新闻上升；国际新闻下降，地方新闻上升

"美国现代新闻之父"普利策曾说："倘若国家是一条航行在大海上的船，新闻记者就是船头的瞭望者。他要在一望无际的海面上观察一切，审视海上的一切不测风云和浅滩暗礁，及时发出警告。"这段名言在一定程度上代表了西方的现代新闻报道理念：新闻报道的职责是报道公共事务，维护公共利益。然而，自20世纪80年代以来，西方发达国家的许多新闻媒体逐渐抛弃近一个世纪以来一直遵循的现代新闻理念，不再热衷于报道政治、经济、军事等严肃新闻，而是越来越热衷于报道名流、时尚、流行文化、犯罪等软新闻，呈现出鲜明的后现代特征：有关国计民生的硬新闻逐渐下降，而消遣娱乐性的和实用性的软新闻不断上升。正如美国威斯康星大学麦迪逊分校新闻与大众传播学院前院长哈森所指出的那样，"电视新闻、新闻杂志和许多日

---

① 王岳川：《后现代后殖民文化哲学的思想踪迹》，载王岳川主编《中国后现代话语》，中山大学出版社，2004，第3～31页。

② 〔英〕约翰·哈利特：《从权力到识别：大众新闻与后现代性》，载马戎、周星主编《二十一世纪：文化自觉与跨文化对话》，北京大学出版社，2001，第233～256页。

报，都已从公共事件的新闻报道领域悄然转移，代之而起的是更多地以自我为中心的健康、修养信息，或随便什么能够吸引大量观众的新闻故事。……软新闻已经开始起到了将更多重要的新闻排挤一边的效果"，"严肃新闻处于困境"。①

各项调查也充分说明了这一点。在美国新闻工作者协会的调查中，1977年，美国16家重要媒体中的硬新闻与娱乐性新闻之比是32：15，到1997年这个比例却颠倒为25：40。调查还显示，美国三大电视新闻网1990年花在娱乐性新闻上的时间比两年前增加了一倍多。② 在NBC做了31年记者的丹西说，美国的电视传媒已经不再严肃报道国家正在面临的许多问题。③ 如果说，以前，报道软新闻的主要是小报小刊，那么现在"当捕捉到一个吸引眼球但却庸俗低下地汇集了名人、性、犯罪或丑闻等多种元素的新闻故事时，即使是最好的新闻杂志，也能够活力四射、坚持不懈地和那些低俗的追逐丑闻报道的低价小报展开角逐"，"近年来头版头条的新闻故事——辛普森杀妻案，俄克拉荷马州联邦大楼爆炸案，街谈巷议的克林顿总统的风流韵事，以及其他数不胜数的人生中的趣闻逸事——成为吸引传统媒体并能连续数周，有时是数月，甚至是长年左右全国的大众话题"④。

不但大量供人们茶余饭后消遣的低俗新闻挤占硬新闻的版面和时段，而且大量有关生活的实用性新闻，如关于保健、旅游、烹饪、娱乐、时装等方面的故事也向硬新闻发起了前所未有的进攻。卓越新闻中心的一项调查表明，在美国，实用性新闻占到黄金时段新闻综合节目的半壁江山以上，只剩下可怜的8%的新闻是关于教育、经济、外交事务、军事、国家安全、政治和社会福利问题。⑤ 当大量的实用性新闻挤占了传统的硬新闻的版面和时段时，就意味着媒体对某些调查性新闻或有重大社会意义的新闻无暇顾及。详尽缜密的调查性报道，是现代新闻的典范，在20世纪60、70年代曾为西方新闻界赢得了很高

① 〔美〕威廉·哈森：《变革时代的美国新闻业》，《国际新闻界》2006年第3期。
② 李欣：《公司化运作下的美国新闻业》，《新闻记者》2005年第3期。
③ 周培勤、叶小力：《美国传媒业垄断现状》，《中国记者》2004年第5期。
④ 〔美〕威廉·哈森：《变革时代的美国新闻业》，《国际新闻界》2006年第3期。
⑤ 商娜红：《美国新闻职业的危机和新趋向》，《现代传播》2004年第5期。

的声誉，比如《华盛顿邮报》对"水门事件"的调查，曾使媒体强大的舆论监督作用表现得淋漓尽致。然而，近年来美国新闻界对调查性报道不再那么青睐了，因报道"水门事件"而闻名的《华盛顿邮报》记者伯恩斯坦对此忧虑地指出："我们已经远离了真正的新闻，正在创造低劣的娱乐化新闻……新闻界在这一新的文化影响下，正在教导我们的读者将琐碎的东西看得至关重要，将一些恐惧离奇的东西误以为是真正的新闻"①。

西方新闻报道的后现代表征还表现为国际新闻急剧下降，地方新闻、社区新闻大幅度上升。20世纪60年代，CBS晚间新闻的制片人萨朗特曾自豪地宣称："给我们22分钟，我们将给你整个世界"②。然而到了20世纪80、90年代，美国媒体给予受众更多的是市民眼皮子底下的日常琐事，即当地的治安、天气、交通、健康、时尚等，而国际新闻却惨遭冷遇，"美国的1500份主流报纸中，大多数报纸的国际报道几乎达到消失的地步"③。无论是印刷媒体还是电子媒体都裁减了驻外记者。事实上，当今电视网播出国际新闻的报道只占其全部新闻报道的20%，报纸上国际新闻只占2%。甚至目前美国许多媒体驻首都华盛顿的记者规模较20世纪60年代也大为缩小。针对以上情形，学者们惊呼，美国媒介不再强调国内外大事，甚至不再强调本州的政治新闻了。④

2. 报道手法：新闻娱乐化，大报小报化

现代新闻报道脱胎于文学写作，是随着客观、公正的现代新闻报道理念的兴起，逐渐与文学分离而形成的。现代新闻报道强调消息来源，强调与评论严格分开；有关国计民生方面的严肃新闻，尤其强调报道的客观、公正、平实和严谨。因此，从现代新闻报道手法来看，新闻与非新闻，比如娱乐，有一道清晰的鸿沟，甚至在以客观手法报道严肃新闻为主的大报和以煽情手法报道软新闻为主的小报之间也迥然有别，界限分明。

然而自20世纪80年代以来，现代新闻报道的戒律逐渐被打破，西方新闻媒体也向公共领域与私人领域、信息与娱乐、公民品格与消费主义、硬新闻与

---

①　周培勤、叶小力：《美国传媒业垄断现状》，《中国记者》2004年第5期。
②　李良荣：《当代西方新闻媒体》，复旦大学出版社，2003，第37页。
③　李良荣：《当代西方新闻媒体》，复旦大学出版社，2003，第37页。
④　商娜红：《美国新闻职业的危机和新趋向》，《现代传播》2004年第5期。

软新闻、大报与小报等现代主义的二元对立发起了挑战，试图填平硬新闻与软新闻，甚至新闻与非新闻等之间的鸿沟，竭力从严肃的政治、经济变动中挖掘娱乐价值，以后现代方式尽可能突出身份认同、生活方式、情感、娱乐等，以致严肃新闻表现出严重的娱乐化趋势，就像威廉·哈森所说的那样，"新闻看起来总是全方位地被耀眼的娱乐和消遣的外衣所包裹"① 了。

当今许多西方新闻媒体在报道严肃的新闻，哪怕是政府事务以及安全和经济等重大问题时，报道形式和手法也与传统的现代新闻报道形式大相径庭，由热衷挖掘具有重大社会意义的重要事实转向追逐具有轰动效应的细枝末节，煽情、哗众取宠、耸人听闻和炒作取代了平实、客观和公正。比如，媒介极端关注辛普森案不是在于反思种族问题和司法问题，而是炒作体育明星的凶杀案；媒介关注独立检察官斯塔尔的报告和莱温斯基的一举一动，不是在于反思美国总统的品行和美国的司法制度，而是炒作总统的风流韵事。据权威机构对1998 年克林顿绯闻事件所做的调查，在报道的最初六天，媒介的重点就是放在莱温斯基的裙子上。在这个"重点"上，将近30% 的报道完全没有消息来源。在电视、报纸和杂志所做的1565 条报道中，有41% 的报道不是基于事实，而是记者的分析、评论、猜测或者判断。②

新闻娱乐化还表现在新闻报道手法的重新"文学化"上。20 世纪90 年代以来，美国传媒业一度盛行"新闻故事"，在写作中尽量以文学故事的笔法描述新闻事实，在报道上借鉴各种文学手法，强调运用场景、细节、对话、内心独白等，使新闻、实录类节目和娱乐性节目之间的界限变得更加模糊。这样，现代新闻报道手法的严谨让位于后现代对新闻的包装。现场报道曾经是哥伦比亚广播公司的传统，现在不再如此了，记者们无意于再去努力地跑现场，他们现在热衷做的事情就是包装，他们经常自我解嘲地说："好啦，看上去像新闻了"。无独有偶，美国广播公司新闻部也是在故事的基础上报道故事。观众稍加留心便会发现美国广播公司新闻报道的格式：无时间、地点。③

总之，新闻和娱乐之间的界限消失了。英国社会学家拉什说，"如果文化

---

① 〔美〕威廉·哈森：《变革时代的美国新闻业》，《国际新闻界》2006 年第3 期。

② 商娜红：《美国新闻职业的危机和新趋向》，《现代传播》2004 年第5 期。

③ 李欣：《公司化运作下的美国新闻业》，《新闻记者》2005 年第3 期。

的现代化是一个分化的过程的话，那么，后现代化则是一个去分化的过程。"
新闻报道与娱乐也日渐融为一体，以致哈森指出，"或许我们应对新闻媒体整
体面貌进行关注的一个重要理由就是，新闻与娱乐之间持续增长的各种形式融
合现象"①。甚至在西方出现了一个新名词——infotainment（娱讯），这个词是
information（信息）和 entertainment（娱乐）的合成。它表明了当今西方的新闻
报道不再秉承告知和启发受众的现代新闻报道理念，而是迎合、取悦受众。正像
1981 年桑特掌管哥伦比亚广播公司新闻部后告诉新闻部职员那样："让新闻使人
们感到开心"。他的改革就是：早间新闻搞笑化，晚间新闻轻松化。②

从新闻报道手法来看，长期以来，以客观报道手法报道严肃新闻为主的
严肃大报一直被尊为现代新闻报道的典范，被用来向所有新闻工作者昭示怎
样才是好的报道的优秀样板。然而，自 20 世纪 80 年代以来，大报逐渐斗不
过小报，以严肃报道为特色的传统大报日趋衰落，报纸种类大幅度减少，某
些有声望的报纸虽然声称自己的读者在增加，然而哈利特却指出，"实际情
况也许是这样：'高品位'大报逃脱了衰落的厄运，恰巧是因为它们变得更
像威胁自己生存的通俗媒体"，③ 即日益小报化。最典型的莫过于有 216 年
历史的英国老牌大报《泰晤士报》了，《纽约时报》的评论家路易斯在考察
了被默多克新闻集团买下的《泰晤士报》后说："在默多克的掌管之下，《泰
晤士报》已经从世界公认的最优秀的报纸沦为一张只会尖叫着发布丑闻的小
报"④。

二　西方新闻传播后现代表征的产生动因

西方新闻传播的后现代表征的产生，与 20 世纪 80、90 年代资本主义社会
的新发展有很大关系。

---

① 〔美〕威廉·哈森：《变革时代的美国新闻业》，《国际新闻界》2006 年第 3 期。
② 李欣：《公司化运作下的美国新闻业》，《新闻记者》2005 年第 3 期。
③ 〔英〕约翰·哈利特：《从权力到识别：大众新闻与后现代性》，载马戎、周星主编《二十一
　世纪：文化自觉与跨文化对话》，北京大学出版社，2001，第 233~256 页。
④ 周培勤、叶小力：《美国传媒业垄断现状》，《中国记者》2004 年第 5 期。

首先是人们的现代性信念日益衰落和对现代审美趣味的抛弃。

孕育于现代主义母体之中，由20世纪60年代反叛的那些社会历史经验所催生的后现代主义思潮，在20世纪80、90年代社会政治、经济、技术变动的呼应下，日益深入人心，严重动摇了人们的现代信念。

1979年，后现代学者利欧塔发表了《后现代状况：关于知识的报告》，书中描绘了一种"后现代状况"，以此来标示宏大叙事和现代性之希望的终结，以及以往的总体化社会理论和革命政治的不可能性。报告出版后风靡一时。而美国自20世纪80年代里根政府起不再乐意通过发展大型项目来解决社会问题，表明在当今世界，人们已经放弃了通过发现一种宏大的理性方案来解决所面临的各种紧迫社会问题的希望。即使作为一位民主党的总统，克林顿也被迫在他的1996年的年度报告里宣称"大政府的时代已经过去"[1]。1991年苏联解体，对人们的观念更是产生了巨大冲击，人们普遍认为迄今为止最为宏大的元叙事已经终结。加之，与工业生产的后福特主义和全球化、旧的工业单位和组织崩溃、服务阶层的崛起，伴随而来的是工会的瓦解，阶级团结、阶级斗争的陈旧主题让位于新的焦点、让位于差异；那些相互分离的政治群体和碎片化的身份，使每一个人都追求自己的利益和执著于日常事务。以上变化在一定程度上推动了"新社会运动"，包括女权主义、同性恋、和平与环境保护运动以及为民族和种族激发的不同斗争的形成，使现代的权力政治让位于"后现代"形式的文化与身份认同政治。[2] 这些都深深动摇了人们头脑中的启蒙、理性、民主、革命等现代信念，并影响了人们的兴趣爱好和审美趣味，其中经历过20世纪60年代的群众斗争和政治革命失败的一代人，即新兴中产阶级（"雅皮阶级"）受到的影响最深。当代资本主义世界的社会状况、精神面貌和政治动态在很大程度上由他们决定，他们在生活上信奉享乐主义，在价值观上信奉顺应主义，即在政治上无所作为和盲目从众，在审美上抛弃崇高，追求快感和满足，沉醉和放纵于灯红酒绿的文化消费中，表现在对新闻上，则是好"软"厌"硬"。

历次的调查都显示，美国以及西方其他各国对严肃新闻的关注程度不断下

① 〔美〕乔治·瑞泽尔：《后现代社会理论》，谢立中等译，华夏出版社，2003，第9页。
② 〔美〕斯蒂文·贝斯特、道格拉斯·凯尔纳：《后现代转向》，陈刚等译，南京大学出版社，2002，第10页。

降。普氏研究中心 1996 年对受众的调查显示，美国受众最感兴趣的话题依次是犯罪、当地有关人物、事件、健康、体育、当地政府、科学、宗教、政治新闻、国际新闻。政治新闻和国际新闻分别排第九、十位。① 而在英国，"无论是在地铁里、公共汽车上、酒吧或咖啡店里，几乎人手一报，恨不得把头都栽进去。不过，别以为他们都在研究天下大事，分析新闻政要，大多数人都是在看那些八卦小报偷着乐呢"。②

其次是资本力量的空前强大以及对新闻业前所未有的侵蚀。

美国后现代学者哈维曾指出，后现代主义"标志着的、确实就是市场力量向整个文化生产领域的合乎逻辑的扩展"③。

20 世纪 80 年代从美国、英国开始继而波及全球的私有化浪潮、20 世纪 80 年代末 90 年代初的东欧剧变，标志着资本势力在全球的新一轮扩张。而新技术革命，信息通信技术的突破性发展，特别是 20 世纪 90 年代兴起的以计算机互联网传播为特征的多媒体传播技术为资本的扩张插上了翅膀，资本的力量空前膨胀，全球并购风起云涌，巨型跨国公司成为新的权力结构，一些原资本力量薄弱的地区和领域，如文化领域，资本的渗透和控制进一步加强。而"远比科学场、艺术场甚至司法场更受制于市场的裁决，始终经受着市场的考验"的新闻场（布尔迪厄语），自然受到了资本的猛烈冲击和前所未有的侵蚀。在资本的围攻下，西方各国的广播电视体制，或由公营为主逐渐向私营为主转变，或由过去的"严格管制"变为"放松管制"，从而为广播电视的进一步商业化打开了大门；同时，商业广播和报纸不断地纳入庞大的跨国公司实体之中。如 1985 年美国著名的全国有线网被通用电气公司兼并，旗下 200 家地方电视台及一系列有线频道、网上新闻、电子出版等传媒业务统归于通用电气——NBC 公司门下；而另一家著名的广播电视网——美国广播电视网则被迪斯尼乐园公司所兼并。置身于庞大的跨国公司运作之中，传统新闻媒体所制作的节目就直接关乎公司的利润，必须服从于这些公司的全球化运作。巨型跨国

① Richard M. Cohen, *The Corporate Takeover of News: Blun-ting the Sword* (New York: New York Press, 1997), p.45.
② 白静：《大报之死》，《深圳商报》2004 年 11 月 6 日，第 C12 版。
③ 〔美〕戴维·哈维：《后现代的状况》，阎嘉译，商务印书馆，2003，第 86 页。

公司牢牢掌握了新闻业的命运以及未来走向，商业利益成为其最高目标，自然，公司文化超越新闻文化，商品生产和营销法则取代了现代新闻采编原则，从而导致新闻业"公共服务"的现代职业理想日益衰落和边缘化，而迎合、取悦消费者的后现代大众文化生产理念成为主导。

因此，正是受众对现代信念和现代审美趣味的抛弃，加之资本对新闻业前所未有的侵蚀，迫使新闻传媒放弃对现代职能的坚守，转为对受众兴趣爱好的追逐，从而导致了当今西方新闻传播呈现出鲜明的后现代表征。

后现代主义产生的媒介背景——电视

石义彬　王勇*

后现代主义（postmodernism）是 20 世纪末西方最具影响力的泛文化思潮。它以否定、超越西方近现代主流文化的理论基础、思维方式和价值取向为基本特征。后现代主义是和电视相伴着产生、发展起来的。20 世纪 30、40 年代，是电视的产生期，后现代主义开始孕育；20 世纪 50、60 年代，电视在西方发达国家开始普及，后现代主义开始出现；20 世纪 70 年代以后，出现了世界性的"电视爆炸"，电视成为最具影响力的媒介，后现代主义也开始席卷全球。因此，在思考后现代主义时，人们总不可避免地联系到电视这种给生活带来革命性变化的媒介。比如美国学者哈维在谈到后现代主义时就指出，"很难不把某种塑造的作用归咎于电视运用的激增。普通的美国人现在竟以每天看电视 7 小时以上而闻名，而电视和录像的拥有率目前在整个资本主义世界分布得如此之广，以致肯定会显现出某些结果。例如，后现代主义对外表的关注可以追溯到电视形象的必要设计。"①

但目前学术界对电视和后现代主义的关系的研究多流于感性印象，缺乏深入的分析。因此，本文试对电视在后现代主义的形成中的影响做一番探讨。本文认为，后现代主义的产生、发展是当代西方的社会、政治、经济、科学技术出现的新状况在观念上的反映，有其历史必然性，但电视无疑是后现代主义产生的重要技术背景和社会背景，是其最核心的诱因之一。正是第二次世界大战后电视的迅猛发展，深刻影响了西方发达国家的政治、经济、文化和社会形态，极大地改变了人们的私人生活空间和社会生活空间，从而改变了人们的生存体验和思想观念，促使了后现代主义的产生。

---

* 王勇，武汉大学新闻与传播学院博士研究生。

① 〔美〕戴维·哈维：《后现代的状况》，阎嘉译，商务印书馆，2003，第 85 页。

电视导致信息泛滥：一切都不确定了

后现代社会是后现代主义产生的土壤，后现代主义是后现代社会的文化表征。尽管对什么是后现代社会尚有争议，但对其特征——信息爆炸的指认上却具有惊人的一致性。而电视无疑是导致信息爆炸的一个核心因素，是形成后现代社会的重要技术基础。

美国社会学家瑞泽尔指出，"随着电视而来的是信息的爆炸，尽管这常常是以信息娱乐的形式出现的。"[①] 第二次世界大战之后，特别是 20 世纪 50、60 年代以来，随着新技术革命的兴起，电视技术以及与之有关的信息采集、传播技术飞速发展，电视在西方发达国家迅速普及，人们采集、传播和获取信息的能力发生了革命性变化，不但社会的信息供给有了质的飞跃，处于无时不有、无远弗届的全天候、全球状态，信息采集、传播方式也由相对静态、单一变为瞬息万变、立体多元，而且人们对信息的获取愈来愈轻松方便。麦克卢汉曾把媒介比喻成人的延伸。电视的产生则使人类真正有了千里眼："发生在远方的事件立即就可以让世人皆知，壮丽的或血淋淋的彩色镜头在全球范围内广泛传播"，"曾经存在许多小'世界'，现在只有一个世界了"。[②] 世界成了地球村，凡是电视传播技术覆盖的地方，就成为了全球社区的一部分。人们获取信息，不管是广度，还是速度，还是数量，都是此前社会所无法比拟的。对此，菲斯克曾经惊叹道："看上个把小时的电视，我们每个人所接触到的图像都有可能比非工业社会里的人毕生所见的图像还要多。这种数量差距大得出奇。"[③]

以电视为主导的新的信息方式导致了信息以难以置信的方式增长和无休止的循环，导致了信息的泛滥，人们形象地称之为"信息爆炸"，而这又促使了社会形态和组织结构的改变，信息成为社会新的组织原则，

---

① 〔美〕乔治·瑞泽尔：《后现代社会理论》，谢立中等译，华夏出版社，2003，第 49 页。
② 〔加〕大卫·莱昂：《后现代性》，郭为桂译，吉林人民出版社，2004，第 82 页。
③ 转引自〔英〕尼古拉斯·阿伯克龙比《电视与社会》，张永喜等译，南京大学出版社，2002，第 43 页。

形成了一个不同于以往的社会，人们称之为"信息社会""电子媒介社会""后工业社会"等等，从而为后现代主义的产生提供了现实基础。正因为如此，有学者指出，"构成后现代主义条件的一个关键前提，是符号的增值及其无休止的循环。""电视在这种信息爆炸中显然是一种核心因素"。①

电视带来的信息泛滥，对人们旧有的世界观产生了革命性冲击。一方面，如潮水般汹涌而来的各种各样的信息不断冲击着旧有的知识分类原则，不断模糊着原有类别之间的界限，一切都变得不确定了，旧的知识体系崩溃了，也就是"整体的支离破碎"。这无疑导致了人们观念的改变。如果说此前人们是以一种非常系统的观点看待世界的话，那么现在，人们则把所有的体系看成破碎的、不确定的了；另一方面，面对汹涌而来的信息大潮，以传播知识为生的、对知识一向自信能确切把握的知识分子也变得茫然不知所措了。"知识是千变万化的"，"知识是无法控制的"观念深入到人们的思想中，人们感到一切都毫无把握，结果是"精神分裂"成为 20 世纪西方的主要病症。而后现代主义正是对这样一种现实状况的反映，这样也就不难理解为什么对不确定性的强调构成了后现代主义的一个主旋律。②

电视构建拟像世界：真实消失了

自电视普及以来，世界就成为了一个流光溢彩的图像的海洋。与传统社会显著不同的是，电视以如梦如幻的图像为当代人构建了一个拟像（simulacrum）（又译类像）世界。

对这个拟像世界，许多学者（如鲍德里亚）都进行过精辟的分析。在他们看来，拟像与通常的图像不同，它是一种没有原物或失去原物的复制品，它仅仅指涉自身，"不再指向真实的世界"，它失去了与实在本来所具有的模仿

---

① 〔美〕罗伯特·C. 艾伦：《重组话语频道》，麦永雄等译，中国社会科学出版社，2000，第 337 页。

② 王治河：《扑朔迷离的游戏——后现代哲学思潮研究》，社会科学文献出版社，1998，第 16～20 页。

和再现关系，但是它又模拟得那样好，"以至于以往'现实'与'虚拟'之间的区别都消失了。在虚拟现实的环境中体验到的东西……是十足的真实的，就像一个梦境对于做梦者、或者身心失调症状对于病人的感受一样地真实。"①也就是说，图像已经变成"真实"（real）的世界，现实世界与无处不在的图像之间的差别已经消弭。因此，这个模拟世界是一个"超现实"，人们不再可能将图像与真实相区别，将符号与它的所指相区别，将真与假相区别，也不再以现实世界的真实来审视、评判和审查图像的真实。由此造成的后果就是社会自身（society itself）的死亡，或者按照鲍德里亚的说法，就是"这个社会"（the social）的死亡，在这个世界上，存在的只有符号与图像，只是"超现实"，不再有什么真假之分。现代社会中曾经存在的那种"坚硬的现实"就溶解在空气之中。② 费瑟斯通将这一现象概括为"具体现实感的消失"，"因为电视文化以大量的、流动着的信号和图像的形式源源不断地产生出彼此不同的模拟……信号、图像和模拟大量涌现，从而使人们对现实产生了一种不稳定的、被美化的幻觉。"③ 因此，与此前社会人们生活在真实的物质世界不同，电视替代印刷媒介取得霸主地位后，人们就生活在一个物质世界和电视所创造的拟像世界相混合的世界里，人们甚至越来越多地生活在电视所创造的拟像世界里，越来越多的人看电视的时间超过了户外运动和面对面的交流的时间，因为这个世界里有他们想知道的一切信息，能满足他们现实中不能满足的欲望，人们逐渐丧失了观照现实的欲望与能力；而且这两种世界的界限已经消弭，图像在人们的生活中变成了真相，真实的生活反而被抽掉了，人们失去了现实感，也失去了真实感，结果许多在现代社会中被当作是"真理"的信仰和观点，如现实的客观性、普遍真理的存在、人的主体性和能动性等受到人们的怀疑，并最终被人们所抛弃，各种后现代主义的思想于是就在社会上广泛流行开来。④

---

① 〔加〕大卫·莱昂：《后现代性》，郭为桂译，吉林人民出版社，2004，第30页。
② 谢立中等：《现代性、后现代性社会理论：诠释与评论》，北京大学出版社，2004，第19页。
③ 转引自〔英〕尼古拉斯·阿伯克龙比《电视与社会》，张永喜等译，南京大学出版社，2002，第44页。
④ 谢立中等：《现代性、后现代性社会理论：诠释与评论》，北京大学出版社，2004，第19页。

电视创造碎片文化：中心解构了

从总体上看，电视是由一系列不连贯的、零碎的片断组合而成：广告破坏了其他节目的完整性，而且广告本身也时常被分开播出；一些节目的预告片经常打断正常节目的连贯性；以电视杂志为形式的纪实性节目，短小精悍，一个紧接着一个，但话题并不集中；新闻则是一系列不相关联的内容；大多数电视剧也是由多个零碎片断组成，这一特性是由于电视拍摄的零碎性特点决定的。因此，整个电视是不连贯的电视短片串播的过程，这种经过是零散的。而且，观众看电视并不完全投入，看电视常用的方式——扫视，也无疑加重了节目呈现的零散性。观众跳频的习惯——没等看完一个节目就快速地更换频道，使原本就已零碎的节目变得更加零碎。因此，电视创造的是一种内容上不断交替变化的、无中心的零散文化。[①]

从具体节目看，电视通过拼凑、粘贴和并置等手法，创造的也是一种缺乏中心和整体感的拼贴文化。电视常常摧毁高雅文化与通俗文化之间的界限，抹去不同地域、不同历史时期、不同风格、不同种类的文化的区别，"它把过去的艺术成就表现为一种把同等重要的、同时存在的现象缝缀在一起的拼贴画。"[②] 最典型的莫过于音乐电视了。音乐电视上所播放的流行乐录像的各种图像镜头取自于历史题材、文化题材、精美广告艺术素材，"然而，音乐电视只是把这些论述和不同特征一并收罗进来，吸收各个传统、根据自身的目的需要对它们进行再加工、再利用，并将其改编成 24 小时连续播放的电视节目。音乐电视还抹杀了过去和现在的界限，因为它不加区别地利用不同历史时期的电影手法和艺术运动，而且，它还时常不适当地运用罗马、中世纪等以往时代的背景和服饰。"[③] 其他许多电视节目也和音乐电视节目一样，是由许多不同来源的成分

① 〔英〕尼古拉斯·阿伯克龙比：《电视与社会》，张永喜等译，南京大学出版社，2002，第 11 ~ 17 页。

② 〔美〕戴维·哈维：《后现代的状况》，阎嘉译，商务印书馆，2003，第 85 页。

③ 〔英〕尼古拉斯·阿伯克龙比：《电视与社会》，张永喜等译，南京大学出版社，2002，第 45 页。

糅合在一起拼凑而成的产物。

总之，电视创造的是一种典型的拼凑文化，一种缺乏中心的碎片文化。这种文化无疑影响了人们对世界的体验，使"我们的世界通过电影、电视、录像带等电子媒介的再现之后，显示出所有的事情都被解体、并置、胡乱混杂在一起了。电视上，前一个画面是奢侈品广告，紧接着，就是报道在世界某一偏远角落所发生的战争。其结果是不同文化的界限遭到瓦解；时间的连续发展遭到切断"①，从而使人们的思想观念发生了变化，传统思想中那种根深蒂固的整体性、中心性被解构了，一种反对整体、反对中心，强调部分、强调局部的碎片化的后现代主义思想扎入了人们的大脑。对此，卡普兰以音乐电视为例做过阐述："我认为音乐电视造就了内容上无中心状态，也就是人们常说的'后现代主义'的状态。……因为电视是近数十年才发展起来的，所以，人们可能把它看成是同步为后现代主义意识做准备，并且体现这一意识的。"②卡普兰认为音乐电视大体上代表了电视。

电视带来平面化传播：权威消解了

德国哲学家雅斯贝尔斯曾悲观地预测：日益崛起的电视必"将所有的事物都吸引到自己的势力范围中，并不断地加以改进和变化，而成为一切生活的统治者，其结果是使所有到目前为止的权威都走向灭亡"③。这种论调虽有些夸张，并带有精英主义的失落感和遗憾，但确实揭示了社会发展的趋势：电视日益成为社会的主导媒介，并成为消解权威的"杀手"。

相比印刷媒介，电视传播带来的革命性变化是，它是一种深度模式削平的平面化传播。一是传播符号的平面化。印刷媒介传播符号主要是抽象符号文字，人们不但需要学习才能理解，而且不同文化水平的人在理解层次上也

---

① 王治河：《扑朔迷离的游戏——后现代哲学思潮研究》，社会科学文献出版社，1998，第19 ~ 20页。
② 转引自〔英〕尼古拉斯·阿伯克龙比《电视与社会》，张永喜等译，南京大学出版社，2002，第19页。
③ 潘知常：《美学的边缘》，上海人民出版社，1998，第137页。

存在差异，因而印刷媒介不可避免把人们进行了层次划分，把一部分人排斥在外，造成了人们不同层次的隔离，也塑造了权威，培育了人们对权威的迷信和崇拜心理。印刷媒介主导的传播环境是一种权威高高在上掌握绝对话语权、等级森严的社会环境。而电视的主要传播符号是图像，一种平面化的视觉符号，它以事物的"本来面目"直接作用于人的视觉，消除了人们的知觉与符号之间的距离，消除了文字那种需要一定的文化水平才能理解的间接性、抽象性，消除了从符号的能指到所指之间的思维过程。因此，在观众看来，电视符号就是"自然的直接和在场"，它是一种不同年龄、性别、身份和教育背景的人都能共享的符号。在一定程度上说，它是一种真正的大众传播、民主传播。它打破了印刷媒介造成的信息由部分人或少数阶级垄断的局面，摧毁了权威对信息和知识解释的霸权，从而消解了权威的神圣性和合法性。

二是对社会反映的平面化。相比印刷媒介对社会反映的抽象性、间接性，电视直接把社会推到了前台，暴露在人们的面前，因此，它是一种平面化的反映。这种平面化的反映，对权威造成一种致命的消解。因为，印刷媒介的抽象性、间接性可以为权威制造一种距离感和神秘光环，印刷媒介的修辞术可以催生和煽起人们对权威的崇拜心理；而电视反映的平面化，则把权威直接暴露在荧屏上，使其处于一种透明状态，虽然电视也有严格的编审，但相对于印刷媒介，电视的动态画面对权威的反映无疑更"原汁原味"，因而也就更逼近生活的真实，更可能暴露他们平凡的一面。加之，电视把他们和最平凡的人物并置在同一个平台，把他们置入观众所生活的物理空间之中，因此，在广大电视观众眼前，权威的神秘感消失了，神圣光环不见了，他们再也不是高不可攀的了，再也不是远不可及的了，甚至再也不是神圣不可亵渎的了。在荧屏前，人们嬉笑怒骂，指点江山，品评人物，恣意妄为。

因此，电视形塑的是一个众神狂欢、众声喧哗、缺乏权威、刻意反对权威的社会，是后现代主义思潮中反权威主义思想产生的土壤。

总之，电视是后现代主义产生的重要背景。麦克卢汉早有"媒介即讯息"的论断。电视自产生以来，对日常生活无所不及的覆盖与渗透，不仅迅速地影响到人们的行为方式和生活习惯，而且深深地影响了人们的思想意识，促进了后现代主义的产生。也正因为如此，"电视常常被人们认为是后现代主义的典范，而后现代主义又常常作为单纯的'电视文化'被加以封杀。"① 但是，没有必要陷入"电视导致了后现代主义"的简单技术决定论，因为电视本身是晚期资本主义的一种产物，而且电视在促进后现代主义形成的同时也深受后现代主义的影响。因此，对后现代主义，电视"既是病因又是病症"。

---

① 〔美〕罗伯特·C. 艾伦：《重组话语频道》，麦永雄等译，中国社会科学出版社，2000，第 332 页。

中国文化认同研究的理论、语境与方法

石义彬　熊　慧*

一个多世纪以前，面对西方列强的坚船利炮，中国知识阶层被迫将"天朝上国"的骄傲搁置一旁，开始思考"我们是谁"，"我们在哪儿"以及"我们去向何方"等宏大的社会历史命题。一个多世纪以后，中国以令人瞩目的经济增长速度和军事实力迅速跻身世界强国之林，百年"民族复兴"梦想正在变为现实。然而，当驱动往日思考的屈辱感和伤痛记忆渐行渐远时，国人却尴尬地发现，那些困扰了他们一个多世纪的历史命题并未失去效力，相反，随着第二次传播革命的推进，当国内媒介开始以与全球同步到达的效率将多元文化景观拉近至人们眼前，并为后者呈上一道道由琳琅满目的商品、炫目的明星和五光十色的娱乐事件组成的消费饕餮大餐时，那些历史命题在既有议程进一步凸显的同时还衍生出了新的维度——多层面的文化碰撞和生活方式的急速调整，打破了国人在自我文化身份认同方面的稳定感和连续感，"我（们）是谁"，"我（们）在哪儿"，"我（们）去向何方"，正在成为更广泛人群不得不思考的日常性议题。

一　全球媒介传播与社会转型：中国文化身份认同的症候式解读

"现代新儒家"、"J饭"文化、"春哥教"现象、"去中国化"浪潮，这些看似散漫的词语均可经由以下两条线索串联在一起：它们都曾在中国网民中引发热议，都可以被视为对当代中国文化身份认同症候的具象呈现或反映。前

---

* 熊慧，武汉大学新闻与传播学院博士研究生，厦门大学新闻传播学讲师。

者很好理解。截至 2009 年 12 月 30 日，中国网民的规模已达到 3.84 亿，较 2008 年年底增长了 28.9%。① 可以毫不夸张地说，以数字技术为基础的新媒介的无远弗届、即时同步的信息传播，正在将全球化的体验与地方性的日常经验紧密结合，从而帮助国人越来越多地参与到跨地区、跨国乃至跨文化的信息共享与公共讨论行动中去。这构成了我们理解第二条线索的基本语境。

所谓"症候"，即病之外在性状，对这些性状的描述和分析，意在透视深层结构之纹理，寻找疗治的方法。将"症候"与"中国文化身份认同"并置，表明了笔者对当前中国社会的一个基本判断：在全球媒介传播语境下，中国正面临一场文化身份认同的普遍性危机。也就是说，在今日之中国，既有的知识，无论是在历史长河中积淀下来的或是新近从间接经验中获得的，都不足以帮助人们解答"我（们）是谁"，"我（们）在哪儿"，"我（们）去向何方"的问题。如果说"J饭""春哥教"等的兴起代表了青少年群体在价值信仰方面的风格化、浅表化和碎片化态势，是文化身份认同危机的直接表现的话，那么"现代新儒家"和"去中国化"浪潮等的出现则表明了前殖民地知识精英在重塑"传统"方面的多元选择，是对该危机的间接反映。透过对危机的各种表现及其反映的剖析，我们就可以将研究的触角深入到国人文化身份认同的内部结构中去，细致考量当前这场危机的属性、表现、根源和影响。

在进入对中国文化身份认同的症候式解读之前，有一议题尚待厘清：何为中国文化？本文将文化界定为一种"整体的生活方式"，据此类推，中国文化即中国人的整体生活方式。然而何为中国人？这一被赋予了太多意识形态内涵的概念，若循着格尔兹的原生主义论述，就是因对社会存在的"文化施与"的原始依恋而自然联结在一起的一群人，中国文化也就成了以难以抗拒的、持续的强制力将这群人联结在一起的血脉、语言、宗教和传统等"全部事实"②；倘或征用安德森的建构主义视点，中国人就是一个"想象的政治共同体"，是

---

① 数据来源：《第 25 次中国互联网络发展状况统计报告》，详见 http：//www.cnnic.net.cn/hlwxzbg/201001/p020120709345300487558.pdf。该报告由官方机构"中国互联网信息中心"（CNNIC）基于每年一度的调查结果提供，从 1997 年第 1 次调查至今，该机构共发布了 13 份互联网络发展状况年度统计报告。

② 〔英〕史密斯：《民族主义：理论，意识形态，历史》，叶江译，上海人民出版社，2006，第56 页。

一种"通过世俗的形式，重新将宿命转化为连续，将偶然转化为意义"① 的过程的产物，中国文化因此也就成为了一种想象的生活方式，一种人造物。在有关中国文化的学术或民俗话语中，较之建构的面向，原生的面向通常获得了更多关注。中国文化常常被诠释为一种有着固定的边界和内在架构、包含着永恒不变的传统和习俗的体系；现代的符号因素，如媒介表征，则完全被置于这一体系的对立面，作为消解、离散和破坏身份认同的反文化力量而得到阐释。然而，"'习俗'并不是永恒不变的……即使在'传统'社会，生活也并非永恒不变"。② 大众媒介自诞生之日起就被用于传统的"发明"，其令人叹为观止的传播力，能使各种符号迅速渗入到人们的日常生活中，改写人们的生活节奏和规范；它甚至可以通过仪式化的传播，即"围绕与媒介相关的核心范畴和界限展开的一种形式化的活动……直接或间接地表明了它和那些与媒介有关的宽泛价值之间的联系"③，使媒介自身成为一种仪式。换言之，大众媒介在改写人们对自我、社会和世界的认知，打破传统和习俗的规范性框架的同时，也在建构和充实新的传统。大众媒介既是文化的解构者，也是文化的建构者。

本文力图在原生论和建构论之间寻找一个平衡点，既关注文化的原生性，强调中国文化持续、稳定、聚合的面向和大众媒介在传承文化、维系共同体想象方面的作用；又关注文化的建构性，强调中国文化断裂、流变、离散的面向和大众媒介在打破既有社会—文化规范、重塑群体关系网络和交往模式方面的作用。这一取向运用于症候式解读的结果是，在强调中国文化身份认同危机的深刻的社会历史根源的同时，细致考量它的偶然性、即时性和流动性，以此超越社会结构分析中"经济/基础"决定"政治文化/上层建筑"的地形学想象，充分发掘文化的物质实践性和它独立作用于经济、政治结构的自主性和能动性。为实现这一愿景，本文将从中国社会—文化体制变迁的宏阔轨迹切入，逐

① 〔美〕安德森：《想象的共同体：民族主义的起源与散布》，吴叡人译，上海人民出版社，2005，第10页。
② 〔英〕霍布斯鲍姆、兰格：《传统的发明》，顾杭、庞冠群译，译林出版社，2004，第3页。
③ Couldry, N., *Media Rituals: A Critical Approach* (London and New York: Routledge, 2003), p.29.

渐下降至国人日常文化经验的细微脉络内，在所谓的"感觉结构"[①] ——流动的社会体验和感受——中勾勒中国文化身份认同危机的生成、发展和影响机制，进而寻找化解症候的可能。其中，宏观的社会—文化分析是本节的焦点所在，中观和微观层面上的文化经验的考量则是后续内容的主题。

具体说来，以下几方面的问题将在本节中得到较多论述：第一，如何理解中国文化身份认同这一概念？它的外延和内涵是什么？第二，当代中国的文化身份认同面临何种危机？有何表现？第三，危机因何而生？如何理解和评价这场危机？

文化身份认同意味着"个体或集体，在特定的时空关系中，将某些价值规范、宗教信仰、风俗习惯、审美观念等内在化，进而形成特定的认知、观念、态度和行为方式，并从中获得归属感、安全感或平衡感的一种象征性认可的体系"[②]。同样，中国文化身份认同也意味着对于一整套特定的生活方式的接受，以及归属感、安全感和平衡感的获得。这些为生存所必需的感受既源于地域、血缘、种族等自然—生理条件，也受到语言、物质遗产、大众媒介等社会—文化机制的影响，是文化主体的自然品格与神话、历史叙述、媒介表征等符号因素共同作用的结果。按照主体的规模和性质，中国文化身份认同又可以分为三个层级：首先，在民族国家的层面上，与其他国家相区分的民族文化身份认同，包括散居族裔文化身份认同，表现为对中华文化，包括中华民族的共同记忆、神话、价值观等的忠诚和信赖；其次，在地方的层面上，彼此相互区分的族群文化身份认同，表现为对族群文化，如汉文化、穆斯林文化、藏文化、朝鲜文化中特定的祖先、神话、集体记忆等的依恋；最后，在社会类属的层面上，多元异质的社群文化身份认同，表现为对社群文化，如各种与主流文化相区隔的亚文化的风格、象征物和行为方式等的热衷和信仰。各个层级之间并非绝对分隔，存在交叉与重叠，它们共同构成了中国文化身份认同的外延。

稳定的文化身份认同，有赖于文化自身的相对稳定。通常说来，"文化变

---

① Couldry, N., *Media Rituals*: *A Critical Approach* (London and New York: Routledge, 2003), p. 29.

② 石义彬、熊慧、彭彪：《文化身份认同演变的历史与现状分析》，载罗以澄等主编《中国媒体发展研究报告（2007 年卷）》，武汉大学出版社，2007，第 186 页。

化的节奏总体比较缓慢并且跨度长",但是,"由于外部事件的作用和内部的群体及权力的重新组合刺激了对集体传统的新理解,这种变化在每一代都会发生"。① 一些既有的价值观、象征物、记忆等会被人们从文化的意义框架中剔除,一些新的成分会被吸纳和融入。当新旧的替换、共同体想象的调整和重塑保持着一种相对平衡的节奏时,文化身份认同的稳定感和延续感就得以维系。当社会进入转型期,外部条件的急剧调整加速文化输入—输出的节奏,造成文化体系的结构性失衡时,文化身份认同就可能得到空前的强调,表现为对既有生活方式的更强烈的依恋和忠诚。这种反应性的热情甚至可能转化为某些极端保守的立场和情绪,如民族主义、族群分裂主义等,给社会秩序带来挑战。当代中国社会,恰处于这样一种转型期。

1978 年以来的中国,见证了经济体制和社会结构的急速调整。从"计划经济为主、市场经济为辅"到"建设有中国特色的社会主义市场经济",从农民务工潮到劳动力对外输出,从工农兵知识分子"四阶级"到包含国家与社会管理者、经理人员、私营企业主、专业技术人员、商业服务业员工等的"十阶层"②,中国社会逐步迈入了一个工业化和城市化进程狂飙突进、社会流动空前加速、利益和价值诉求高度分化的时代。与上述进程同步发生的,是文化领域的深层震动:首先,信息、资金、技术和人才在全球范围内的跨地域流动,加剧了价值观念的碰撞和混杂,不同民族、族群以及其他社会群体之间发生文化融合或冲突的可能性大大增加;其次,现代化的推进,打破了传统生活节奏和形态,改变了原有的社会关系网络和交往模式,传统、习俗被销蚀的节奏大大加快,文化的前现代、现代和后现代形态奇异并存格局开始出现;最后,多元利益和价值诉求的符号声张和市场激活,加速了文化的去魅化过程,大众文化日益崛起,艺术走下神龛、走进橱窗,在面临"光晕"③ 消逝的责难的同时也收获了草根的拥戴。文化领域的全面转型,加强了社会生活中对中国

---

① 〔英〕史密斯:《民族主义:理论,意识形态,历史》,叶江译,上海人民出版社,2006,第20页。

② 李培林等人提出,详见李培林等著《社会冲突与阶级意识:当代中国社会矛盾问题研究》,社会科学文献出版社,2005,第54页。

③ 〔德〕本雅明:《机器复制时代的艺术作品》,王才勇译,中国城市出版社,2001,第12~14页。

与西方、传统与现代，高雅与世俗的张力的体验。当代中国的文化身份认同危机，因此呈现为两个截然相反却又紧密相连的面向：文化的混杂、离散、断裂和分化伴随着民族、族群和社群文化身份的持续声张，国人日益强烈的无根感、虚无感和不安全感与竭力区隔文化"自我"与"他者"的保守情绪和行动持久并存。

作为文化领域的重要一环，大众媒介在中国文化身份认同危机的生成、演进过程中扮演了重要的角色。通过文字、图片和音像的全球传播，大众媒介在将西方的自然和社会景观拉近至国人眼前的同时，也为海外华人社会提供了当代中国的观念、习俗和生活方式的理想图景，从而为中华文化共同体的时间和空间经验的建构与重塑提供了源源不断的符号资源。除了信息传输中介外，大众媒介还扮演了意识形态国家机器和拥有自身权力、利益边界的社会机构的角色。一方面，它和教育国家机器一起，广泛渗透到国人的社会生活中，建构并倡导"新民俗"尤其是那些符合城市中产阶层价值理念的生活方式，加速地方文化共同体边界的疾笔重书；另一方面，大众媒介还积极投身市场，批量生产和销售适合大众消费需求的文化产品，倡导消费者主权，制造转瞬即逝、浅表的品位、风格和时尚，加速了社群文化共同体的不断聚合、分化和重聚。一言以蔽之，大众媒介的全球性传播实践，铸就并强化了文化领域内"中"与"西"、"古"与"今"、"雅"与"俗"对峙的格局，由此产生的身份焦虑极大地激发了国人对于民族、族群和社群文化的反应性认同。

尽管如此，大众媒介并非当代中国文化身份认同危机的根本原因。整个中国社会的结构转型，特别是社会生活中深层经验的解体、调整与重组，才是危机产生的根本原因。早在19世纪中后期，中国就已经开始进入到了社会转型的阶段，那时的知识阶层以现代意义上的大众媒介为依托，就文化强国的可能性进行了反复的辩论和实践，因此奠定了此后百余年中国文化业结（problematic）的基调。但只有到了20世纪70年代末，这一进程才开始呈现空前加速的态势。随着中国跻身经济、文化全球体系的步伐的加快，各种超越国家和地方边界，充满异质感、流动感和易变感的文化形式和实践开始愈来愈深地植入到国人本土生活的经验脉络中。大众媒介的技术和体制变革也是该进程的表现之一，但并非全部事实。作为意义的建构者，大众媒介还通过全球传播实践推动上述进程。正是通过对转型期社会生活经验的建构和再现，大众媒介影响了国人对于文化变迁的深度和广度的理解与评估，打破了他们在自我、社会和世界认知上的平衡感和延续感，客观上加速了文化身份认同危机的生成和扩散。

厘清当代中国文化身份认同危机产生的根本动因，是客观全面地评估危机的影响的必要前提。上述分析表明，文化身份认同危机的出现既有其普遍的社会历史根源，也有其特殊的当代语境。关于"我（们）是谁""我（们）在哪儿""我（们）去向何方"的思考，原本是一个历史命题，却在全球媒介传播的当代语境中被国人重新聚焦、放大，直至成为一项恒常又迫切的社会规划。这究竟意味着什么？单纯从历史或当下的角度来理解和评价这场危机，其结论都将是失之偏颇的：或者将这场危机看作对文化新旧交替、自然变迁现象的过度反应，将种种相关的忧虑降格为"庸人自扰"；或者将这场危机视为对文化"侏罗纪时代"的自然反应，将忧虑放大为焦虑乃至恐惧、惊慌。客观全面地评价这场危机，必须结合历时性和共时性考量的双重视角，既要看到文化身份危机的历史源流和它的必然性，避免对其影响的过度评估，又要看到它的当前态势和它的或然性，避免对其影响的无端轻视。该立场与前文所述的平衡的文化观一以贯之，共同构成了下文探讨民族、族群和社群文化身份认同危机问题的基本出发点。

二　混杂：聚焦中华民族文化身份认同

2004 年，长江文艺出版社策划了一部名为《狼图腾》的长篇小说，它在《序言》中提到："我们口口声声自诩是炎黄子孙，可知'龙图腾'极有可能是从游牧民族的'狼图腾'演变而来？华夏民族的'龙图腾崇拜'，是否将从此揭秘？我们究竟是龙的传人还是狼的传人？"[①] 这一表述被媒体热炒，招致海内外评论界一片质疑和批驳声。究其缘由，是《狼图腾》对中华民族的象征物——"龙"的正统性的挑战，触动了读者在民族身份上的记忆和情感，

---

① 姜戎：《狼图腾》，编辑荐言，长江文艺出版社，2004。

从而激起他们的强烈反应。民族身份"深深地渗透于历史进程，并不断影响和改变着社会成员的个人心理，彼此关系和集体行为"①。正因如此，在2003至2004年间，丰田"霸道"、立邦漆"龙篇"、耐克"恐惧斗室"等广告也招致同样的责难。除了具有图腾意义的象征物外，语言文字、节庆仪式等也是民族情感的重要载体。这也是推广普通话，将中秋、端午列入法定节日等举措的动因所在，即通过对核心文化要素的重要性的重新确认和提升，增强国人对中华文化的认同感。

向外的排他反应和对内的自我凝聚代表着民族文化身份认同的强势发声，其直接动力来自国人对民族共同体想象的源头——中华文化日渐式微的情状的忧虑和不安，二者共同构成了当代中国民族文化身份认同危机的主要症候。换言之，当前所谓的危机并不意味着民族文化身份认同自身的削弱，相反，最近10余年间国内民族主义话语和行动的风生水起清楚地表明，国人对于民族文化共同体的认同感并未衰减。真正引发公众普遍忧虑的，是中华文化的衰落。这一判断究竟是事实还是国人的想象其实并不重要，重要的是人们为何会形成这样的认知？这种认知又会对他们的民族文化身份认同产生何种影响？有何表现？如何评价？这正是下文将要论及的内容。

作为一个民族的整体生活方式，民族文化的涵盖范围极广，既可以将它分为以经典文学艺术作品等为代表的狭义文化和以"节日、礼仪、宗教信仰系统、生活习惯、建筑形式与居住习俗、服饰"等为代表的日常性文化，也可以将它分为以衣食住行为代表的物质文化，以宗教信仰、歌舞、节庆、文学等为代表的精神文化和以行为模式、婚姻制度、社会组织制度、风俗习惯等为代表的介于物质和精神之间的文化体系。② 这些物质或非物质元素都被视为民族独有的象征，是本民族作为一个整体区别于其他民族的首要依据。从对民族文化的区分中，人们可以获得群体的归属感以及与群体其他成员之间的亲近感。这些感受，是社会交往得以展开，个体生存和发展得到保障的重要前提。对民族文化的认同，能激发出一系列相关而复杂的民族心理活动，包括审美、意识

---

① 徐新建：《"龙传人"与"狼图腾"，当代中国的身份认同》，载刘海平主编《文化自觉与文化认同：东亚视角》，上海外语教育出版社，2008，第44～64页。

② 郑晓云：《文化认同论》，中国社会科学出版社，2008，第137、10页。

和情感等。在面临与其他民族文化的频繁接触、碰撞和冲突时，民族自我意识和对民族共同体的信赖、依恋等情感就会被迅速激活，从而生发出强烈的民族自觉和捍卫本民族文化边界与权益的欲望。

当代中国，恰恰为这种意识和情感的激发提供了一片沃土。从 20 世纪 70 年代末国门初开到 21 世纪初如愿加入"世贸"，市场的深度激活，国外资本、人员、技术等的引进和商品、服务的跨国生产，带来了国外尤其是西方社会高度发达的物质文化；大众媒介的全球传播，尤其是互联网的迅速普及，则在将异文化景观生动展现和建构的同时，也将世界其他国家和地区，尤其是西方的炫目的流行文化、高风险的现代消费理念以及以个人主义为导向的社会关系模式带入国人的视野，使之成为国人日常生活体验的一部分。与 30 年前相比，今天的中国人在日常生活中接触其他民族的人、事、物，涉入和处理文化冲突的概率大大增加。当京剧、"七夕"、中式快餐分别遭遇"百老汇""情人节"和"麦当劳"时，当国人感觉既有的文化价值尺度受到外来文化的"威胁"时，他们捍卫本民族文化的使命感和责任感就会被激发出来，进而转化成彰显民族独有的价值观念、风俗习惯和行为方式等的自觉意识。在某些特殊的情境下，这种意识还可能进一步演变为民族文化自危意识，表现出对其他国家及文化的抵制情绪和行动。

20 世纪 90 年代初以来，中国官方依托大众媒介和教育机构，开展大范围的爱国主义宣传，大力倡导"民族复兴"话语，在不断展现当前和历史"盛世"的文化辉煌，激发国人对于中华文化的自信心、自豪感的同时，还持续建构以美日等西方国家为代表的民族"他者"，激发国人的文化自危感和忧患意识。大众媒介在服膺于政治的刚性力量，建构和传播实用主义—民族主义话语的同时，还受制于市场目标，不断炮制民粹主义—民族主义话语，迎合民间激荡不安的排外情绪，或为知识阶层所征用，构建理性—民族主义话语，强调中华文化在拯救当今世界中的责任。以上各类媒介民族主义话语的持续建构和传播，在为国人提供民族文化共同体的时空想象和相应的精神慰藉的同时，还激发了国人的民族文化身份认同和进一步圈定与巩固民族文化边界的决心。

与其他民族文化，尤其是西方文化的接触、交流和冲突的增加，以及民族主义话语的媒介建构，构成了当代中国民族文化身份认同危机的当代动因。它们从不同面向激发了国人对于民族国家及其文化的强烈忠诚和依恋。这种情感的力量是如此强大，以至于国人常常会忽略文化的变迁和身份认同形成的长期过程，而赋予民族文化以恒常不变的自然风貌，仿佛从诞生之日起，中国人就一直保持着同一的生活方式。诚然，今天被认为属于民族文化范畴的那些传统习俗和观念信仰，虽久经历史的洗礼，还依然保持着相对稳定的价值内涵；然而，作为其载体的民族、中华民族的概念，却是晚近中国知识精英"发明"的产物。对这一线索的追溯，将指向当代中国民族文化身份认同危机的历史根源，后者构成了理解和评价这场危机的另一重要依据。

在西方帝国主义列强的战舰与炮弹彻底击碎"天朝上国"的优越感之前的几个世纪内，以华夏为中心、"华尊夷卑"的"天下"意识和文化主义观念主导了先民们的时空想象。这些观念不同于现代意义上的民族意识。一方面，古代先民们家国认同的对象是封建王朝所代表的"天下"，他们"有以汉族文明为中心的'天下'观念，但却没有在民族之林中自立的'国家'观念"①；另一方面，群体身份的界定更多取决于是否接受帝国独特的文化和儒家正统，② 文化而非种族是群体区隔的唯一标准。鸦片战争的爆发，使"华夏/文明"与"狄夷/蛮荒"的观念图景遭遇重大挑战。

从林则徐等人"开眼看世界"，引介西方史地知识，到张之洞等人"以夷攻夷""以夷款夷""师夷长技以制夷"，革新器具工艺，再到康、梁等人"尊孔教""开绅智""兴绅权"，效仿西方制度文明，随着中国知识精英救亡意识的不断增强和对西方文明的渐进式体认，"华夏/文明"与"狄夷/蛮荒"的对立逐渐让位于"中国/落后"与"西方/先进"的观念图景，中华文化的优越感逐渐为政治、经济和军事方面的危机感和忧患意识所取代。以此为起点，报刊等现代意义上的大众媒介开始为中国知识阶层所用，以建构和传播救亡图存话语，自危意识从此成为国人文化心理之常态。

1899 年，在一篇名为《东籍月旦》的文章中，梁启超首次引介了"民

---

① 萧功秦：《中国民族主义的历史与前景》，载李世涛主编《知识分子立场——民族主义与转型期中国的命运》，时代文艺出版社，2000，第 473 页。

② 〔美〕杜赞奇：《从民族国家拯救历史：民族主义话语与中国现代史研究》，王宪明译，社会科学文献出版社，2003，第 46~47 页。

族"这一术语,① 并在他 1901 年发表的《中国史叙论》中使用了"中国民族"这一表述。1902 年,梁启超又在他的《论中国学术思想变迁之大势》一文中明确使用了"中华民族"的提法。此后,在《清议报》《新民丛报》等海外报刊上,梁启超相继发表《政治学大家伯伦知理之学说》《历史上中国民族之观察》等文章,将"中华民族"界定为"由多民族混合而成"的共同体,② 主张发展各民族平等、团结的"大民族主义",以抗衡和驱逐西方殖民者。1907 年,清末立宪派杨度在其创办的《中国新报》月刊上发表《金铁主义说》,重述了中华民族是一个民族融合体的观念。③ 不过,直到辛亥革命接近尾声,孙中山在其就任中华民国临时大总统所发表的《宣言书》中提出"五族共和"之说,主张"合汉、满、蒙、回、藏诸地为一国,即合汉、满、蒙、回、藏诸族为一人"④,并经《民立报》等刊物大力宣传之后,这一观念才获得了较大的社会影响力。

"民族"观念的引入和"中华民族"边界的圈定,原是近代知识精英应对国内外情势变化、发动民众的便宜之举,因此催生的民族叙事和"图强"话语,却启发和支配了之后百余年间国人对于中华文化共同体,尤其是中—西关系的想象性建构——以西方这一拥有"先进"或"异化"文明的"他者"为参照,中华文化不断受到打量甚或拷问。20 世纪早期打倒"孔家店"、效法欧美意识形态和文化精神的新文化运动和致力于发掘东方文明相对于西方文明的价值优越性的文化保守主义思潮,分别代表了国人尤其是知识精英在集体焦虑感驱动下的文化考量的两极。这种二元架构在此后几十年中国社会文化观念的演进过程不断重现。20 世纪 80 年代的"反思"与"寻根"之辩,20 世纪 90 年代的"新左派"与"自由主义"之争,都是国人在"中化""西化"两种文化取向间摇摆徘徊、以期寻获强国之路的历史姿态的再现。近 20 年来全球媒介传播推动下的中西文化交流的范围和程度的进一步拓展,以及各类媒介民族主义话语的持续建构和传

① 杨思信:《文化民族主义与近代中国》,人民出版社,2003,第 2 页(绪)。

② 《探究"中华民族"一词的历史由来》,http://dai199478.blog.163.com/blog/static/12695796820102763219241/。

③ 村田雄二郎:《孙中山与辛亥革命时期的"五族共和"论》,《广东社会科学》2004 第 5 期。

④ 孙中山:《宣言书》,罗林虎工作室,http://blog.sina.com.cn/s/articlelist_1306642662_0_1.html。

播，不但未能帮助解答上述历史议题，反而进一步加剧了国人的文化自危感。极力圈定和巩固中华文化边界的努力，导致了对"中华民族"的历史建构性以及多元文化交融混杂的历史必然趋势的拒斥，从而使中西之辩呈现出更极端化的面貌。

绵延百余年的文化挫败感，在全球媒介传播的当代中国情境中直接演化成了空前高涨的民族文化自觉。对于民族文化身份认同来说，这种自觉既是危机，也是契机。对于中华文化式微的普遍忧虑，可能引发文化问题上的保守立场，以此为基础的极端民族主义情绪和行动，可能会妨碍中国与世界其他民族国家间正常的文化交流与对话；不过，如果引导得当，忧虑感也可能转化为对民族文化强烈的认同感，从而导向中国社会向心力和凝聚力的进一步提升。尽管如此，民族文化毕竟是相应身份认同得以建构和维系的基石，如果持续被认为呈式微之势，其联结国民的凝聚力和向心力也将大打折扣。因此，长久以来，保护和发扬民族文化一直是民族文化身份认同危机应对策略的首要目标和根本落脚点。中国政府在 20 世纪末 21 世纪初推动的文化振兴规划，包括申办奥运、世博等，以及增强国家"软实力"的各项举措，如在世界各国开办"孔子学院"等，均寄望于通过提升中华文化在海内外的影响力来增加国人对于本民族文化的认同感。这些策略取得了一定的成效，但其局限性也非常明显：一方面，将世界文化交流的场所转化为高扬民族文化、建构民族主义话语的场域，可能激起过度的民族自信以及狭隘的排外情绪，给改革开放事业带来阻力；另一方面，将汉文化，尤其是传统的汉文化等同于中华文化，不仅是对文化变迁的历史过程的误读，也是对其他族群文化的漠视，与当代中国多元文化共存的社会现实存在严重脱节。上述两方面，将在接下来的两节中依次得到进一步探讨。

三　离散：聚焦海外华人文化身份认同——兼论港澳台的文化身份认同

今天，在世界各地的"唐人街"，牌坊以及具有 20 世纪早期海派风情的广告画依然是最醒目的标志。陈列在街道杂货店里的，除了以"doufu"① 和

---

① 豆腐。——作者注

各种辛香料为代表的中华特色食材外，还有各种表现舞龙舞狮等中国传统节庆场景的小雕塑、纸扇一类的工艺品。此间对故土"中国"的想象性再现，与《谁是爱尔兰人》①的主人公"我"言谈中的"中国"有异曲同工之妙，却与小说中代表第二代、第三代华裔的娜塔莉和索菲的精神家园图景相去甚远。有趣的是，实存的"唐人街"竟成了当前华人文化身份认同的想象性表征，虚构的华裔文学作品却成了对这一认同的真实再现。这看似矛盾的局面，间接地向我们展示了海外华人的文化身份认同在全球化语境下面临的危机：被"历史"与"当下"，"故土"与"居住地"间无法消弭的文化张力撕扯着，既无法真正回归昔日家园，也无法真正融入当下社会，内心始终无法摆脱漂泊无根、虚无迷茫的焦灼，只能在双重"他者化"的文化体验中经历自我的不断重构。这种在种族身份和社会身份的罅隙间踯躅却始终两者皆非，随时面临身份的摇移、断裂的感受，正是 20 世纪 90 年代以来在知识界引发热议的"散居族裔"的文化体验的核心。

作为一个概念的"散居族裔"，是随着具有经济学、社会学和文学等多重研究视角的"散居族裔批评"（diaspora criticism）的兴起而进入人们视野的。从词源学来看，"diaspora"一词源于希腊语"diaspeirein"，意思是"散播"，最早见于《旧约圣经》，指的是"散居各国"。②根据这一定义，犹太人曾被视为散居族裔的典型代表。20 世纪 60 年代以来，随着经济全球化的加速，尤其是跨国集团在全球范围内的经济扩张以及由此带来的大规模的人员迁徙和流动，"散居族裔"的形态开始发生重要改变，新移民、外籍劳工等也开始被一些研究者纳入"散居族裔"的范畴。对于新形态的边界的敲定，尤其在是否应该把侨民、政治避难者、外国居民等囊括到"散居族裔"的概念之中的认定上，西方学界仍存有极大争议，但在以下情形的认定上，研究者们达成了相对广泛的共识，即"以自由移民为基础并与晚期资本主义

---

① 美国华裔作家任璧莲在 1999 年出版的短篇小说，讲述了"'我'和爱尔兰亲家两家三代之间的矛盾和冲突"，详见张冲《散居族裔批评与美国华裔文学研究》，《外国文学研究》2005 年第 2 期。

② 参见金山词霸 2009 牛津版关于"diaspora"一词的注解。

发展相关的新散居族裔"①，如战后移居北美的韩裔社群。随着晚近的新移民潮而流落他国，同时又与祖国保持着意识、情感关联的社群，构成了当前语境下的散居族裔的主要形态。

根据这一界定，有两类海外华人可被纳入"散居族裔"的范畴：一是随着 19 世纪的移民潮，特别是华工潮而散居海外，尤其是东南亚的华侨及其后裔，如印尼、马来西亚的华裔社群；一是在 20 世纪 80 年代以来的新移民潮中移居海外，尤其是欧美的华人华侨及其后裔，如加拿大、澳大利亚等国的华裔社群。本节亦将论及的港澳台华人社群，确切地说并不同于上文所界定的"散居族裔"，但由于特殊的历史和现实原因，这些地区的人们也曾经或正在面临双重或多重民族文化的夹击，拥有某些类"散居族裔"的文化体验，故将其纳入本节讨论，不另赘述。

因为具有双重乃至多重的民族文化身份，散居族裔对自我在文化光谱中的定位往往是一个长期且变动不居的复杂过程，他们必须在"相似连续"轴与"差异断裂"轴之间展开对话，以此锚定自我的文化身份。其中，相似轴提供共享的历史记忆，代表了散居族裔与祖国文化在心理、意识和情感方面的联系；差异轴提供离散的现实经验，代表了散居族裔与祖国的实质分离以及散居族裔彼此之间在语言、信仰等方面的现实分化。相似是以断裂为前提的，差异却又是"在连续中并伴随着连续持续存在"②。正因为与祖国的分离，散居族裔获得了相对于居住国文化的同一性并因此被居住国视为文化"他者"；也因为这种分离，散居族裔不能为源文化所承认，常被源文化视为"他者"；与此同时，散居族裔的内部也存在极大差异，彼此间可能互不认同。因此，同一性只是表象，是暂时的，差异才是永恒的。这种需要毕生追寻、却永远"既不在这里，也不在那里"的高度他者化的文化体验，正是散居海外的华人们恒常面临的一项生存议题，而当前特殊的社会历史语境正在使该议题成为一个显题。

---

① Mishra, Vijay., "Introduction: Diaspora," *Journal of the South Pacific Association for Commonwealth Literature and Language Studies* 3 (1993): 34 - 35. 转引自张冲《散居族裔批评与美国华裔文学研究》，《外国文学研究》2005 年第 2 期。

② 〔英〕霍尔：《文化身份与族裔散居》，载罗钢、刘象愚主编《文化研究读本》，中国社会科学出版社，2000，第 208 ~ 223 页。

对于数千万散居海外的华人华侨来说，游离于两种或多种民族文化身份间的体验并不新鲜。早在 19 世纪中后期，第一代移居海外的闽粤人就已经面对了这一考验。真正令他们倍感焦灼的是，一个多世纪过去了，这种他者化的文化体验非但没有随着华人社群日益主动的文化适应行为而衰减，反而因全球政治、经济和文化秩序的风云变幻而显得更加强烈和深刻。特别是 20 世纪 80 年代以后移居海外的华人社群，他们在建构和维系文化身份认同时显得尤其艰难。较之早期华人，这一批散居者大多已抛却了往日的文化负担，适应或培养起了对于居住国文化的高度认同。他们积极参与到居住地的政治、经济和社会事务中，希冀尽快融入当地社会。然而，难以逾越的种族障碍使他们很难被当地社会完全接受，一旦发生重大社会事件或危机，如总统选举等，华裔族群往往又会被划入"外国人"之列，[①] 遭遇不公平待遇。而那些少数仍持有深厚民族意识的海外华人，根本无法融入到本地社会中，强烈的"边缘人""局外人"意识很容易转化为极端的自我封闭和隔离，引发诸多社会问题。更糟糕的是，他们所固守的中华文化，与当前中国疆界内现实的生活方式相去甚远，加之国内"极左"时期政治多疑主义的后遗症和当前民间日益勃兴的狭隘的民族主义情绪，这些华人也很难被国人一视同仁。于是，与其他散居族裔一样，海外华人既不是"中国人"，也不是"美国人""澳大利亚人""英国人"或"马来西亚人"，他们只能徘徊于种族身份和社会身份间，从变动不居的自我文化认同中竭力寻获片刻的休憩。此外，与早期华人相比，这一批散居者的内在的异质性更强，他们常在两个或多个国度间辗转奔波，其职业不再局限于商业圈，而是广泛分布到了包括知识界、政界在内的各行各业，形成了一幅复杂、流动的社会位阶光谱图。昔日组建和区隔华人次社群的传统标准——籍贯和语言在他们身上已不那么适用，越来越多的海外华人开始依据日益多元化的社会标准来界定其次级文化身份，传统的华人次社群，如同乡会和校友会等，日渐扮演提升华人在居住国的社会地位的工具性职能，呈现出从文化归属空间向利益诉求空间转变的态势。

---

① 如克林顿竞选期间的"力宝集团献金风波"，参见吴前进著《美国华侨、华人文化变迁论》，上海社会科学院出版社，1998，第 120 页。

如果说上述情状的出现与当前世界的全球化格局，尤其是人员、信息的流转迁移密不可分的话，那么，可以毫不夸张地说，在当今海外华人文化身份认同的建构和维系过程中，为全球化助力的大众媒介也扮演了某种不可或缺的角色。随着大众媒介的跨国传播而不断扩张的高度同质化、标准化的消费文化，将"他者"的图景不断拉近至人们眼前，激起了地方强烈的"怀乡"反应和再建家园的意识。民族主义、原教旨主义的声音日益响亮，越来越多的人加入到了重新区隔地方文化边界，尤其是圈定"本地人"，以便重建并回归那个不被浮躁的外部世界所沾染破坏的"纯净家园"的行动中来。极端的民族主义或原教旨主义，与经济、政治等外部因素复杂纠结，可能使少数族群再次被"他者化"，进而被排除在"家园重建者"的行列之外。作为全球传播的媒介文化的重要组成部分，"主题公园、当代博物馆以及整个遗产业都在迎合这种再建家园的意识，并以虚构的方式将一个人带回到过去的经验当中"[1]。这种带有浓厚本质主义色彩的媒介话语，在激发海外华人对于"故土中国"的想象性建构和难以超越的怀乡情结的同时，也将他们阻隔在了"家园"的边界之外——无论是现实的家园还是被净化了的想象中的"家园"。更重要的是，新闻、历史游记、冒险电影等，也在不断建构和传播刻板的"他者"形象，如西方媒体中的"东方形象"，就是"电视、电影和所有媒体资源都将信息塞进越来越标准化的模式之中"进而生产出来的"对东方的集体白日梦"[2]。这些对于"东方"或"中国"的贬抑性形象的全球传播，与百余年来积淀的民族文化自卑感以及适应环境的现实需求一起，加速了海外华人与中华文化的疏远和断离，并给那些主动的文化适应行动制造了认同壁垒——与那个被否认、压制和扭曲的"东方"或"中国"之间的血脉关联，使得海外华人常常被划拨到"他者"之列，遭遇种族歧视乃至暴行。此外，高度碎片化和风格化，吸收并同化各种非主流意识形态的媒介内容的全球传播，也为文化的融合和身份的重建提供了动力和前提，客观上加速了海外华人群体代际间生活方式的断裂和次文化社群形态的进一步分化。

---

① 〔英〕费瑟斯通：《消解文化——全球化、后现代主义与认同》，杨渝东译，北京大学出版社，2009，第132页。
② 〔美〕萨义德：《东方学》，王宇根译，生活·读书·新知三联书店，2007，第34、65页。

因此，对于海外华人，尤其是 20 世纪 80 年代以来散居海外的华人来说，全球化是一个令他们颇感困惑和无奈的话题：全球化使他们拥有了同时代的大多数人还只能通过大众媒体去间接体验的在不同国度、地方和文化间穿梭流转的真实经历，使他们比大多数人更早更真切地体验到了全球化时代的交通通信技术所带来的种种便利和建构超越各种疆界的真正意义上的"外地域性认同"① 的可能；然而，也正是这一使他们摆脱了隔居一国一地的传统生活方式的事物，将他们无情地置于不同文化接触、协商和冲突的最前线，时刻感受着全球与地方的持续张力所带来的自我文化身份的分裂。换言之，海外华人正生活在全球化和反全球化的双向过程的作用下，无论是他们跨文化栖居的生活状态本身还是他们在此状态下所经历的身份困惑，都是经济全球化、大众媒介以及消费文化等共同作用的产物，是全球化的题中之义。这一论断，奠定了我们理解、评价和应对当前海外华人的文化身份认同危机的基础。

当前，诠释海外华人文化身份认同危机及其应对举措的政治、学术和媒介话语，大多是在"统战"的概念框架和族群民族主义的价值立场下展开的，强调海外华人作为中华民族一份子的重要地位以及维系这一群体对于中华文化的记忆和依恋情感的必然性和必要性。在对"危机"内涵的界定上，"统战"话语偏重海外华人与传统文化之间断裂的一面，而相对不太关注该群体与居住国文化间的冲突、适应与融合过程。相关应对举措的目标，因此也被置于对中华文化共同体意识和情感的构建和强化方面，如通过对春晚、香港主权交接仪式、奥运会开幕式、灾后公益行动等的全球电视直播来营造"天涯共此时"的共同体感受。这一"危机观"与海外华人当前所面临的现实危机之间存在一定的错位。事实上，这种观念是始于 19 世纪，在 20 世纪 30、40 年代达到高潮的"单一华人民族"② 的政治思维在当代中国的延续，即高度认同华人身份，强调华人与祖国之间以及华人彼此之间的利益和价值同一性。当前的中国早已走出积贫积弱的历史时期，进入到了社会加速转型的新

---

① 王苍柏：《重塑香港华人的社群地图——华人移民认同和族群建构的再认识》，《社会学研究》2004 年第 6 期。

② 王赓武：《单一的华人散居者认同》，赵红英译，《华侨华人历史研究》1999 年第 3 期。

阶段。与此同时，诚如前文所说，海外华人在与祖国的意识和情感联系上以及华人彼此之间在生活方式上均存在较大差异。在一个已经搭上全球化的时代快车的国度，继续以"单一的华人散居者认同"① 思维来处理与海外华人相关的文化议题，能否真正缓解该群体的文化身份认同危机，就是个见仁见智的问题了。

四 断裂：聚焦少数民族文化身份认同

从"藏独""东突"到"三少数民族文化濒临失传"② "布依族民族文化危机"③，当前中国见证了少数民族文化身份认同的双重危机：或高扬文化独特性，以此作为民族分裂主义活动的合法性源泉；或冷观传统文化的消逝，积极拥抱现代生活方式。这两种截然相反的立场和态度，都与全球媒介传播的语境有关，代表了地方族群在应对现代化和文化全球化浪潮时的典型反应。它们从不同方面引发了国人对于少数民族文化身份认同危机的关注，客观上推动了"古""今"之辩在当代中国的延续。

所谓"族群"，亦即国内政治、学术话语中的"小民族"。为区别于中华民族的"大民族"概念，本节将沿用安东尼·史密斯关于"民族"和"族群"的理想类型的界定，将汉、藏、维吾尔、壮等"与领土有关，拥有名称的人类共同体，拥有共同的神话和祖先、共享记忆并有某种或更多的共享文化，且至少在精英中有某种程度的团结"④ 的"小民族"称作"族群"，以此区别于"同样具有集体名称、共同的神话和共享的记忆"，但通常"占有祖地""拥有公共文化"以及"成文的和标准的历史"⑤ 的中华民族。沿用这一

---

① 王赓武：《单一的华人散居者认同》，赵红英译，《华侨华人历史研究》1999 年第 3 期。
② 《中国东北少数民族文化濒临失传》，http://www.lihpao.com/?action-viewnews-itemid-24576。
③ 张帅：《旅游经济发展中布依族民族文化面临的危机——来自镇山村的调查报告》，《原生态民族文化学刊》2009 年第 1 卷第 2 期。
④ 〔英〕安东尼·史密斯：《民族主义：理论，意识形态，历史》，叶江译，上海人民出版社，2006，第 14 页。
⑤ 〔英〕安东尼·史密斯：《民族主义：理论，意识形态，历史》，叶江译，上海人民出版社，2006，第 14 页。

界定的更重要的原因在于，它有助于解释上述两种民族文化立场中的一些相关问题：首先，族群通常不占有祖地，而以族群为基础的集体认同与民族认同一样，也可以是异常强烈的。当这种强烈的认同感为少数精英或利益集团所用，试图为族群争取与其边界一致的国土，建立属于本族群的民族国家时，族群就会成为民族和民族主义的基础。当这些族群原本是居住在民族国家疆界内时，族群认同就可能转变为以"建国"为主要诉求的民族分裂主义的动力源泉。当前的"藏独""疆独"等，就是利益集团试图发动民众将族群与祖地实质性地联系起来的民族分裂主义诉求的表现；另外，在族群内部，精英们的文化认同感通常强过普通民众。对于后者而言，族群不过是拥有共同生活方式的一群人，而对于精英们来说，族群意味着荣耀、身份和延续感，他们常常充当着共同生活方式的价值和意义的解释者和卫护者。当族群的文化传统或遗产受到实质性的威胁或被认为受到威胁时，较之普通民众，精英们会更为敏感，他们更可能也更愿意为族群文化的保护和重建奔走呼喊。因此，当前的族群文化危机话语以及应对行动，如"复兴汉服"、拯救"东北三少数民族"失传文化等，更多来自精英而非普通民众。

无论是要求族群边界与国家疆界一致的民族分裂主义，还是呼吁正视并挽救族群文化遗存的精英话语，均受到同一认知的触发：民族分裂主义者宣称独立是为了维护族群权益，原因之一在于，只有在民族疆域内，族群文化才能得到细致全面的守护，既有生活方式才能真正得以维系；知识精英倡导的文化抢救和重建，则是对族群文化遭遇威胁的强烈感受的直接表达。这两种声音都是族群文化自觉的表现。只有在族群既有生活方式遭遇或被认为遭受威胁时，文化自觉意识才会强烈发声。众所周知，中华民族是一个多族群共存的民族。除汉族外，生活在中国境内的还有 55 个少数民族。因为地理和历史原因，这些少数民族在宗教信仰、传统风俗、价值观念等方面存在很大的差异。那么，究竟是什么触发了这些拥有不同生活方式的少数民族的共同的文化自危感？

鸦片战争以来的半殖民地记忆的确改变了国人对于西方国家的认知和评价，却未能从根本上撼动其他"狄夷"，如苗、蒙、白、彝等被认为荒蛮、落后，"华夏"则被认为文明、先进的观念图景，以及"狄夷"接受华夏文明的礼制和教化可"进至于爵"①的文化位阶。新中国成立以来的社会主义改造，在改变少数民族地区的政治、经济制度的同时，也改变了他们的社会生活结构，客观上加速了少数民族向多数族群的生活方式的靠拢。近30余年，由于国内少数民族大多生活在山区、高原等较为偏远的地区，因改革开放而再次加速的现代化进程又是沿着从东而西、先沿海后内地的秩序推进，少数民族聚居或杂居地区的经济发展呈现出比较落后的态势。于是，在以经济发展主义为主导的当代社会话语中，少数民族再次成为"落后"的代名词。长期作为文化他者的体验，使少数民族成员尤其是族群精英们在面对现代化、全球化带来的文化挑战时危机感更为深重，文化自觉也更加强烈。

不断加速的现代化进程和由此导致的现代性痼疾，是中国族群文化自觉意识高涨的重要语境。随着社会生产过程的不断加速，人们的工作和生活节奏也逐渐加快，这可能导致"生物与社会之节奏性，以及与之相关的生命周期观念的破灭"②，打破国人生理和心理上的平衡感；随着人员流动的日益频繁，越来越多的人开始离开故土，辗转奔波于不同地区和城市之间，无法安居一地，这可能导致稳定感的缺失；城市边界的不断拓展，将越来越多的人纳入到了人与人之间相对隔绝和分散、与大众媒介的"拟社会交往"常常取代现实人际交流的都市生活中，从而导致孤独感的产生；与自然和谐相处的传统生活方式的式微和生态环境的不断恶化，标志着"外部风险"向内在风险的转化，对高风险的持续感知，将直接导致不安全感的蔓延。失衡、紊乱、孤独和不安的当代中国人，需要从各种群体文化身份认同中寻找慰藉，以便获得生存和发展所必需的情感资源。作为地方性群体文化的基石，族群为国人提供了重要的情感慰藉。对族群文化的发掘和捍卫，使其因此具有了生存价值。

现代化促成中国社会"从农村以农业为主的生活方式转向城市以工业为

---

① 何休：《春秋公羊解诂》，昭公二十三年，转引自萧功秦《中国民族主义的历史与前景》，载李世涛主编《知识分子立场——民族主义与转型期中国的命运》，时代文艺出版社，2000，第473页。

② 〔美〕卡斯特：《网络社会的崛起》，夏铸九等译，社会科学文献出版社，2003，第530、543页。

主的生活方式"①,是族群文化自觉形成的直接原因。一方面,工业化带来的青壮劳动力的外流和自然环境的破坏等,加速了少数民族地区以农耕、畜牧和渔猎为主的传统生产生活方式的全面萎缩;另一方面,随着教育和大众媒介的普及而不断渗透的现代生活理念,包括人际交往模式、消费方式等,加速了少数民族地区既有传统的解体。后一过程,又因全球化时代高度同质化的消费文化的扩散而进一步加剧。当人们脱下传统服饰换上时装,将竹楼改成瓦房,当不懂佤语却能说英语的孩子越来越多,看"春晚"成为除夕聚会的必要仪式时,族群文化身份认同危机就可能被感知和确认,对既有生活方式日渐消逝的叹惋就可能转化为恢复族群传统习俗的激情。全球化带来的另一后果,是促成了边陲族群对于文化共同体的想象性边界的调整。在漫长历史过程中进入中国疆界的边陲族群,如维吾尔族、藏族和蒙古族等,与周边其他国家的民族之间在种族、语言和宗教等方面的近缘性,经大众媒介的全球传播而不断被再现与自证。对于族群文化共同体的时空想象的细微调整,可能为少数利益集团所用,成为民族分裂主义证明自身合法性的心理和情感资源。

上述论述是否表明,少数民族在当前中国所面临的文化身份认同危机是"汉化"和"现代/全球化"双重冲击的产物?答案显然是否定的。从20世纪70年代末至今,所有族群都被拖入到了中国社会空前加速的现代化和全球化进程中。在这一语境中,涉及少数民族文化身份认同危机时所谓的"汉化",其实也就是"现代/全球化"的题中之义。在生活方式整体转型的时代潮流中,多数族群同样无法置身事外,近年来的"国学热"和"复兴汉服"等现象,就是汉族对现代化、全球化时代文化危机的体验的直接反应。当"以传统方式存在的传统越来越少时"②,文化身份认同的危机感,就成为了当前中国所有族群,包括汉族和少数民族在社会生活中的恒常体验。

既然不同族群都同样承受着现代化、全球化带来的文化冲击,为何反应机制却大相径庭呢?为何有的族群会出现强烈反弹,有的却仿佛浑然不觉、漠不

---

① 许纪霖、陈达凯:《中国现代化史》(第一卷,1800-1949),学林出版社,2006,第4页。
② 〔英〕吉登斯:《失控的世界》,周红云译,江西人民出版社,2001,第40页。

关心呢？这与族群的文化自觉有关，而这种自觉又建基于族群文化的成熟度以及它所拥有的内聚力之上。由于特殊的社会历史原因，藏族、维吾尔族和蒙古族等族群形成了自身相对成熟、独特的文化体系，包括本族群特有的语言、文字、宗教信仰、建筑风格等。这一体系在维系族群认同，激发成员的凝聚力和向心力方面发挥了极其重要的作用。当它实际受到或被认为受到外部环境的威胁时，捍卫族群文化边界的责任感和激情就可能被催生，对族群文化的认同感因此也可能变得更强烈。其中，文字在保存集体记忆、延续传统方面的作用尤其显著。国内很多少数民族，如土家族、壮族、侗族等，也曾保有包括神话传说、服饰建筑等在内的一整套独特的集体记忆和共享观念，然而，由于记忆的保存、观念的传承均有赖于代际间的口口相传而易于流失、变形，这些族群的文化根基较不稳定，相对易受影响。在遭遇外来文化尤其是现代生活方式的冲击时，这些族群的文化更容易被渗透、改写乃至同化。加之"传统＝落后"的社会观念的持久作用，以及大众媒体在展示现代生活方式的先进性、便利性和实用性方面的示范效应，使得传统的失落和新生活方式的植入常常被这些族群的成员理解为是社会生活的自然更迭和进步，是值得鼓励、无须忧虑的。与这些文化形态比较初级的族群相比，藏族、维吾尔族、蒙古族等文化体系成熟的族群拥有更高的文化自觉，更倾向于体认自身与其他族群之间的文化差异，对于外部环境的细微改变也更敏感，更容易产生文化身份认同的危机感并对之作出反应。

面对上述两类族群文化身份认同危机，两种路径被提出并实践：一是着眼于族群文化之间共通的意义空间，致力于构建民族文化共同体以削弱民族分裂主义话语和行动的负面影响；一是着眼于族群文化之间的差异性，致力于族群文化遗产的抢救和地方旅游业的开发，通过行政和市场力量的介入来挽救正在消逝的地方传统和习俗。二者在实际操作过程中都取得了一定的成效，但也存在一些问题。前者过于强调民族文化的同一性而忽视了民族内部不同族群文化间的多元差异性。对文化差异缺乏认识和尊重，如寄望于以经济上的优惠政策来填平族群间在价值信仰方面的鸿沟，不仅不能赢得少数民族尤其是边陲族群对于民族共同体的认同，还可能激起他们对民族文化的负面心理和情感，以及进一步引发划定和捍卫族群文化边界的欲望和行动。另一路径建基于对族群文化的独特价值的尊重和推崇，却常常受困于伦理和现实的二元悖论。被抢救的文化遗产和风俗仪式，或陈列于博物馆之中供人膜拜，或展示在旅游区的景点和民俗表演中，当"那些失去了内容的传统或者商业化了的传统或者成了遗产或者在机场商店可以购买到的小玩意"时，它就"被割断了与传统的生命血液的联系"①。传统虽被再造或再现，却早已丧失了与少数民族的日常生活体验之间的勾连，而成为了一种仅具符号价值的后现代景观。这些被再造或再现的遗产和风俗仪式是否还能承担起往日维系族群文化共同体意识和情感的职能，着实有待商榷。

五　分化：聚焦亚文化群体身份认同

从"同人耽美"迷的出现到"三国杀"的流行，从"柜族""蚁族"的出现到"左岸""右岸"② 小说的流行，从"韩迷"的出现到"J饭"的流行，当前中国社会正在进入一个亚文化社群多元共生的时代。青少年、同性恋和农民工亚文化的兴起，分别代表了国人整体生活方式在年龄、性别、阶层等不同社会轴向上的局部消解和分化。与此同时，"花季绿坝"软件被推出，"安居社区"得以推广，"三俗"被明令叫停，③ 主流文化和价值观正经由行政、传播或教育的方式强势发声，立意削弱、吸收或同化各种非主流的文化形态。作为后一类文化的典型代表，亚文化常常被等同于反文化或俗文化，引发政治、伦理和审美的多重忧虑。亚文化社群的涌现和高度分化，与主流价值规范的强势发声，犹如同一硬币的两面，共同构成了当前中国社群文化身份认同危机的主调。

所谓亚文化，即文化的变体，是少数人群所拥有的、与主流文化相区别的生活方式的总和。多尼斯曾提出亚文化的类型学，将亚文化分作两类：一类

① 〔英〕吉登斯：《失控的世界》，周红云译，江西人民出版社，2001，第41~42页。
② "柜族"是指住在集装箱里的农民工，"蚁族"是指"80后"的"大学毕业生低收入聚居群体"，"左岸""右岸"分别指称女同性恋和男同性恋。
③ "三俗"即庸俗、低俗和媚俗。2010年7月23日，胡锦涛在17届中共中央政治局第22次集体学习时强调，文化工作者和文化单位要自觉践行社会主义核心价值体系，坚持社会主义先进文化前进方向，坚决抵制庸俗、低俗、媚俗之风。详见凤凰网《中央高层发声抵制三俗之风》，http：//news.ifeng．com/mainland/special/fansansu/。

"先于主流文化或在主流文化的语境之外形成"，如移民文化、地方文化等；一类"在主流文化的语境之内形成"，又可再分出两块，一块出于"对社会和文化结构的正面反应"，如企业亚文化、老年人亚文化，另一块则出于"对社会和文化结构需求的负面反应"，如黑帮亚文化、政治极端主义亚文化等。①根据这一划分，第一种类型的亚文化前文已做探讨，节首涉及的三种亚文化都可归入第二类的"负面反应"的目录下。作为"正面反应"的各种亚文化由于"反社会"倾向不明显，受到的关注较少，就此撇过不谈。总之，本文关注的亚文化指的是那些在主流文化的语境内形成，且更多源于对社会和文化结构需求的负面反应的文化类型，如青少年亚文化、同性恋亚文化和农民工亚文化等。拥有这些亚文化的人群常常具备独特的、高度风格化的生活方式，通过从主流文化中挪用、同构和拼贴各种可用的符号资源，创造并坚守某种共同的风格，他们"冒犯了'沉默的大多数'，挑战了团结一致的原则，驳斥了共识的神话"②，在区隔、颠覆和抵制主流文化的同时，实现了自身群体文化身份认同的建构和巩固。对于这些社群来说，风格的建构、展现和表演的过程，如强调和展示特定着装、发型、休闲场所和行为方式的过程，同时也是群体文化身份认同得以确立和强化的过程，是青少年区别于父辈，同性恋区别于异性恋，农民工区别于传统农民和城市居民，获得和确认自身独特的文化身份的过程。

确切地说，亚文化并非国内社群文化的核心内容。只是由于亚文化常常以对抗主流的姿态发声，且又在当前呈现蓬勃之势，才会受到如此这般的关注。正是从以青少年、同性恋者以及农民工等为代表的亚文化类型的描述中，社群文化身份认同危机逐步得到了确认。具体说来，这场危机表现在三个方面：首先，社群文化身份认同呈现多元分化的态势，阶级不再是圈定群体文化边界的唯一指标，性别、年龄、宗教信仰、兴趣爱好等都可以成为群体划分的依据，由此确立的群体边界还可再分，如同性恋人群还可能以性别为依据进一步划分

① Jenks, C., *Subculture: the Fragmentation of the Social* (London, Thousand Oaks and New Delhi: Sage, 2005), p. 10.

② 〔美〕赫伯迪格:《亚文化：风格的意义》，陆道夫、胡疆锋译，北京大学出版社，2009，第20页。

为男同和女同，或按价值观划分为传统同性恋和"酷儿"，等等。当前，国内社群文化的细分呈现加速之势，随着边界的不断消解和重建，群体文化身份认同也呈现日渐分化之势，个体拥有多重社群文化身份，不同身份间交错重叠，认同空间的格局因此变得日趋复杂；其次，社群文化身份认同呈现流动易变的态势。社群文化边界的消解重建，主流文化的收编招安，风格的倏忽易变，都可能带来文化身份的漂移和认同空间的调整，个体不仅拥有多重社群文化身份，而且习惯在不同身份间流转摇移。从"同人耽美"迷到言情小说迷的转变，从重金属乐迷到古典音乐爱好者的跳跃，往往是在转瞬间完成，其文化身份认同因此成为一个瞬息变幻、流动不羁的过程；最后，社群文化身份认同呈现疏离隔绝的态势。文化身份的流转摇移和认同空间的震动调整，并未带来不同社群及其文化间真正意义上的交流、碰撞与融合，反而激发了边界意识，带来了社群成员对于维系自身文化身份、塑造独立的认同空间的强烈诉求。例如，韩迷社区严格的身份审核与会员准入制，在营造独立私密的群体文化空间的同时，也造成了社区成员与其他"韩迷"以及非"韩迷"间的文化疏离与隔绝。

亚文化的勃兴以及由此确认的社群文化身份认同的分化、流动和疏离，与当前中国的社会文化语境，尤其是与大众文化的形成、消费主义的泛滥以及网络技术的推广等有着密不可分的联系。首先，文化的批量化、标准化生产，为消费需求的制造与迎合、目标市场的细分提供了动力。作为大众文化消费者的人们因此被贴上以人口统计学为依据的标签，成为具有不同消费习惯的异质人群。市场分化的同构效应，如消费者标签为少数人群主动援用或挪用，会影响亚文化的现实形态，为亚文化群体的持续分化提供依据。其次，裹挟着消费主义意识形态的流行文化的扩散，催生了各种转瞬即逝、不断更迭的风尚与潮流，后者为少数人群所吸收转化，在为亚文化身份认同的建构提供持续不断的符号资源的同时，也加速了此类身份认同的流动变换。最后，互联网等以网络技术为依托的新媒介的普及，带来了海量、可转化的符号资源和匿名、虚拟的互动平台，在为"沉默的少数"创造自我表达和增进交流的条件，加速亚文化群体的扩展的同时，也为线上社区的自我封闭和社群间的相对隔绝提供了技术便利，间接加剧了亚文化群体的彼此疏离。

作为流行文化和消费主义意识形态全球散播的主要载体，大众媒介在国内亚文化的勃兴、社群文化身份认同危机的发生演进过程中扮演了尤其重要的角色。通过对不同社会群体的表征，大众媒介为某些群体"建构关于其他群体和阶级的生活、意义、实践和价值的形象"① 提供了基础。正是从大众媒介对所谓"主流"和"另类"的群体生活方式的图绘中，亚文化社群获得了自我界定，即确立自身与其他社会群体之文化边界的首要依据。他们在感知自我以及"他者"形象之余，还从媒介再现的零散碎片中提取某些"形象、表征和理念"，形成自身对社会整体性的独特诠释，进而使之转化为特定的风格并再现于日常生活实践中。就亚文化社群的文化身份认同而言，大众媒介始终是一种建构与解构并存的力量：从媒介中获得另类形象和风格的过程，同时也是一个被商业操作和主流意识形态所遏制、塑造乃至收编的过程。通过"商品形式"，即生产、包装和宣传亚文化社群的风格从而凝固差异，或"意识形态形式"，即强调风格的琐碎平凡或新奇无意义从而搁置差异，大众媒介还会加速亚文化的断裂和死亡。② 正是那些将 cosplay 活动的创造性和反抗性转化为广告诉求的网络游戏，或将农民工与城市犯罪联系在一起、将跨性别者称为"伪娘"的社会和娱乐报道，使青少年、同性恋和农民工亚文化反社会的"他者性"降至最低，直到完全被纳入中国社会主流价值规范的架构之中。

国内媒介对于某些社群背离"社会和文化结构的需求"的生活方式及其日益分化、流动和相互疏离的文化身份认同的象征性再现，无疑是青少年、同性恋者和农民工等群体吸引越来越多的目光，乃至激起主流文化的强烈反弹的重要原因。然而，这并非事实的全部。在中国社会的任何一个历史时期，文化都不是铁板一块。区别于主流文化的另类文化形态从来都存在，却鲜少能引发如此广泛的关注。真正令当前主流文化人群倍感忧虑的，是经由亚文化的勃兴而得以部分彰显的雅俗文化合流的态势以及文化权力向下的位移。由于亚文化

---

① Hall, S., Culture, "the Media and the Ideological Effect," in J. Curran et al., *Mass Communication and Society* (London: Edward Arnold, 1977), p. 315 – 348, 转引自〔美〕赫伯迪格《亚文化：风格的意义》，陆道夫、胡疆锋译，北京大学出版社，2009，第 107 ~ 108 页。

② 两种形式的"收编"参考自〔美〕赫伯迪格《亚文化：风格的意义》，陆道夫、胡疆锋译，北京大学出版社，2009，第 111 ~ 124 页。

身份认同的具象化产物——风格在很大程度上取材于大众媒介并经由大众媒介的再现而为人所知，而大众媒介又被视为大众文化的始作俑者，后者的兴起被认为代表了"文化资本"①从精英向普罗大众的流动、雅俗文化界限的模糊和文化启蒙机能的失调②，因此可以推断，国内亚文化的勃兴势必会被解读为大众文化攻池略地、步步为营的信号，激发文化精英的忧患意识：一方面，亚文化被等同于大众文化，置于高雅文化的对立面，其侵蚀破坏高雅文化的可能性被反复确认；另一方面，亚文化身份认同也被视为是大众媒介及其文化的负面效应的产物，其表达边缘、弱势群体的权利和利益诉求的诸多积极意义被不断过滤。经由这一逻辑，亚文化与主流文化的对抗被置换成大众文化与高雅文化的对立，有关社群文化身份认同危机的阐释因此也成为雅俗之辩在当前语境下的延续。只是当前的"俗文化"并非昔日与政治文化精英阶层相对的民间文化——诚如前文所言，随着传统生活方式的消逝，这类文化也面临困境——而是以新兴媒介技术和市场为基础的大众文化。维护精英阶层的文化权力的需要和追求人类终极价值的冲动，推动了新一轮的对于"俗文化"及其背后的政治经济制度和意识形态架构的宏大批判，客观上将拥有亚文化身份认同的社群拖入了"反文化"乃至"反人类"的泥淖中。这构成了我们理解和评价当前的社群文化身份认同危机的重要线索。

亚文化不同于大众文化，虽然大众文化可以为"风格"的建构提供取之不尽的符号资源，亚文化也可能因风格的商品化和意识形态化而被招安，演变为大众文化的一部分，但二者毕竟不能完全等同。即便认可这一逻辑，包括亚文化在内的大众文化的勃兴是否必然带来高雅文化的式微，也是一个有待商榷的议题。进一步说，即便当前高雅文化的根基的确被销蚀，对于那些曾经和现在都很少有机会接触和欣赏高雅文化的普罗大众来说，这又意味着什么？更何况文化价值和标准从来都是不断演化的，雅俗文化外延的界定从来都受到特定

---

① 关于"文化资本"的概念，详见布尔迪厄《文化资本与社会炼金术——布尔迪厄访谈录》，包亚明译，上海人民出版社，1997，第192~201页。

② 阿多诺、霍克海默对于启蒙理性的反思和对文化工业的批判，在国内文化和媒介研究界影响很大，二人观点详见〔德〕霍克海默、阿道尔诺《启蒙辩证法》，渠敬东、曹卫东译，上海人民出版社，2006，第107~152页。

的社会历史语境的影响，譬如，京剧曾是难登大雅之堂的地方文化，如今也被视为高雅文化的一种而备受关注。因此，在雅和俗的价值框架下分析和评价亚文化勃兴对于社群文化身份认同的影响，可能会遮蔽问题的实质，造成相关应对举措上的诸多偏误。

当前，国内应对社群文化身份认同危机的焦点在于对亚文化，尤其是青少年亚文化的规制和管理。主要方式有二：一是通过技术监控、内容过滤等方式将亚文化群体的规模和社会认知度控制在较小范围内，如在"两会"期间暂时关闭国内知名的同性恋网络社区；一是通过教育机构和大众媒介的引导宣传作用，促成某些亚文化与主流文化的主动合流，如在青少年中倡导媒介素养教育等。这些方式取得了一定成果，但也存在较多问题。前一种方式将亚文化等同于大众文化，无视国内亚文化社群大多主动疏离"大众"的价值规范、甘于边缘的文化心态，因此可能激发这些社群反应性的文化身份认同；后一种方式虽然是在主流与支流、中心与边缘的架构下定位亚文化，却高估了主流文化吸收、同化另类文化的潜力，忽视了不同社会群体在日常身份政治和认同实践方面的多元诉求的合理性和必然性。事实上，仅拥有一元文化的社会是无法想象的，亚文化以及相应的身份认同的存在，是当前中国社会日益多元的价值和利益诉求在文化领域的呈现，更是边缘人群获得生存所需的归属感和稳定感的重要方式。不仅如此，"从对抗到缓和，从抵抗到收编"① 是所有亚文化都必然经历的演化周期，即便没有外部力量的介入，对于任何一种亚文化以及相应的身份认同来说，生成、流转、断裂、死亡的自然进程也是无可避免的。这两项事实，应成为我们认识和应对社群文化身份认同危机的基本前提。

---

① 〔美〕赫伯迪格：《亚文化：风格的意义》，陆道夫、胡疆锋译，北京大学出版社，2009，第125页。

文化身份认同演变的历史与现状分析[*]

石义彬　熊　慧　彭　彪^{**}

从口语时代到书写时代，从印刷时代到电子时代，不断演进的媒介技术拓展和延伸了人类的感官体验，改变了人类对自我、社会和世界的认知。进入数字时代以后，世界日益连接成一个整体，人类交往的范围和程度大大拓展。随着裹挟着消费主义意识形态的媒介文化的全球性扩散，人类的认同空间开始遭遇强烈挤压，五光十色的媒介景观与人们空前的孤独感、空虚感和无根感以及此起彼伏的文明冲突形成鲜明对比。文化身份认同的危机日渐显形，"我们究竟是谁?"和"我们正成为谁?"开始上升为人类全力探寻的新议题。

文化身份认同的内涵

（一）

在对文化身份认同的内涵进行界定之前，我们先考察一下"文化"这一术语。正如英国学者哈特曼所说，文化一词正成为"语言学上的杂草"，甚至是"一个煽动性的词语"①。人们在不同语境下使用这一术语，相关界定也是众说纷纭，莫衷一是。其中较为全面的表述来自英国文化研究学者雷蒙德·威廉斯（Raymond Williams），他在《文化与社会》一书中介绍了文化的四种定义：文化

---

* 本文为教育部人文社科重点研究基地重大项目"数字时代的全球媒介传播与文化身份认同研究"（项目编号 2006JDXM184）的研究成果之一。

** 熊慧，女，武汉大学新闻与传播学院博士研究生，厦门大学新闻传播学讲师。彭彪，武汉大学新闻与传播学院博士研究生，主要从事传播效果及危机传播研究。

① Hartman, G., *The Fateful Question of Culture*, Columbia University Press, 1997, 转引自 Andrew Milner and Jeffrey Browitt, *Contemporary Cultural Theory: An Introduction* (Routledge, 2002), p. 3.

是心灵的普遍状态或习惯；整个社会里知识发展的普遍状态；各种艺术的普遍状态；一种物质、知识与精神构成的整体生活方式。① 最后这一定义被广泛引用。作为一种整体的生活方式的文化，既指涉个人的生活方式，也指涉各种社会团体（如女性、工人、青少年、黑人等）内部的共同的价值观念和行为方式，以及更大范围内的民族国家、地区或区域的传统习俗、制度结构、宗教伦理等。在威廉斯这儿，"整体"一词强调了特定区域内的"意义的共享"这一观念。然而，随着传播技术的变革和时空关系的转换，意义与特定地域之间的必然的关联性被打破，"碎片化的、多元的、间或重合的话语开始超越疆界的限制"② 而流转于新的全球体系之间，"整体"的历史内涵随之改变。

在交通和信息传播技术欠发达的时期，意义的分享和传承是以地域为指针的，文化的形成则有赖于语言或仪式基础上的主导性生活方式的确立，虽然不同文化间偶有交流，但其内在观念结构仍相对稳定。随着传播技术的发展，时空限制逐步被打破，不同文化间的交流和融合趋于频繁，任何一种文化都不再能"独善其身"，完全排除他文化的影响，保持其主导性生活方式的本真性和纯粹性。当前，随着各种文化产品和意义在全球范围内的迅速流动，一方面，更为广泛的共通的意义空间不断被建构和拓展；另一方面，地域的指针性被极大削弱，各种既有的意义共同体不断被分解和区隔。在各种文明的、社会的和群体的叙事日益加剧的碰撞中，意义空间的差异性、混杂性和流动性开始成为常态。如果说"共享"意味着意义的同一性，是形成认同的关键所在的话，那么分化则表明了差异性的存在。从同一到差异，既是人类整体性生活方式发展演变的历史轨迹，也是文化身份认同及其观念的推进方向。

（二）

所谓身份认同（identity），简言之，就是自我感（sense of self），而自

---

① 〔英〕雷蒙德·威廉斯：《文化与社会》，吴松江等译，北京大学出版社，1991，第 18～19 页。

② 费瑟斯通（Featherstone）在 *Undoing Culture：Globalization and Postmodernism* 一书中对威廉斯的文化定义进行了评价和修正，认为"整合性的、寓于一地的生活方式"在全球化的背景下已不再可能，不同地方、文化间相互影响的程度正日益增加，意义正跨越地界和国界，影响地方的生活方式。尽管如此，威廉斯的定义仍然是自 20 世纪 70 年代以来受到多方引用的经典界定，它打破了文化的等级体系，使文化下降为普通人拥有的精神财富。

我、主体（性）则是考察身份认同这一术语的最重要的维度。正是在对自我和主体（性）的不断探索和追问中，有关身份认同的观念才得以确立。事实上，早在前苏格拉底时代，人们就已经开始思考"我是谁？"这一哲学命题。不过，直至欧洲启蒙时代，以笛卡尔、洛克和莱布尼茨等为代表的现代哲学家才在这一问题上有了明确的答案。[①] 在现代哲学的观念中，主体是固有的实体，自我（self）是主体的内核，从一出生就存在，并在人的一生中基本保持不变。[②] 在这种自主的、先验的、普适的自我的基础上形成的个体身份，是抽象的、固定的、天赋的，因此也是非历史的和本质化的。英国文化研究学者霍尔（Stuart Hall）将现代哲学中的主体称为"启蒙主体"，即"人被视为处于（世界）绝对中心的、统一的个体，具有理性、意识和行动力……自我的核心就是身份（identity）"[③]，并将它区别于"社会学主体"和"后现代主体"。

人是社会性的存在，主体性是在个体与各种社会关系的互动中确立的，这是社会学自 19 世纪末以来对于身份认同观的最重要的贡献。[④] 虽然个体仍被视为拥有统一内核的主体，但自我已不再是与生俱来、一成不变的实体，而是主体的内在世界与外部社会之间相互作用的产物，是主体将他人（others）的观点内在化，从而形成自我意识以及相应的行为方式的结果。基于这一观念，

---

① 笛卡尔（Rene Descartes）提出"我思故我在"，将思想与身份视为同样实体性的存在，认为自主的主体能在其一生中都对自我的身份确定不移。洛克（John Locke）否定身份是与先验自我同样的实体性的存在，但他认为身份还是必要的，因为它是道德责任的基础。个人的身份有赖于记忆而得以延续。而到了莱布尼茨（Gottfried Leibniz）那里，个体身份既是实体性的存在，又是道德责任的基础。从笛卡尔到莱布尼茨，一种孤立的、先验的主体观得以建立。

② 乔治·拉伦：《文化身份、全球化与历史》，戴从容译，载包亚明编《后大都市与文化研究》，上海教育出版社，2005，第 299~330 页。

③ Hall, S., "The Question of the Cultural Identity," in S. Hall, D. Held & T. McGrew, eds., *Modernity and Its Futures*, Policy Press, 1992, p. 275, 转引自 Barker, C., *Television, Globalization and Cultural Identities* (Open University Press, 1999), pp. 14 – 16。

④ 19 世纪末，涂尔干（Emile Durkheim）最先对自由个体主义（liberal individualism）发难，认为个体是社会的产物，个体性是特定文化的结果。他认为，在前工业社会，所有的社会成员都拥有相似的态度、价值和规范，社会因成员的同一性而凝结在一起。而到了工业社会，由于专业化的程度较高，不同个体间的生活经历差异很大，于是个体主义出现。因此，工业社会的个体身份认同是经济组织的产物，虽然不是首要的产物。到了米德（George Herbert Mead）那儿，自我是通过与他人的关系而建立的，他将自我区分为主格我（I）和（转下页注）

身份认同不再是个体拥有的特质的集合，而是个体对自我的一种认知模式，是一项在"社会化"和"文化适应"（acculturation）的过程中以他人的观念为参照逐步规划自我的能力、态度和行为方式的过程。因此，在不同的社会情境和文化语境中，由于拥有不同的社会和文化地位、资源及体验，或者说由于参照对象的不同，个体可能形成不同的价值观念、态度取向和相应的自我认知模式，继而形成不同的自我和社会身份认同。"启蒙主体"观与"社会学主体"观的最大差异在于，前者将人视为统一体，认为身份固定不变；后者则将主体视为社会形塑的结果，虽然承认统一内核的存在，但强调身份认同是建立在自我将他人的看法内在化的基础之上的。当社会环境或参照对象发生变化时，个体的认知模式将随之改变，自我和社会身份认同也可能发生相应的变化。因此，在"社会学主体"观看来，身份认同是流动的。

在强调认同与差异的辩证关系方面，"后现代主体"观显然走得更远。催生这一认同观的马克思主义、精神分析说、结构主义和后结构主义语言学、后现代主义话语分析都否定主体的统一性，认为它处于永恒的改变和分化之中，同一主体在不同时期可以形成不同的甚至是相互矛盾的认同。"如果我们感到从生到死有一种整齐划一的身份，那只是因为我们建构了一个令我们自己宽慰的故事或'关于自己的叙事'"。① 上述各种理论力图从不同角度证明，主体和自我是被建构的，认同是流动的、多重的、永远有待形成和确认的。"后现代主体"观的出现意味着认同观的根本性的转折和裂变，下文将用较多笔墨予以说明。

在马克思主义观点看来，特定历史阶段的生产方式和社会关系以特定的方式形塑主体，个体总是处于特定时空序列的社会结构中，被"召唤"到特定

（接上页注④）宾格我（me），认为前者是个体对他人看法的反应，后者是他人看法的组合。这些看法构成了自我。自我的发展取决于人们所处的社会关系中的他人。这一观点是芝加哥学派的符号交往论的基础。戈夫曼（Erving Goffman）将米德的主张再向前推进了一步。他认为，个体的能力、态度和处事方式随着他周围的人的改变而改变。因此，个体的自我不是稳定不移的，而是随着环境的改变而流动的。

① Hall, S., "The Question of the Cultural Identity," in S. Hall, D. Held & T. McGrew, eds., *Modernity and Its Futures*, Policy Press, 1992, p. 277, 转引自 Barker, C., *Television*, *Globalization and Cultural Identities* (Open University Press), 1999, pp. 14 – 16。

的意识形态之内从而被建构为主体。换言之，主体是特定历史阶段的产物，不同的主体由于处于不同的阶级或阶层，或因为拥有不同的生存条件或物质利益，会形成不同的认知、观念、态度和行为方式。贵族与农奴，资本家与工人阶级，会产生不同的认同；即使在工人阶级内部，白人与黑人、女性与男性、在岗工人与退休工人之间，也可能形成不同的认同。此外，主体总是在差异中形塑的，是从"我们不是什么"获得"我们是什么"的意识。正是在反观"他者"的过程中，认同得以暂时性地确立。

从精神分析说——尤其是拉康的分析模式中，我们能获得关于认同的流动性和暂时性的更为宿命论的表述。笛卡尔式的先验的、统一的自我被弗洛伊德分解为"本我"（id）、"自我"（ego）和"超我"（superego）。主体性是在儿童的心理发展过程中被建构起来的。推动这一建构过程的不是理性，而是人类最为原始的冲动——性（本我）。人的所思所想不是理性自我的产物，而是"力比多"（libido）推动下的无意识作用的结果。为了将分裂的自我"重新整合"，人们必须进入文化之中，压抑"本我"并认同于他人（如男孩慑于"阉割焦虑"而认同于父亲的权威）及社会话语，从而获得完整和谐的主体的假象。从弗洛伊德的理论出发，拉康将主体的认同危机再度推进：孩子形成自我理念后（现实态）渴望回归母亲子宫的"纯粹丰足"状态（想象态）的冲动与作为一种象征性秩序的语言对"自我"与"他者"的差异的强化（象征态）之间的矛盾，①决定了主体的"缺失"感的永存——主体永远处于寻找自我认同的过程中，这一过程永不完结。

通过无意识结构来研究文化产品的结构主义、后结构主义语言学，进一步消解了完整的主体性以及存在任何稳定、固定的认同的观念。索绪尔将符号的"能指""所指"和"指称"之间的关系视为"任意的"（arbitrary）、非本质性的。因此，一方面，语言不再必然指称任何具体的事物，语言与现实世界间的对应关系是历史建构的产物。另一方面，意义的形成有赖于符号之间的差异性。在德里达的后结构主义语言学中，符号的建构性发挥到了极致："延异"

---

① 索菲亚·孚卡（文）、瑞贝卡·怀特（图）：《后女权主义》，王丽译，文化艺术出版社，2003，第38~41页。

（difference）这一概念旨在说明，意义的生产不断受到其他词语的意义的延迟（defered）和补充（supplemented），它是不断流动和转移的，差异性而非同一性才是语言的常态。这极大地挑战了意义与词语间的同一性的观念，与拉康的精神分析模式有着异曲同工之妙。由于认同是在语言的意指作用（signification）中得以表征并被语言结构化了的，因此，认同本身也是社会、历史和文化建构的结果，是对"他者"的叙事的反观。差异是认同建构的必要前提，认同必然是不断流动和转移的。

到了后现代主义理论那里，主体的完整性被彻底消解了。福柯的话语分析理论"将主体置于极度历史化的视野中，主体完全、彻底地成为了历史的产物"①。有关"疯癫"（madness）与"性"（sex）的话语的历史发展脉络表明，凭借知识的生产和权力的运作，话语激活、制约与形塑了人们的观念与共识。②"我们对自己的看法就是对各种话语的多元性的内在化。换句话说，话语激活、制约和形塑了我们对自己的看法。"③ 更准确地说，话语提供了特定的"主体位置"（subject-position），个体在不同的话语体系中占据不同的主体位置，将自己建构为多元化的"主体"，进而形成不同的观念和立场，以及相应的自我和社会认同。这些认同是在"他者"的基础上被建构起来的。对"他者"的建构，成为了生产关于"我们"的知识的必需的权力策略，是使"我们"成为"我们"并区别于"他们"的标志。不过，由于主体是权力关系的产物，而权力又是无处不在和生产性的（productive），因此，在后现代的视野中，即使是"我们"与"他者"之间的关系，也不是绝对和固定的，在

---

① Barker, C., *Television*, *Globalization and Cultural Identities* (Open University Press), 1999, p. 26.
② 福柯（Foucault）在他的 1961 年出版的《疯癫与文明》一书中分析了不同时期人们对"疯癫"的看法。例如，在 17 世纪，"疯癫"是理性主义者力将"疯癫者"从社会中排除出去的一种理性的形式，是 17、18 世纪的理性力图建构"他者"从而与之区隔并确立自身位置的结果。因此，"疯癫"是特定社会和历史建构的产物，随着界定它的社会实践的改变而改变。社会主导阶层的认同有赖于他们对"他者"的建构。在他之后出版于 1976 年的《性史》一书中，福柯开始转向"自我"的问题，探讨有关"性"的话语如何建构"自我"。他认为，话语是一种知识的权力，通过与性有关的写作所形成的概念和知识体系，"自我"得以建构。
③ Storey, J., *Cultural Theory and Popular Culture：An Introduction* (Pearson Education Limited, 2006), p. 101.

一定的条件下，这种二元对立是可以转化或被打破的——这为那些被"他者化"的个体或团体提供了抗争的机会和可能。

后现代主体观与前两种主体观的根本区别在于它完全彻底地解构了主体的统一性的内核，使认同成为了一个急剧变化、混乱无序和错综复杂的领域。在现代哲学和社会学理论中，自我是天然统一的或是多少可以被整合的，而在上述日趋盛行的反本质主义的理论中，不同的自我已无法兼容与统一。主体注定是由无中心的、碎片化的、相互矛盾的自我拼贴而成，由此导致的自我的迷失感和强烈的内在冲突成为了认同危机产生的温床。

（三）

在前文中，启蒙主体、社会学主体和后现代主体的"identity"被特意地分别表述为身份、身份认同、认同，以强调观念上从同一到差异、从稳定到流动、从单一到多元的发展脉络。"身份"表达了"一种为人所拥有的实体"的观念，指涉先验的自我、统一的主体和稳定的"同一性"；"身份认同"表达了"一种为人们所建构的实体"的观念，指涉统一的内核、多元的自我、流动的"同一性"；"认同"表达了"一种建构的过程"的观念，指涉分裂的自我、流动的主体和无时不在、无处不在的"差异性"。在此后的章节中，笔者将采用"身份认同"这一表述，以强调同一与差异、稳定与流动、单一与多元的辩证关系，避免陷入本质主义或相对主义而失之偏颇。

对主体和自我的认识上的差异，带来了对于文化身份认同的两种不同的思维方式。一是将它定义为共有的文化，一种"集体性的'真正的自我'"，隐藏在许多其他更为肤浅的"自我"之中，为拥有同一历史和祖先的人们所共享。在变幻莫测的现实的分化和沉浮之下，文化身份认同所包含的共同的历史经验和文化符码，能为某一"人群"提供稳定不变的、连续的指涉和意义框架。这种传统的界定方式强调了身份的稳定性、持续性和共同性。另一定义则强调文化身份认同的不稳定性、断裂性与差异性。它"属于过去也同样属于未来。它不是已经存在的，超越时间、地点、历史和文化的东西。文化身份是有源头、有历史的……（但）它们也经历了不断地变化。它们绝不是永恒地固定在某一本质化的过去，而是屈从于历史、文化和权力的不断'嬉戏'……过去的叙事以不同方式规定了我们的位置，我们也以不同的方式在过去中给自我规定了位置，身份就是我们给这些不同方式取的名字"①。在这一定义中，文化身份认同是在历史、文化和权力的关系网络中建构而成的，是随着时间、空间的转换而流动、演变的。这条从同一到差异、从稳定到流动的发展脉络，不仅存在于文化身份研究者的观念中，也清晰地呈现在人类从原始社会到后现代社会的现实的文化身份认同的演进轨迹中。对于这一轨迹的描述，将在以下的叙述框架内展开：所谓文化身份认同，即个体或集体，在特定的时空关系中，将某些价值规范、宗教信仰、风俗习惯、审美观念等内在化，进而形成特定的认知、观念、态度和行为方式，并从中获得归属感、安全感或平衡感的一种象征性认可的体系。

文化身份认同的来源和多重性

毋庸置疑的是，文化身份认同是有其历史渊源的。在这一问题上，传统立场与激进立场之间的界限仅在于如何看待这一渊源：前者将它视为凝固不变的本质化的存在；后者则视之为特定历史时期和地域中的不同的话语体系相互作用的结果，它将随着时空关系的演化而流转变迁。本文将采取辩证的视角来展开对这一问题的论述，即在对文化身份认同的多种来源进行分类考察的同时，兼述其在特定时空关系中的分布状况。

（一）

文化身份认同的来源大致包括以下几类：自然条件，如地理位置及气候等，以及在此影响下的生产方式和关系；生理机制，如种属，身体特征，血缘等；心理机制，如儿童成长期的心理特征等；社会文化机制，如语言，文化遗产，价值观念体系，大众媒介等。这些来源之间不是完全独立的，相反，不同来源间彼此勾连，相互影响，共同形成了一定历史时期和地域内的文化身份认

---

① 霍尔·斯图尔特：《文化身份与族裔散居》，载罗钢、刘象愚主编《文化研究读本》，中国社会科学出版社，2000，第 208～223 页。

同的整体性氛围。例如，独特的地理位置和气候，决定了当地的特定的生产方式，如农耕或放牧，从而进一步影响到人们在生产中的关系模式和日常的居住方式，如合作或单独作业、聚居或流动迁徙等，这些模式或方式经历较长时期的历史积累后，将沉淀为个体或集体的性格、人格或行为方式，甚至成为居于"传统"地位的价值观念或信仰，作用于人们对自我和他人的认知，以及对集体和社会的看法，进而形成特定的个体和集体的文化身份认同。

作为文化身份认同的来源之一，自然条件的作用在于使人们对气候等因素做出反应，包括制定作息时间、历法，选择劳动工具和劳动方式、饮食习惯、居住方式及建筑样式等，这些往往构成了某一地方或地域在相当长时期内的较为稳定的生活方式和组织结构。自然条件对于文化身份认同的影响是较为间接的，它需要经由其他的因素发挥作用，如习俗、惯例和观念体系等。在某种程度上，生理机制也可以被视为一种"自然条件"。肤色、性别、年龄、血缘等似乎都是人们先天所具有的。然而，这些因素真正成为文化身份认同的来源，却是在它们被语言和文化建构成一种"身份标示"之后。尽管生理特征作为认同形成机制的合法性值得怀疑，但它们已是"既成事实"。例如，在大多数的国家、社会中，男性和女性被认为"先天地"具有不同的文化身份，男性是刚强、坚忍、理性的代名词，女性则是脆弱、善变、感性的同义词。生理特征如何被建构为文化符码的过程为人们所忽略，它们往往被巧妙地融入到社会的制度和关系网络之中，成为一种"潜规则""共识"甚至是"传统"，从而具有了影响文化身份认同的力量。

心理机制，尤其是儿童成长期的心理发展，以及他们在社会化过程中的人格的形成，是文化身份认同形成的更为潜在的源泉。根据心理动力学研究，家庭内部的人际关系将影响儿童的身份意识，尤其是性别意识。"对于大多数儿童来说，最重要的早期关系是与照顾他们最周到的人建立起来的关系，通常是与他们的母亲的关系。这种关系从根本上影响婴儿认识自我的方式，也影响他们对人际交往的看法。"[1] 婴儿往往吸收周围人的观念并将其内在化，从而缓

---

[1] 〔美〕朱丽亚·T. 伍德：《性别化的人生：传播、性别与人生》，徐俊等译，暨南大学出版社，2005，第26页。

慢地形成他们的自我意识和性别身份意识。这一时期形成的自我认同将成为其后期自我认同的基础。其他心理学理论，尤其是社会学习理论和认知发展理论则表明，传播对认同形成具有重要的影响。个人在人际交往中观察、模仿、实验他人的行为，并从他人的反应和评价中辨别界定"恰当"与"不恰当"的社会规则，或直接寻找"角色模型"，从而形成迎合他人喜好的行为模式，并在此过程中定义自我。随着上述行为模式的不断强化，个人的身份认同逐渐得以确立。正所谓"我们生来就带有倾向，但正是社会令这些倾向扩大、增强"①。

社会文化机制是文化身份认同的最主要的来源。它包含了诸多因素，如语言、文化遗产、价值观念体系、大众媒介等。语言是观念表达、情感沟通和价值传承的必要基础，其他的社会文化因素都通过它作用于身份认同。文化遗产包括实体存在的文化艺术作品，如书籍、建筑、器物等，以及非实物形式存在的神话、寓言、传说等。文化遗产是集体记忆的基础，是集体成员之间的凝聚力和认同感产生的重要源泉。价值观念体系包括宗教信仰、伦理价值、人生观、世界观、社会理想等，是文化身份认同的核心源泉，任何一种文化身份认同，无论是个体的还是集体的，都是将一定的价值观念内在化的结果。长久以来，人们都从他们所在的价值观念体系中获得共通的意义空间和最终的精神归宿。认同危机出现的重要原因之一，就在于这些传统价值观念和信仰体系的式微或解体，这同时也是原教旨主义在全球兴起的动力——他们要求"复原"各种传统价值和宗教信仰。作为一种替代性的文化身份认同的来源，大众媒介的出现乃是较为晚近的事情。不过，这种新的文化制度和机构对于身份认同的影响却是空前的。作为一种信息来源，它们为人们提供各种话语、形象和解释框架，帮助人们形成特定的观念、态度和行为方式，改变人们对自我、他人、社会和世界的现实的认知；作为一种文化机构，它们重新组织人们的日常生活，创造并强化新的礼节和仪式，为人们重建认同感提供素材。一言以蔽之，大众媒介同时推动着当代人的文化身份认同的解构和建构。

---

① Blum, D., "The Gender Blur: Where does Biology End and Society Take Over?" in *Utne Reader*, 1998, p. 46, 转引自〔美〕朱丽亚·T. 伍德《性别化的人生：传播、性别与人生》，徐俊等译，暨南大学出版社，2005，第28页。

（二）

文化身份认同的形成，总或多或少地受到了不同来源的影响。尽管如此，在人类社会发展的各个阶段，还是有一种或几种居于主导地位的影响机制，对文化身份认同的形成和演变发挥着最为核心的作用。如果我们将视野回溯到人类社会的早期，家庭、部落或氏族构成了当时的个人或集体身份认同的基本单元，一定地域内的血缘关系则是其主要来源。当然，这是我们基于现代人的立场而得出的简单化了的结论。事实上，在那一历史时期，人类在观念上与自然是混沌一体的，根本谈不上主体性和自我意识的问题。如果将部落或氏族的巫术信仰和仪式视为某种同一性的表现的话，这一时期充其量只不过是模糊的集体文化身份认同的孕育阶段。

随着国家的出现，尤其是民族国家的出现、成熟和扩散，人类的自我和集体文化身份认同开始真正形成。在相当长的时期内，血缘关系和宗教信仰对身份认同的影响依然存在，在许多传统的社会中，家庭仍然是身份认同的基本单元。不过，一种新的趋势开始出现：国家、民族的概念开始确立，民族国家开始成为文化身份认同的首要单元，语言、传统价值体系成为了个体和集体的文化身份认同的主要来源。尤其是随着殖民主义浪潮的兴起和"中心—边缘"的世界政治、经济格局的形成，民族主义得到了进一步的强调，民族文化身份认同的价值得以彰显。

20世纪70年代以来，随着去疆界化、去中心化的全球化进程的急剧加速，民族国家开始式微，"去传统化"的趋势日益明显。民族国家不再是身份认同的首要单元，家庭在社会中的核心地位也摇摇欲坠，文化遗产、传统的伦理价值、社会理想、人生观和世界观对于文化身份认同的影响相对弱化。利己主义在当代社会的膨胀和消费主义的泛滥，使个体的文化身份认同也面临危机。与此同时，差异政治兴起，种族、性别、族群被推到了历史的前沿，这些新的集体形态开始作为文化身份认同的基本单元得到强调，大众媒介开始成为替代性身份认同的主要来源。

从上文可知，文化身份认同是一个非常复杂的概念，它涉及不同的分析维度和层面。首先，就地理范围而言，可分为社区、城镇、地区、国家、区域乃至全球的文化身份认同，或者城市、郊区和乡村的文化身份认同。其次，就社会类别而言，可以将性别、种族、民族、阶级、年龄以及各种亚文化群体，如青少年、残疾人等作为划分文化身份认同的参照系。再次，从时间的延续性上，可以分为持久性的文化身份认同，如对某一语言、宗教及民族的认同和临时性的文化身份认同，如对某一品位、时尚或风格的认同。最后，就主体范畴而言，可以分为个体的文化身份认同和集体的文化身份认同。这些分析维度和层面是相互交叉和重叠的。事实上，现实生活中的文化身份认同也是如此，它们总是特定地理、社会和主体范畴相互交叉、错落并存的集合。正是在这一意义上，文化身份认同具有内在的多重性。

时空变换与文化身份认同的变迁

人类社会发展至今，呈现了一条较为明晰的从前现代、现代到后现代（或现代晚期）的演进轨迹。在不同的历史发展阶段中，人类社会和世界体系的政治、经济、文化结构和关系发生着渐进的聚合、分化与重组，文化身份认同的内涵、来源和主导形态随之演化、流动和变迁，个体或集体的文化身份认同周而复始地被确立、延续、消解和重建。

（一）

如果将 17 世纪视为现代的真正意义上的发端，那么，在进入现代以前，人类社会经历了相当漫长的从原始社会到传统农业文明的发展演进过程。这是一个人类体验受到时间和空间的极大限制的阶段。大自然的昼夜交替、潮汐起落、草木荣枯，是人们生活和劳作的时钟。从生到死，人们往往偏居一隅。即便是游牧民族，通常也只在较小的范围内辗转迁徙。除非发生天灾人祸或其他重大事件，如朝代更迭，才可能出现人口的较大规模的迁徙流动。在这样一种时空格局中，人类形成了一种自然主义的宇宙观，地方的生活方式和价值观念就在包括人类在内的宇宙万物的周转循环中得到了相对稳定的传承与延续。

在原始社会，人类被视为自然的一部分，与宇宙万物混沌不分，没有明晰的自我意识和类属意识。人类对于自然力的恐惧和崇敬被转化为了原始的宗教信仰——巫术和图腾崇拜。祭拜仪式的举行不是为了控制自然，而是为了赞颂自然的创造力。在这种朴素的信仰中，死亡不是孤立的事件，而是整个生命循环中的一环：生、死、再生，周而复始，就如同自然的四季交替。在这一时期，"以交感巫术、图腾崇拜、万物有灵观念为基础的神秘的、原逻辑的、前科学的直觉思维，以及沉淀在神话表象世界中的禁忌、戒律、集体表象或集体意向等"支配了人类的生产和生活活动。[①] 正是在各种原始的宗教仪式的维系下，拥有血缘关系的家庭、氏族和部落的自在的日常交往活动才得以开展。自我意识的缺乏决定了个体的文化身份认同，以及在此基础上的集体文化身份认同的"缺席"，虽然图腾崇拜和巫术信仰在某种程度上可以被视为后者的一种原初形态。

在漫长的原始社会阶段，人类没有形成真正的语言体系。最为简单和粗糙的口语，加上结绳记事、击鼓传讯、实物表意和图画等，构成了这一阶段人类信息传播的主要手段。在语言出现后的很长时期内，口耳相传的神话、诗歌仍然是人类保存集体记忆的主要方式。直到公元前3500年左右文字的形成，人类才开始进入到以抽象符号传承历史记忆的阶段。文字的出现标志着观念和事物的二元分割，人类的生命和永恒宇宙间开始形成强烈的反差，"调和个人和宇宙精神的尝试随之而起"[②]。一方面，巫术信仰开始为宗教信仰所取代，人神交往的自然主义观念逐渐被人神分殊、一神主宰一切的说教取而代之，人类被剥去了原始宗教中的普适的"神性"（自然性），还原成世俗的"他者"。另一方面，哲学、文学艺术等由一些专职思想家和理论家从事的自觉的、独立的精神生产领域开始形成，自然界和人类社会之间开始划上一条不可逾越的界限。人神分离和对自然的发现标志着具有能动性的主体意识的初步形成。

① 衣俊卿：《文化哲学：理论理性和实践理性交汇处的文化批判》，云南大学出版社，2001，第115页。
② 〔加〕哈罗德·伊尼斯：《帝国与传播》，何道宽译，中国人民大学出版社，2003，第8页。

原始社会晚期的三次社会大分工，[①] 导致了国家和民族的出现，过去以血缘关系为基础的氏族部落逐渐演变成以地域和财产为基础的民族和国家。这种新形态的人类共同体的出现，深刻地改变了人们的社会体验和集体记忆。政权和神权的结合及其对知识的生产和传播的共同垄断，树立了新的社会权威。统治阶层获得了神圣的地位，被统治阶层则沦为世俗的、无知的"他者"。此外，随着纸张和交通工具的改进，国家的政权治理和对外贸易的范围不断拓展，"小型社区成长为大型的国家，又使国家强化而成帝国"[②]。帝国的扩张加速了一定范围内的地区之间、民族之间的政治、商业和文化交流，与此同时，"开化民族"的频繁入侵也激发了"半开化"民族的集体意识，民族主义由此出现，这标志着民族文化身份认同初现端倪。

尽管如此，就整个传统农业文明而言，由于受到自然条件的限制，国家之间、地区之间的交往仍十分有限，多数人的日常活动基本局限在"鸡犬相闻"的范围内。虽然人类已经开始自觉或不自觉地积累经验、常识和习俗，包括对自然规律进行观察和总结，制定太阳历和太阴历、划分二十四节气等，但"日出而作，日落而息"仍然是多数人的生活方式，自然的节奏仍然自发地调节着人们的生产和生活。家庭仍然是文化身份认同的基本单元，血缘关系、宗族观念或宗教信仰则是维系认同的主要因素，它们确保了一定地域内的集体记忆的传承和延续。直到精确记时计和透视地图的出现，这种自然主义的生活模式才开始被打破。

---

① 恩格斯在《家庭、私有制和国家的起源》一书中提出的发生在原始社会后期的三次社会大分工，即游牧部落从其余的野蛮人群中分离出来；手工业和农业的分离；商人阶级的出现。第一次社会大分工发生在野蛮时代的中级阶段，游牧部落的出现促成了交换的发展和私有制的出现，它使社会分裂为两个阶级：主人和奴隶、剥削者和被剥削者。与此同时，部落间为争夺土地等资源而相互联盟，形成了民族的雏形。第二次社会大分工出现于野蛮时代的高级阶段，手工业与农业的分离促成了直接以交换为目的的商品生产的出现，贵金属开始成为占优势的货币商品。在剩余产品逐渐增多的情况下，人的劳动力的价值得以提高，在前一阶段还是零散现象的奴隶制，现在成为社会制度的本质组成部分。第三次社会大分工发生在文明时代的门槛。由于商品交换的发展，出现了一个不从事生产只从事交换的商人阶级。作为生产者之间的中间人，他们剥削生产者，并取得了生产的领导权。这使得在自由人和奴隶的差别以外，又出现了富人和穷人的差别。财富更加集中，阶级对立产生，于是国家出现。

② 〔加〕哈罗德·伊尼斯：《帝国与传播》，何道宽译，中国人民大学出版社，2003，第8页。

（二）

随着国家间商贸往来的规模的拓展，欧洲的商人们开始意识到商品和信息传输效率的价值，这促成了"时间的经济学"① 的出现。"中世纪早期扩大了的货币流通范围以及组成空间中的商业网络，迫使商人们建构'一种用于有序的商业经营的较为适当的和可以预言的时间尺度'"。② 精确记时计应运而生，自然的时间观被打破，不同的地方时间开始为工业生产和商品流通的统一的节奏和韵律所取代。与此同时，拓展商贸范围的要求也促成了透视地图和绘画的固定视点在 15 世纪中叶的出现，这种新的空间法则强调主体按照其"真实的"感觉去表达所见之物的光学科学和个人能力。上述两方面导致了时空的内涵的总体性改变：连续的、普遍化的、同质化的时间代替了实际的时间，同质的、连续的几何学空间取代了不连续的杂凑起来的实际道路的空间。征服空间与理性地安排时间开始成为现代性规划的一个组成部分。规划的目的再也不是反映对上帝的崇拜，而是为了赞美和促进作为自由与积极之个体的、具有意识与意志的"人"的解放。③ 人类开始进入由时钟时间支配空间和社会的现代工业文明阶段。

印刷术的应用和推广正是在时钟时间的逻辑下发生的：手抄业者们降低成

---

① 马克思在 1973 年的《政治经济学批判大纲》一书中说，时间的经济学，经济学最终把自身变成了一切。他指的是经济学研究如何通过社会劳动时间的分配来创造最多的价值，使时间尺度的重要性日渐上升，最终成为一种支配性的社会力量的资源。在本文中，它更多指涉的是时间尺度的重要性日益为商人们所意识到的现实趋势。由于交易和交换必须在空间里运作，而跨越空间必须占据一定的时间，因此，在探索空间的过程中，中世纪的商人们开始把价格和货币形式附加于劳动时间之上，从而促成了"时间的价格"这一根本性概念的确立。应该说，从这一阶段开始，金钱、时间和空间的相互控制形成了一般的金钱经济中，尤其是资本主义社会里无法被忽视的社会力量的一种实质性的连接系列。此后的资本主义发展的历程，就是采用各种技术和管理手段及工具来拓展空间和压缩时间的过程。参见〔美〕戴维·哈维《后现代的状况——对文化变迁之缘起的探究》，阎嘉译，商务印书馆，2003，第 282～284 页。
② 〔美〕戴维·哈维：《后现代的状况——对文化变迁之缘起的探究》，阎嘉译，商务印书馆，2003，第 284 页。
③ Edgerton, S., *The Renaissance Rediscovery of Linear Perspective*（New York，Basic Books，1976），转引自〔美〕戴维·哈维《后现代的状况——对文化变迁之缘起的探究》，阎嘉译，商务印书馆，2003，第 305 页。

本，增加利润空间的要求是金属活字印刷术发明的背景。这一技术反过来又为印刷业的产生提供了必要的物质基础。随着书籍贸易的兴起，印刷业和出版业开始分离，出版商将更多目光投向了市场，大量适应世俗需求的书籍得以面世，其中包括了白话本的《圣经》。这加速了依赖羊皮纸和手抄本的宗教的知识垄断的解体和神权的衰落，以及代表欧洲新兴资产阶级利益的理性原则的最终确立。在启蒙理性的宏大叙事中，一方面，人与自然彻底地分离，自然不再是人类敬畏的神秘力量，而是可以为人的理性所认知、征服乃至控制的客观对象。人类确认自身的主体性力量的过程，也就是将自然彻底客体化的过程。工业化和城市化的逐步推进，是这一力量的最为直接的表现。工业资本主义的逻辑打破了乡村社会相对稳定的价值和观念结构，个人开始从"传统"关系中脱离出来，进入到一种重新整合的更为抽象的契约与货币关系网络中。个体同亲属的关系变得越来越边缘化和萎缩，经常沦为一种被迫维持的生存机制。以血缘关系和宗教为基础的文化身份认同开始受到侵蚀。

主体意识觉醒的另一表现，是天赋人权的平等理念的确立。18世纪法国的沙龙、德国的文学界和英国的咖啡馆文化的兴起，就是这些理念的具体践行。在这些"资产阶级的公共领域"中，人们聚集在一起，探讨公共性的政治议题，其社会身份常常被隐瞒起来。这标示着一种新的自我经验的出现："在这种自我观中，主体将他或她自身从他或她的社会角色中区分出来，他或她的个人任务就在于建立临时性的认同"。① 与传统的基于家庭和血缘关系的文化身份认同不同，这种临时性的文化身份认同是在公共空间内自发性地形成的，它是自然的和社会的主体意识确立的共同结果。在这一身份认同形成的过程中，印刷媒介，尤其是报纸，开始成为集体性议题和意识的重要来源。随着家庭性的大众媒介——广播的出现和普及，这一趋势变得更为明显。进入家庭这一私人领域的广播使得想象性的、"不在场"的参与和交流方式开始成为可能，这将带来两方面的后果：一是公共领域和私人领域的结合将增强国家的动员能力和效力，更为广泛的社会共同体的想象性建构将提升社会的凝聚力和向

---

① 〔美〕乔纳森·弗里德曼：《文化认同与全球性过程》，郭建如译，商务印书馆，2003，第42~44页。

心力；一是中介性的交流方式将日渐取代面对面交流，想象性地参与方式也将逐渐取代实质性的聚会仪式，如宗教或传统的宗族仪式等。因此，一方面，国家和民族层面上的文化身份认同将逐渐被强化；另一方面，传统的地域性、社区性的文化身份认同则将相对被弱化。

与资本主义主体性和生产方式的逐步确立相伴随的是现代民族国家在欧洲的兴起。这一进程始于16世纪初，法国大革命以后，随着民族主义浪潮传遍欧洲，民族独立和国家统一的斗争风起云涌，现代意义上的民族国家开始逐步得以确立。这是一种建立在个体自由和政治平等的公民权利基础上的新的国家形态，民族主义是社会成员的文化身份认同的主导性来源。与这一新的国家形态相伴相生的，是国家利益的概念，以及分享世界市场、维护国家利益的要求。民族国家所具有的民族利己主义的特征，使它们成为了帝国主义的源头和帝国主义战争的策源地。[①] 始于14世纪，在第一次世界大战达到高潮的帝国主义殖民进程，从根本上改变了世界的格局，宗主国与殖民地或半殖民地的二元版图，深刻地影响了各地的政治、经济结构及关系和文化身份认同。

帝国主义开疆辟土，拓展海外殖民地的进程，与世界时空格局的变化密切相连。阳历和可以调整的七日一周制的推广，以及格林尼治标准时间的确立和全球24时区的划分，使世界步入了时间同质化的时代。与此同时，交通和通信设备的发明与革新明显加快。铁路网的拓展，电报的出现，蒸汽轮船、汽车的发展，无线电通信的开始等等，都极大地挑战了时间和空间的意义，提高了商品和信息的传输效率，拓展了传输范围。随着时间和地域对商品、信息和文化传播的限制逐步削弱，帝国主义残酷的原料、劳动力和资本掠夺的魔爪迅速伸向了世界各地。到19世纪末20世纪初，世界已经被列强瓜分完毕，帝国主义国家奴役和控制了世界上绝大部分土地和人口。"全世界的空间被非领土化，被剥夺了它们先前的各种意义，然后再按照殖民地和帝国行政管理的便利来非领土化"，[②] 更重要的是，"对自然的掌控，一切类

[①] 陈晓律：《欧洲民族国家演进的历史趋势》，《江海学刊》2006年第2期。

[②] Edgerton, S., *The Renaissance Rediscovery of Linear Perspective* (New York, Basic Books, 1976)，转引自〔美〕戴维·哈维《后现代的状况——对文化变迁之缘起的探究》，阎嘉译，商务印书馆，2003，第330页。

型的现象、言行与地方，都屈从于挖除根基的、集中性的，以及普同化的时间行进之下"①。整个世界都被纳入工业资本主义生产运转的"流水线"中，受到时钟时间的绝对支配。

随着"中心—边缘"的世界格局的最终形成，欧洲宗主国建构起了以殖民地、半殖民地为"他者"的高度中心化和排外的文化身份认同，在"西方与东方，先进与落后，文明与野蛮"的二元主义视野中确立了自身的位置。此外，这些宗主国在掠夺原料、劳动力和资本，左右殖民地、半殖民地的政治、经济结构和关系的同时，也通过语言、宗教和传播媒介的输入，将现代的"西方生活风格"带入到殖民地和半殖民地，从而导致了庇护性的等级制文化以及活跃的局部的从属性认同的确立②和边缘国家、地方的传统文化身份认同的空间的相对萎缩。与此同时，在以国家主权和民族生存为旗帜的持续的反帝反殖斗争中，边缘国家、地方的民族文化身份认同得到了空前的强调，族群和阶级的差异性被淹没在民族文化同一性的言说中隐而不现。然而，随着第二次世界大战以后帝国主义殖民体系的彻底瓦解，边缘国家和地方开始面临复杂的重建认同的任务：一方面，殖民化所带来的文化断裂和价值空窗使得重建主体意识和集体认同的紧迫性彰显；另一方面，不同社会团体在国家、地方重建过程中的利益分野逐渐明晰，民族文化身份认同的单一话语无法弥合不同利益诉求之间的裂痕。如何重建后殖民时代的文化身份认同，成为了令前殖民地和半殖民地头痛不已的历史遗留问题。如香港在"后九七"的文化身份的定位，就一直在传统中国文化、殖民文化的多元共生局面和后现代的"危机感四伏的集体性焦虑"中艰难徘徊。③进入全球化时代以后，上述问题的形势显得更为严峻了。

---

① Castillo, G., *Henry Ford, Lenin, and the Scientific Organization of Work in Capitalist and Soviet Industrialization*, 1994, University of California, Department of City and Regional Planning, seminar paper for CP 275, unpublished, 转引自曼纽尔·卡斯特《网络社会的崛起》，夏铸九等译，社会科学文献出版社，2003，第529页。

② 〔美〕乔纳森·弗里德曼：《文化认同与全球性过程》，郭建如译，商务印书馆，2003，第42~44页。

③ 刘忠波：《何谓香港？——对"后九七"香港文化身份的一种审视》，载詹来余编《经济法律与自然学术前沿论集》，民族出版社，2005，第116~121页。

（三）

20 世纪60、70 年代以来，随着新的信息传播技术对全球政治、经济、文化和社会领域的迅速渗透，世界开始进入到一个以"时空压缩"为特征的"后现代""后工业"阶段，或称为"现代晚期"①。以弹性积累为标志的"后福特主义"生产模式的兴起和扩散，带来了时间和空间上的社会经验的迅速重组。正如哈维所说，"强大的发明潮流，集中聚集在加快和加速的周转时间上。决策的时间范域（现在已是国际金融市场上分秒必争）缩短了，而且生活方式的风尚变换迅速。这一切伴随了空间关系的激烈重组、空间障碍的进一步消除，以及一个资本主义发展的新地理形势的浮现。这些事件，引发了强烈的时空压缩的感受，影响了文化和政治生活的每个面向。"② 事实上，时空的压缩与文化认同的伸张是一个硬币的两面。在过去三四十年里，与资本主义经济体系和政策的全球收编同步发生的，还有文化民族主义的高涨、原教旨主义和"城市运动"的兴起以及多元文化主义和差异政治的出现。在空白化的空间和无时间的时间（timeless time）③ 这一新的社会组织形式中，人类的文化身份认同正经受着烽火考验。

第二次世界大战以后的非殖民化运动和民族解放浪潮，使欧亚非等许多国家重拾主权，建立起了独立的民族国家，以欧洲为中心的世界殖民主义体系宣告解体。与此同时，美国取代英国成为资本主义世界的头号大国，并建立起资本主义阵营，与苏联的共产主义阵营形成对峙，世界开始进入完全由政治意识形态所支配的"冷战"阶段。殖民地、半殖民地的"他者"开始为以苏联为核心的共产主义阵营的新的"他者"所取代，殖民主义话语下的西方与东方、

---

① "后现代"（post-modern）是对这一阶段较为普遍的提法，鲍德里亚、哈维等学者都使用这一提法，他们认为人类经历了"前现代""现代"，如今进入到了"后现代"的阶段。贝尔（Bell. D）则使用了前工业、工业和后工业（post-industrial）时代的提法，以资本主义社会的生产模式的转型作为划分阶段的历史参系。还有一批学者认为所谓的"后现代"只是现代的"晚期"或"高等"阶段，如吉登斯采用了"高度现代性"（high modernity）的提法，晚期现代性的提法则在詹姆逊那儿得到了极其细致的阐述。

② 包亚明：《现代性与空间的生产》，上海教育出版社，2003，第392 页，转引自黄少华《哈维论后现代社会的时空转变》，《自然辩证法研究》2005 年第3 期。

③ 曼纽尔·卡斯特：《网络社会的崛起》，夏铸九等译，社会科学文献出版社，2003，第530 页。

先进与落后、文明与野蛮的二元对立也为资本主义与共产主义、民主与专制的新二元体系所取代。美苏之间的军备竞赛客观上推动了信息通信技术的迅猛发展，为之后的第二次传播技术革命奠定了基础。随着苏联在 20 世纪 90 年代初的解体，冷战宣告结束，世界政治开始呈现多元格局。以福山、亨廷顿为代表的西方知识分子大呼"意识形态的终结"，认为冷战后的世界进入到了西方的自由民主价值和市场经济模式全球普及的阶段，作为人类意识形态发展的终极方向，自由民主将成为人类管理自身和规范社会的最完美方式。意识形态的冲突将让位于文明的冲突，意识形态将不复存在。①

然而，遗憾的是，世界并未像福山等人所预想的那样发展。一方面，以自由民主为根基的西方现代性并未在所有地区和国家获得预期的"救世主"般的崇拜与信赖，相反，这种普世价值在很多后殖民地国家受到了越来越激烈的抵制，甚至还在很多西方国家内部得到了深刻的反思。例如，自"9·11"事件以后，美国国内反对打着自由民主和人权旗号的军事侵略和扩张行动的呼声就日益高涨。另一方面，即使是那些已经被纳入世界资本主义体系的国家和地区，它们所确立的现代性（modernities）体制也具有不同的形态和特征，现代性本身就是历史的和多元的。因此，冷战的结束并不意味着意识形态的终结，相反，随着世界政治、经济格局的逐步调整，它正呈现出日益多元化的趋势，虽然还存在主导性的意识形态，但不同的话语体系开始在全球范围内得以伸张，它们彼此之间的张力与合力影响了人们对于自我、社会和世界的观念与看法。

在新技术条件下，信息脱离物质载体和传播对象，实现全球范围内的瞬间到达的潜力越来越大。空间在传播中的实际价值被化约为"零"，时间却变得越来越重要。一方面，社会生产过程不断加速，人们的工作和生活节奏也逐渐加快，这可能导致"生物与社会之节奏性，以及与之相关的生命周期观念的破灭"②，打破人类生理和心理的自然的韵律感和平衡感；另一方面，"地球村"时代的社会流动日益频繁，越来越多的人开始辗转奔波于不同国

---

① 吴玉荣：《"意识形态终结论"的百年历程及其对立》，《中国特色社会主义研究》2003 年第 2 期。

② 曼纽尔·卡斯特：《网络社会的崛起》，夏铸九等译，社会科学文献出版社，2003，第 543 页。

家、地区或城市之间，无法安居一地。紊乱感、空虚感、不安全感和无根感开始笼罩在现代社会的上空，人类日益感受到终极价值缺失和主体分裂所带来的精神焦虑。为了缓解这种情绪，一些人开始尝试建构暂时性的文化身份认同，或积极地寻求持久性的替代性文化身份认同，以维系精神上的延续性和稳定感。

以美国为主导的消费文化的全球的兴起和扩张使人们逐渐意识到，原来对峙的政治意识形态似乎转换了形式，穿上了消费主义的外衣。市场而非国家支配了意识形态的新一轮的全球扩散。在消费主义的语境下，意识形态已经渗透到了信息和文化符码的日常生产、传播和消费中，通过大众传媒、广告等各种"软力量"来影响人们的观念和价值判断。消费主义开始成为人们建构暂时性文化身份认同的主要来源，大众传媒，尤其是电视和互联网，则成为了消费主义最重要的推动力和载体。消费所带来的自由而多元的选择性极大地削弱了"他者"的存在感，许多人开始沉迷于各种商标和形象所提供的临时性、碎片性和相互冲突的认同空间，从品位、时尚和风格中获得对自我价值的认可。然而，这种"从一种吸引到另一种吸引，从一种诱惑到另一种诱惑，从嗅出一种珍馐到另一种珍馐，从吞下一种诱饵到四处寻找另一种诱饵"[1] 的生活方式无法缓解人们内心对于不确定性的焦虑。因此，许多人转而求助于其他一些更为原初的认同，自然、传统得到了重新的审视。

在现代的技术理性和工具理性支配下，自然被视为人类征服和利用的对象，是人类确立自身的主体性和自我认同的"他者"。操控自然的野心导致了全球范围内自然资源的大量开发、利用和消耗殆尽，以及生态环境的不断恶化。随着全球变暖、水资源枯竭等全球性问题的彰显，具有"多米诺"效应的生态"地球村"开始形成——任何一个地方的自然环境问题都将导致世界其他地方的连锁反应。征服自然的快感很快转变为了"唇亡齿寒"的忧虑和恐惧，以生态主义为主旨的社会组织和运动开始兴起，它们主张"回归自然"，重新审视人的主体性及其在自然中的地位。

---

① 齐格蒙特·鲍曼：《全球化——人类的后果》，郭国良等译，商务印书馆，2004，第81页。

跨国性经济活动，尤其是金融市场的全球性运作，正逐步摆脱单个政府的控制。经济的全球化正使后者日益沦为基于反应性机制运作的政策制定者和协调者，这意味着民族国家的经济管制权限的较大削弱。此外，新的信息传播技术本身具有网络化、去中心化和去疆界化的特征，它为使用者提供海量的信息、迅疾的处理过程和巨大的选择空间的同时，也为跨国性的社会运动、犯罪、国际恐怖主义活动等提供了温床。在应对这类活动的挑战时，受到主权和边界制约的单一民族国家显得越来越力不从心。当前的世界正在连接成一个休戚与共的整体，作为其中最为重要的单元，民族国家的权力受到了较大挑战，它不得不求助于政治、经济、文化等诸多领域的国际性组织，而后者日益增强的国际影响力进一步分散了民族国家的权力。

伴随着消费主义文化的步步为营和民族国家的节节败退，西方国家的公共制度和日常生活与传统不断疏离，其他一些仍然维持传统的社会也正变得非传统化。[①] 而传统是文化身份认同形成的重要来源，"在传统丧失和生活方式的选择盛行的地方，自我就不是自由的。自我认同不得不在一种比以前更主动的基础上被建立起来"[②]。对享乐主义和个体主义的失望，激发了替代性的集体文化身份认同的建构。首先，民族主义情绪再度高涨，创造、保存和强化民族文化身份认同，重建民族文化共同体的言说在许多发展中国家得到了最强的表达。其次，自现代以来一直受到技术理性和世俗精神的压制而日渐衰落的宗教重返历史舞台，以非传统的方式恢复宗教传统教义的运动在中东地区和美国形成较大声势。再次，抵抗资本主义、国家主义和信息主义的单向逻辑，重建地方的文化共同体的倡议，在发达国家和发展中国家的城市郊区、城市化的乡村或大量贫穷的社区里得以伸张。最后，发端于20世纪60年代的反战运动、民权运动、女权运动和环境保护运动的社会浪潮，揭开了多元文化主义和差异政治的序幕。在民族—国家的话语体系下被边缘化了的集体文化身份认同，即那些基于种族、

---

① 〔英〕安东尼·吉登斯：《失控的世界》，周红云译，江西人民出版社，2001，第40～47页。
② 〔英〕安东尼·吉登斯：《失控的世界》，周红云译，江西人民出版社，2001，第40～47页。

性别、民族（狭义的、非国家意义上的）、阶级、年龄以及各种亚文化团体的身份认同，被重新提上日程。

值得注意的是，20世纪90年代以来，随着数字技术的广泛应用，以及在此基础上的全球资本、信息和人员的流动性的进一步增强，一方面，虚拟身份的问题开始占据人们的视野，虚拟空间中变幻不定的主体和自我，以及围绕这样的个体而建构的虚拟社区等开始上升为另一重要的替代性文化身份认同。另一方面，"散居族裔"（diaspora）的文化身份认同和文化混杂（hybridity）的议题，包括差旅客、移民、难民、流亡者、外籍劳工的文化身份认同问题开始浮出水面。

数字时代与全球化语境下的文化身份认同

（一）

自20世纪60、70年代以来，人类目睹了全球化在各个领域的逐步加速。尽管这一进程早在14世纪欧洲发动殖民主义扩张时就开始了，但直到20世纪最后20年，随着数字化的信息传播技术，尤其是网络技术的广泛运用，人类才开始真正步入到一个新的"地球村"时代。数字化意味着任何信息，如文字、声音、图像等，都可以被转换成一系列由0和1组合而成的比特数据。这些数据可以被任意地复制、分割、拼接、重组以及永久性地保存和再次利用。借助数字化的信息传播技术，人们可以摆脱物质形式给传播带来的困扰，实现"无重量"的传播，也可以使传播内容在全球范围内瞬间到达和同步接收。这一新的技术形式正在将世界连接成一个整体，形成全球性的通信系统。凭借这一系统，人类可以在转瞬之内与远在万里之外的人交流与互动，而无须再受到距离的限制。人类的交往范围因此大大拓展，将世界视为一个整体的意识也不断增强。因此，虽然全球化并不是数字技术的必然结果或产物，但正是在人类进入了数字时代以后，这一进程才得以空前地加速。因此，在某种意义上说，数字化的信息传播技术是当代全球化浪潮的强大的动力引擎。正是在这一力量的推动下，人类的社会生活体验被重塑，人们对自我、社会、世界体系和全人类的感知和认识发生了深刻的变化。

以全球通信系统为主导的信息传播技术改变了自然场所和社会环境之间的关系，并且改变了社会生活的"环境地理学"①。换言之，以往人们对于意义的理解主要是基于一定地理空间内的非中介性的交流，相似的社会背景和观念是意义共享的前提。而在新的信息传播技术应用以后，人们可以在没有直接接触的情况下形成"共享的意义空间"，原有的地理边界被打破和超越，个体和集体的经历与发展开始越来越多地受到他人、他地的观念和价值的渗透。意义本身开始从时间、空间和传统中分离出来，这将影响人们对自我和社会的感知和认识，对人们的文化身份认同产生"多极化的影响"，进而形成一种"很少确定性和统一性的"多样性的及复合化的认同。②

首先，文化身份认同将日益具有"去疆界化"的特征。在数字时代和全球化语境下，地域对人们交往的限制越来越小。很多人虽然生活在特定的地方，但他们的交往范围却远远超越了地界甚至国界。一方面，人们正在越来越频繁地与昔日的"远处"进行交流和互动，分享其他国家、民族、种族或族群的观念和价值，如网上的虚拟社区，就是这种新的文化共同体的形式之一。另一方面，大众媒介正在越来越广泛地渗透到人们的生活中，并将外部世界接入人们的私人领域，使人们坐在沙发上"周游世界"，了解他人、他国、他文化的价值观念和生活方式。这种"室内的旅行"将促成"想

---

① "环境地理学"（situational geography）是"以人地系统为对象，研究其发生与发展、组织与结构、调节与控制、改造与利用的科学。它的目的是揭露某一区域人类与地理环境之间矛盾的实质，研究该区域人类与生存环境之间的对立统一关系，解决人类社会发展过程中的无限可能性与环境资源相对有限性的矛盾，掌握其发展规律，调节人类与环境之间的物质和能量交换过程，建立良性循环、改善环境质量、合理开发利用资源，促进人口、社会、环境协调发展，走可持续发展之路"（参见朱颜明、何岩等《环境地理学导论》，科学出版社，2002，第11页）。梅耶维兹（Meyrowi，J）在他1985年的 No Sense of Place 一书中提出新的全球通信系统对环境地理学的影响，认为"自然环境"（physical setting）与"社会处境"（social situation）之间的联系被打破了，地理学上的边界已经被超越而成为了个人和集体经历和发展的远方。

② Hall, S., "The Question of the Cultural Identity," in S. Hall, D. Held and T. McGrew, eds., *Modernity and Its Futures* (Policy Press, 1992)，转引自戴维·赫尔德、安东尼·麦克格鲁《全球化与反全球化》，陈志刚译，社会科学文献出版社，2004，第32页。

象性社群"① 的形成，即在共享的文化场域中形成对媒介建构的"他者"的想象性认同，如"星战"迷，就是一例。

其次，文化身份认同将日益具有混杂性。当前，全球通信系统正在为资本和人员等的跨国性流动提供重要的技术支持。在此前提下，以政界、商界和文化精英为主导，同时也包括移民、外籍劳工、难民等的跨国性的"族群空间"开始形成，他们往往在不同国家、地方和文化中辗转奔波，或者阶段性地停留于一地。他们将自己原初的信仰、传统或价值带到他们所在之处，同时也部分地接纳当地的价值观念和生活方式，之后又将它们带回或带到他处。这样的经历和体验往往会导致一种混杂性的文化身份认同的形成，一种包含了各种不同的甚至是相互冲突的关于自我、社会和世界的观念、态度和行为方式的体系。

再次，文化身份认同将呈现日益多元化的特征。在经济全球化、政治制度国际化和文化普遍化的冲击下，民族国家的权力开始受到严峻的挑战。人们开始日益认识到民族文化身份认同的非本真性，认识到被这一言说所遮蔽的其他文化共同体的存在，包括种族、性别、族群、阶级等等。因此，在这一新的语境下，个体可以同时拥有多重文化身份，或认同于不同维度、不同层面的观念和价值体系。当前，人们正面临日益复杂的外部世界和日益多样化的文化选择，建构一种多元化的文化身份认同，是个体获得自由和平衡感，进而推进开放、宽容的集体文化氛围的重要前提。伴随着不同文化间日益频繁的交流和渗透，以及学界对于文化多元主义教育学的呼吁和推进，人们的文化身份认同的多元化趋势将变得更为明显。

最后，文化身份认同的流动性也将极大地增加。所谓流动性，指的是在数

---

① 安德森（Benedict Anderson）在他的 Imagined Communities: Reflections on the Origin and Spread of Nationalism 一书中提出"想象社群"（imagined community）这一概念，认为社群的存在是想象出来的，共享的空间、文化和语言场域，是维系成员紧密结合的要素。他以"民族"（nation）为例，认为"即使是最小民族的成员，也不会认识其他的成员，碰见他们或甚至听过他们，不过每个成员的心里，却享有彼此交流的印象……最后，民族被想象为一个社群，因为不论每个民族有什么不平等或不同的发展重点，每个成员都被想象成具有深度与广度的同志情怀"（参见吴筱玫《网路传播概论》，智胜文化，2003，第166~168页）。安德森的这一概念启发了很多支持全球化的论者的观点阐述，但也受到了一些学者的批评，包括 Eley 和 Suny 等。详情参见〔美〕曼纽尔·卡斯特《认同的力量》，曹荣湘译，社会科学文献出版社，2006，第29~34页。

字化和全球化时代，人们的文化身份认同所具有的暂时性和不稳定性。当前，人们常常随着外部环境的改变而不断地反思、修正甚至颠覆既有的文化身份，调整自己的认同体系和架构。这一特征的出现与数字化技术的某些特征有关，如虚拟现实技术对主体的分裂等也与全球化的进程，尤其是消费文化的全球扩张密切相关。这一新的意识形态鼓吹所谓的"消费者主权"，鼓励消费者通过选择和购买特定的商品，以及附着于商品之中的符号价值，如品位、风格、生活方式等，将自身建构成所谓的"自主的"主体。沉溺于这一精神游戏的人们，往往丧失了真正独立的、自我组织的主体性，成为被欲望所支配的、希望从碎片化的象征性体系中重获"丰足状态"的游牧式的自我，其文化身份认同是极其脆弱和不稳定的，因此也是流动性的。随着虚拟现实技术的广泛应用和消费文化的加速扩张，这一流动性特征将变得更为明显。

诚然，数字技术极大地推动了全球化进程，进而影响到了人们的文化身份认同的形成。但这不是这一技术的全部。数字技术存在一些特性，同样深刻地影响了当代文化身份认同的建构，但与全球化之间并无直接关联；同样，全球化的内涵也远远超越了技术本身，无论这一技术是何等先进和强大。因此，为了更好地说明这两方面力量对于文化身份认同的影响，下文将辟为两节，对此分别予以阐述。当然，二者间切实存在的密切联系，会使我们在分别呈现它们对身份认同的影响的偏向时，不可避免地有所交叉。

（二）

数字技术指的是运用二进制的数字编码形式，通过电子计算机、光缆、通信卫星等设备，来表达、传输和处理所有信息的技术。目前，这一技术正广泛地应用于社会诸多领域，人类已经迈入了一个数字化的时代。在这一时代中，知识的生产、流通和消费都大大加速，人类交往的范围和程度也极大地拓展。尤其是随着数字化的媒介技术，包括网络技术以及传统媒体和无线移动媒体中的数字技术的广泛应用，一种新的、视觉化的、虚拟的、"超真实"的后现代文化开始形成，人们的日常体验和感受正随之发生结构性的改变，在身份认同方面，这一改变表现为虚拟身份（virtual identity）的产生、新的想象性文化共同体的兴起和消费认同的出现。

　　网络媒体，尤其是互联网，无疑是数字时代的"宠儿"。互联网自产生伊始，就吸引了诸多理论家和文学家的关注。特别是 20 世纪 80 年代以来，随着"赛博朋克"（cyberpunk）① 小说热潮的出现，以互联网为基础的"赛博空间"（cyberspace）以及在这一空间中所建构的"虚拟现实"（virtual reality）对于个体身份认同的影响，开始成为人们关注的焦点。由于赛博空间的虚拟性和匿名性，个体将形成一种新的、不同于其真实生活中的认同模式。人们可以自己设计身份，成为"假想我"，即随意想象、完全捏造的自我，或"理想我"，即根据自己在真实生活中所期待的、不太可能实现的理性型而建构的身份，或"真实我"，即按照生活中的真实自我来设计的身份。人们可以随时更换身份，如转换性别、年龄等，或拥有多重的甚至是平行的身份，如一个人可以同时是女性和男性、白人和黑人等。因此，在网络空间中，主体的身份认同可以"具有多元、复杂、超越普遍认同类别的文化意涵"②，这可能导致两种截然不同的结论：虚拟身份将带来多重人格和自我的多元化倾向，使主体趋于断裂和碎片化，从而引发相应的认同危机；或者，"在统一自我和多重自我之间，最终会想象出一个弹性的自我，鼓吹多'面向'（如分身之间）的对话，而'真实'变成了身份认同'协商'下的结果"③。换言之，虚拟身份可以帮助人们重新审视自我是完整个体的传统观念，进而促成新的多元而整合的身份认同的形成。

　　就前者而言，虚拟身份可能导致自我与他者界限的模糊，造成主体内在

---

① "赛博"一词来自控制论，原意是"舵手"。它是由数学教授诺伯特·威于 1947 年创造，"赛博"是一个可以自我调控的控制系统，也指涉人与机器间交流的科学。科幻作家吉布森（W. Gibson）在他的 1982 年的短篇小说《燃烧的铬》一书中最先使用了"赛博空间"一词，指的是一种由电脑生成的虚拟现实。如今，它是一个常用语，指电脑生成的各种各样的空间，如形形色色的信息服务与传播系统、虚拟现实系统等。"赛博朋克"最初是评论家用以描述吉布森的影响力巨大的科幻小说《神经控制者》的一个术语。原指一群叛逆与反文化的人，在科幻小说的描述中，他们是科技社会里的边缘人物，醉心于高科技，却不屑用传统的方式使用高科技。李尔利（T. Leary）在审视朋克的概念的发展与沿革之后，给了"赛博朋克"一个正面的定义，认为他们是新思维的启动者，也是网络时代的掌舵者。

② 陈明珠：《媒体再现与认同政治》，http：//ccs. nccu. edu. tw/oldccs/con2002/conworks/1A-2. doc。

③ Turkle, S., *Life on the Screen*：*Identity in the Age of Internet*，Simon & Schuster，1995，转引自吴筱玫《网路传播概论》，智胜文化，2003，第 217 页。

平衡感和稳定感的丧失。由于网络空间允许人们将身份随时与任何符号相勾连，同一个体可以使用不同符号来标示其身份，不同个体也可能使用相同的标示符号。这就意味着，个体可能越来越无法区分自我与他者之间的界限。加之网络中的任何个体都能随时随地更换甚至藏匿其标示符号，因此，这种身份的跳跃变换将损害主体先前的相对稳定和确定的自我感，从而导致自我的分裂和迷失，引发个体的身份认同危机。就后者而言，网络空间赋予了人们发挥创造性和实现自我解放的可能。自我身份的设计和变换意味着能动性的张扬，它使个体脱离了日常生活情境中结构、制度和规范对自我观念和行动的限制，在将主体分解为不同维度、不同层面的自我的过程中，人们真实的自我认同得以表达，原有的完整个体的"幻象"被打破之时，就是新的多元而丰富的自我身份认同形成之日。从这一意义上说，虚拟身份带来了自反性的个体潜能的解放。这两种立场看似截然相反，实际上有着共同的价值预设，即认为在网络空间出现以前，物质世界中存在一种稳定的、完整的个体文化身份认同体系。只是"危机说"主张坚守这一体系，"解放说"则追求对这一体系的超越。诚然，赛博空间和虚拟身份的出现给人们带来了诸多全新的体验，深刻地影响了个体文化身份认同的形成和再现机制，但不要忘记，那些畅游电脑网络空间的主体仍是社会的人，是拥有线下（offline）生活及相应的各种社会关系和交往活动的主体。赛博空间对个体的身份认同的影响最终要取决于主体本身。换言之，主体应该被视为不同身份认同相互斗争和协商的话语场域，身份的最终形式取决于主体在社会生活与虚拟世界的话语场域中所占据的位置。

在"赛博空间"这一语境下，虚拟社群与新兴的集体文化身份认同是另一重要议题。随着互联网的普及，越来越多的人开始了他们在网络上的"诗意地栖居"，互联网开始日益成为人们参与公众生活的全球化的空间。在这一空间中，人们出于不同的目的而经常性地聚集在一起，开展讨论、交流与互动。于是，各种形态不一的虚拟社群开始出现，包括新闻群组、聊天室、电子布告栏和多人线上互动游戏等。其中多数属于"采集性"社群（foraging communities），即人们为了获得资源或立即的报酬而临时性地聚集起来，成员之间关系松散，对社群的认同性很低。许多新闻群组和电子布告栏都属于这一类型的社群。① 另一类社群，即"认同性"社群，则更为接近线下的传统社群的特征。② 成员之间有着某种默契或"共通性"，如共同的个性、兴趣和社会利益等，形成了一些共同遵守的行为方式和规范，彼此之间的交流和互动较为频繁，甚至开展线下的交往等，聊天室和多人线上互动游戏很多就属于这一类型，它们正日益成为新的集体文化共同体。

和传统社群一样，虚拟社群的集体认同的维系仍然有赖于在交往中形成共同的符码和意义体系，只是成员的真实身份被化约为线上的虚拟的自我，③ 这将在三方面影响虚拟社群的集体文化身份认同：首先，由于真实身份被隐匿，网络成为了一个"性别盲""阶级盲""种族盲"的空间，差异的掩盖反而更有利于建构共同的意义体系，形成相应的文化认同。因此，虚拟社群的范围常常空前广泛，可以超越地理和文化的界限。其次，虚拟身份具有很强的暂时性和流动性，这使得基于这种身份而建构的集体认同往往较为短暂和不确定。最后，身份的隐匿性为人们提供了相对的安全感。因此，一些在现实社会生活中难以得到认可的群体开始转而在网上寻求志同道合者，包括同性恋人群、种族主义者、男性至上主义者等，网络正越来越多地成为社会中的"弱势群体"的认同管道。显然，虚拟社群带来了一种新的集体文化体验，使人们得以超越传统和地域所设置的界限，建构起新的人际关系，重新理解人们所在的外部世界。与此同时，虚拟社群也有着它自身难以逾越的障碍，它仍然在总体的文化脉络下运行，很多时候，它甚至就是这种文化脉络在线上的延伸。它无法完全满足人们在交往和互动中的多重需求，因此也无法取代传统社群和现实的人际交往活动。

如果将虚拟社群的内涵稍做延伸，视之为一种"想象性的社群"，即基于

---

① Komito, L., "The Net as a Foraging Society: Flexible Communities," in *The Information Society* 14 (1998): 97 - 106, 转引自吴筱玫《网路传播概论》，智胜文化，2003，第 169 页。

② Fernback, J., "The Individual within the Collective: Virtual Ideology and the Realization of Collective Principles," in Jones, G. S., ed, *Virtual Culture: Identity and Communication in Cybersociety* (Sage, 1997), pp. 36 - 54, 转引自吴筱玫《网路传播概论》，智胜文化，2003，第 167 页。

③ Cohen, A., *The Symbolic Construction of Community* (Routledge, 1989), 转引自吴筱玫《网路传播概论》，智胜文化，2003，第 168 页。

共同的空间、文化和语言场域内的中介性交往而形成的社群，那么，我们可以将所有由数字化媒介凝聚而成的文化共同体称为"虚拟社群"。它应该具有以下几方面的特征：共同性；有一定的可见或不可见的"边界"；自主性；想象空间。① 在数字时代中，大众媒介的仪式化表征形塑了这一想象的空间。通过对各种媒介事件的设计和再现，数字化媒介正在将人们吸引到全球同步的"现场直播"中，使身在八方的人们获得对同一事件的"在场感"和"参与感"。这犹如一场盛大的宗教仪式，媒介扮演了威严的牧师的角色，广告和娱乐性内容是牧师手中的"福音书"，公众则成为了狂热的宗教信徒。对媒介所传送的五光十色的象征性符码顶礼膜拜的结果，是全球性的文化共同体的形成，这一共同体可以被命名为"媒介文化迷"，品位和风格是他们的分界线，选择消费对象是他们自主权的表现，消费主义则是他们的文化身份认同。

正如前文所提到的，数字技术的特征之一就是信息的可复制性、可拼接性和可重组性。以这一技术范式为基础的媒介文化，一方面呈现出拼贴化的趋势，即日益由各种图像、信息和符号无规则地拼接在一起的，最为浅表的感官体验就是它的全部意义；一方面又呈现出同质化的趋势，即最能激发人们的好奇心和兴趣、吸引人们"眼球"的拼接方式得到了反复使用。与上述趋势相伴随的，是文化视觉化进程的加速。图像是最能吸引人们注意力的表现形式。从文艺复兴时期的透视地图和绘画开始，人类就已经步入了图像文化的历史旅程。只是到了数字时代以后，图像的制造速率加快，数量开始激增，这"造成了一种后现代的心理屏幕，在这种屏幕上，图像如此迅速地一闪而过，以至于失去了任何表意的功能，仅仅是指向其他无穷的图像而已"②。如果这一心理屏幕只是打破了符号的能指和所指之间的关联的话，那么随着"虚拟现实技术"的出现和应用，符号的能指、所指与指称之间的联系也荡然无存了。通过提供一个虚拟的三维世界，虚拟现实能"在同一时刻给人以视觉、听觉、触觉、甚至嗅觉和味觉的综合刺激"，"不仅可模仿现实到乱真的程度，而且还可以随心所欲地营造出现实世界不可能出现的情景，神话、童话、科学幻想

---

① 吴筱玫：《网路传播概论》，智胜文化，2003，第167页。
② 〔美〕道格拉斯·凯尔纳：《媒体文化：介于现代与后现代之间的文化研究、认同性与政治》，丁宁译，商务印书馆，2004，第402页。

在这个世界中可以被轻而易举地化作'现实'"①。在新技术所营造的"超真实"的世界里，现实与虚拟之间的界限完全模糊了。

人们正日益生活在一个以数字化、拼贴化、同质化、视觉化为特征的媒介文化中。这是一个以技术和自我指涉符号（取消了能指、所指和指称之间的关联）取代自然世界和它所有指涉物的"仿真王国"，无处不在的新技术和媒介以及它们所负载的五光十色的广告和娱乐性内容，将人们一一召唤到"消费者"的主体立场上，并使他们接受将零散的外观、风格和外在功能作为社会身份象征的消费哲学。② 客体因此支配了主体，主体在这一过程中被分化并且失落了，自我也变成了附着在消费对象和行为的符号价值之上的，随着后者的改变而不断变换的碎片。"消费主义"本身成为了"消费者"这一文化共同体的共有的身份认同。这一文化认同的出现和确立，势必进一步加剧当代社会的主体性危机，引发更为普遍的现代性焦虑。

（三）

作为一个概念，"全球化既指世界的压缩，又指认为世界是一个整体的意识的增强"。③ 作为一种现实，全球化是一个长期的、不平衡的和极其复杂的过程。在这一过程中，单一化与多样化、一体化与分裂化、集中化与分散化、国际化与本土化的趋势共存。④ 文化日益上升为全球化进程中的主导性的维度，并将个体、地方社区、自然、宗教、民族国家、消费资本主义体系等议题吸纳其中。在文化全球化的时代，"各种文明的、社会的和共同体叙事之间的碰撞"⑤ 日益加剧，"全球"与"地方"、"传统"与"现代"、"同质"与"异质"成为了莫衷一是的公众议题。有趣的是，当学者们还在这种二元框架

---

① 吴伯凡：《孤独的狂欢——数字时代的交往》，中国人民大学出版社，1997，第252页。

② 斯蒂文·贝斯特、道格拉斯·凯尔纳：《后现代转向》，陈刚等译，南京大学出版社，2002，第127页。

③ 〔美〕罗兰·罗伯森：《全球化：社会理论和全球文化》，梁光严译，上海人民出版社，2000，第11页。

④ 〔德〕赖纳·特茨拉夫：《全球化压力下的世界文化》，吴志诚等译，江西人民出版社，2001，第96~99页。

⑤ 〔美〕罗兰·罗伯森：《全球化：社会理论和全球文化》，梁光严译，上海人民出版社，2000，第202页。

内苦苦思索文化认同和意义体系的变迁时，许多行动主义者却早已用声势不一的社会运动或组织表达了他们对于那些议题的看法。

至少从表面上看，20 世纪70、80 年代以来兴起的社会运动和组织都有共同的精神归旨，即抵抗现代性的灾难性后果，抵制全球化进程，恢复自然和传统，重建不同层面上的文化共同体。以自然为宗旨的运动和组织保持环保主义理念，同时又将其他各种话语体系融会其中，如女权主义、反种族主义等。而以传统为宗旨的运动和组织则秉持不同的价值和观念体系，包括民族主义、原教旨主义、地方主义等，呼吁恢复民族文化传统、宗教传统、地方文化传统等。这些形形色色、不同规模的社会运动和组织既是对文化全球化的制度性反映，同时也是文化全球化的一部分，它们在使自身的共同体观念得以表达的同时，也影响了其他人对自然、民族、宗教等的认知。因此，如果将全球化视为一组时空关系的话，那么，这些以"回归"为宗旨的运动和组织更多的是沿着时间的轴线展开的，虽然它们的影响是空间性拓展的。

民族国家的式微和文化民族主义的兴起是同一过程的两面，也是高度全球化最为直接的后果之一。伴随着经济和政治全球化的进程，各种跨国组织和国际团体不断涌现，很多本土社区也开始兴起。民族国家的政治、经济、文化架构正日益受到全球与地方的双重夹击。民族国家作为国际交往的基本单元的地位依然存在，但它在疆界内外的控制力已经开始明显削弱。正是在这样的语境下，文化民族主义开始出现。"文化民族主义的目的是在人们感到其文化认同不足或受到威胁的时候，通过创造、保存和强化这种文化身份认同，来重建其民族共同体"。① 而这一目的的合法性依据来自于对消费资本主义全球扩张所导致的文化同质化趋势的忧虑。在文化民族主义者的眼中，从 20 世纪 60 年代以来，随着西方社会从工业资本主义向消费资本主义的转变，以及消费主义在全球的迅速扩张，世界开始步入以美国的传媒和文化产业为主导的"文化帝国主义"时代。前者不断地向发展中国家输出产品及价值观，造成全世界生活方式和消费模式的标准化，蚕食民族文化的生存空间，导致原有的民族文化

---

① Yoshino, Kosaku, *Cultural Nationalism in Contemporary Japan*（Routledge, 1992），转引自〔美〕曼纽尔·卡斯特《认同的力量》，曹荣湘译，社会科学文献出版社，2006，第33 页。

共同体的削弱甚至瓦解。因此，重建民族共同体，恢复陷入危机的民族文化身份认同，具有重要的现实意义和紧迫性。

20 世纪 80 年代以来，"民族"这一概念受到了一些支持全球化的学者的攻击，被界定为"想象性的共同体"，定义为精英分子使其利益合理化的依据。民族国家作为基本的文化单位的合法性受到了质疑。在支持者看来，与其说全球化导致了本土文化的同质化，不如说它带来了"全球本土化"（glocalize）①，即基于对本土文化独特性的吸收而形成的全球文化混杂的过程。换言之，本土文化在被纳入全球消费文化体系的同时也影响着后一体系的形态和结构。然而，这些观点并没能熄灭文化民族主义者的热情。相反，它们甚至成为了后者进入更高境界，建构超越国家界限的"民族文化共同体"的推动力。欧盟所倡导的"共同欧洲文化"的努力，就从上述话语框架中获得了重要的理论依据。因此，全球化进程导致了民族国家的衰微，但它并没有造成民族主义的没落。建构欧共体的文化认同在当前所遭遇的重重阻力就是明证。正如史密斯所说，"民族的形成和种族性的民族主义看起来更像是'宗教替代品'的制度化，而不是政治意识形态，也因此比我们敢于承认的还要持久而有力"。② 因此，在全球化的语境下，国家层面上的民族文化身份认同面临危机，但民族主义正在高涨并成为同一民族在全球范围内组成跨国民族社会的原动力。

原教旨主义是另一旨在跨越民族国家界限的全球化的社会运动。"原教旨主义"（fundamentalism）一词产生于 20 世纪初，指的是美国某些新教徒尤其是拒绝达尔文的教徒的信仰，直到 20 世纪 70 年代末，这一术语还只在美国使用。1978～1979 年的伊朗革命发生以后，这一术语才开始被全球各地的人们

---

① 来自日语"土着化"一词，大意是指"全球性的地方化"，最初由日本学者提出，是伴随着日本在全球经济中取得的较大成功，尤其是在市场营销方面的成功而出现的术语。根据《牛顿新词语辞典》，它已经成为了 20 世纪 90 年代以来的"一个主要的市场营销语汇"。将"全球本土化"作为反对文化帝国主义的依据至少是有问题的，寻根究底，前者不过是消费资本主义的一种"微型营销策略"，本身就是文化帝国主义的一部分。

② Smith, Anthony D., "The Origins of Nations," *Ethnic and Racial Studies* 3 (1989): 340 – 367, 转引自〔美〕曼纽尔·卡斯特《认同的力量》，曹荣湘译，社会科学文献出版社，2006，第 33 页。

和运动所采纳。原教旨主义者"提倡回到基本的圣经和经文本身，认为应该逐字逐句地阅读经文"，认为"被应用于社会、经济和政治生活的教义应该来源于这种阅读"①，从本质上说，原教旨主义是"一种集体认同的建构"，是"按照一个介于神与人之间的特定权威所诠释的律法所确定的准则，对个体行为和社会制度所作的认同"②。目前，宗教激进主义和美国的基督教原教旨主义运动的影响最大。值得注意的是，一方面，原教旨主义的产生有其特定历史和社会情境的源头，如宗教激进主义是对全球化的恶果和伊斯兰社会的后殖民时代的民族主义事业失败的反映，基督教原教旨主义则是对全球化的威胁，尤其是20世纪60年代以来性别政治所导致的父权制的衰落的反映。在形式上它也不仅限于宗教，但所有的原教旨主义运动都表达了建立超越民族国家的新的信仰体系的主张，且都形成了无异议和无分歧的文化共同体。另一方面，在几乎所有的原教旨主义运动中，新媒介都得到了广泛的使用。这从侧面印证了前文所说的"网络正成为边缘群体表达文化身份认同的管道"的观点，同时也表明，原教旨主义正在以一种非传统的方式恢复传统。③ 无论人们如何评价这一方式，有一点毫无疑义，作为一种文化身份认同，原教旨主义表达了当代人对现有的社会结构、制度、生活方式、伦理道德体系的不满和忧虑。

在时间轴上，"回归"是全球化语境下的文化身份认同的核心特征。在空间轴上，"流动"是理解这一时代的文化身份认同的关键词。随着覆盖全球的交通、传播和通信网络将不同空间的地方或社区连接起来，人口的全球流动正在加速，一个由差旅客、移民、难民、流亡者、外籍劳工等流动人口组成的"跨国社会空间"正在形成。这一空间又可以分为三类：第一类是"功能性的跨国社会空间"，如由跨国集团所掌控的跨国商业社会；第二类是"生活风格的跨国社会空间"，亦即具有相同风格、嗜好的人，在全球范围彼此联系而形成的跨国社会空间，网络的普及加速了此类社会空间的发展；第三类则是"跨国民族社会空间"，即一种"不在场的爱国主义"或"来自远

---

① 〔英〕安东尼·吉登斯：《失控的世界》，周红云译，江西人民出版社，2001，第40~47页。
② 〔美〕曼纽尔·卡斯特：《认同的力量》，曹荣湘译，社会科学文献出版社，2006，第12页。
③ 〔英〕安东尼·吉登斯：《失控的世界》，周红云译，江西人民出版社，2001，第40~47页。

方的民族主义"。①

商业精英、政治精英和文化精英组成了"功能性的跨国社会空间",并建构起了一种国际文化认同。这一认同表现在一系列象征性的空间布局和生活方式中,包括与外界隔绝的高级社区、同样隔绝且布局一致地分布在各个国家和地方的五星级宾馆,以及这些精英们的着装、饮食、使用的电子设备等等。这一群体通过一种同一的、超越了地域限制的标准化象征体系来区隔"他者",表征其国际精英的文化身份认同。

"观光客"构成了生活风格的跨国社会空间的主体,他们包括了两类"观光"活动:一是实地观光;一是通过大众媒介,尤其是电视和网络以及消费文化的象征性符号和场所进行的"虚拟观光"。而后者正是构成想象性的生活方式共同体的主要来源。只需要坐在小小的屏幕前,人们可以观赏凤凰古城的静谧,领略威尼斯的优美,感受夏威夷的热烈,如果累了,也许"星巴克"就在楼下,临街拐角就是墨西哥风情餐厅,打开餐厅里免费使用的电脑,你能通过 MSN 马上连线首尔或巴黎,跟网友们聊聊 2007 年夏季国际时装发布会上的新潮流。这一跨国社会空间与前文提到的广义上的"虚拟社区"有着很多交叉,它在建立起新的社会相关性的同时,也影响了某些传统的地方性的共同生活和共同工作的脉络。想象性的生活风格是"观光客"们建构文化共同体并与"他者"区分的唯一依据。媒介技术的近用性,导致媒介成为了很多亚文化群体身份建构的主要机制,包括青少年、同性恋人群等。如国内最近几年被炒得火热的"韩流",就是这一文化身份认同机制的突出表现。

移民、难民、流亡者和外籍劳工构成了最后一个层面的跨国社会空间。这些族群的范围不易界定,其认同更是充满了复杂性,"从哪里来"和"身处何处"是这些族群在文化认同上的两难抉择。怀乡情结和"自我边缘化"的思考模式常常左右这一族群,他们往往徘徊于旧身份与新认同之间,陷入抉择的两难之境。随着数字化时代的来临,媒介文化产品的跨国交流和传播在一定程

---

① 孙治本:《全球地方化、民族认同与文明冲突》,《思与言》2000 年第 38 卷第 1 期。

度上将"远处的风貌"拉近，① 为散居族裔的"寻根"或"扎根"提供了多元文化的想象空间。诸如互联网一类的技术，已经使空间逐渐失去了它的认同指针性，极大地促成了跨国民族社会的形成。现在，人们可以在世界大多数地方不费吹灰之力地接触到母语和故土的文化，或与远在千里之外的亲人和朋友随时交流和互动，这在一定程度上缓和了怀乡情结和自我分裂所带来的冲突感，并加速了人们对新环境的适应。例如，遍布全球的华语媒介的传播能帮助华人、华侨和海外的务工人员及时了解国内的相关动态，从而使其获得一种作为社会成员之一的"在场感"。更重要的是，这种透过媒体的亲密接触可以维系人们与故国或故土的精神交往，强化他们对后者的归属感和认同感，培养跨越空间的爱国主义。对于移民、流亡者和外籍劳工而言，混杂性的文化身份认同是较为可能和便宜的选择，而对于难民而言，最大的困难在于根本没有选择，他们往往受到故土和新环境的双重排挤，认同危机在这一群体身上反映得最为明显。

结　语

文化身份认同是个非常复杂的概念，它总是与特定的历史和社会语境有关。这带来了一个悖论：一方面，作者必须勾勒文化身份认同的整体性内涵、来源和发展演进的脉络；另一方面，抽象地谈论这一概念本身就是一种化约主义，是抽离了历史和社会特殊性的普遍主义的话语。为了在一定程度上调和这一矛盾，作者特意将"整体"意义上的文化身份认同的演变轨迹与不同历史发展阶段的时空格局联系起来，在人类社会和世界体系的延续和嬗变中考察个体和集体文化身份认同的建构，尤其是数字时代和全球化语境下的认同的建构。在这一努力中，所谓的"西方中心论"的视角无可避免，因为自现代以来，世界一直处在"坚不可摧"的二元格局中，从宗主国与殖民地、半殖民地的分割，到资本主义与共产主义的对立，再到"东西""南北"的分化，无论后殖民主义者和后结构主义者怎样竭力解构和打破这一话语体系，对于一直

---

① 孙治本：《全球地方化、民族认同与文明冲突》，《思与言》2000 年第 38 卷第 1 期。

被"他者化"的人群而言，无法弥合的历史创伤和难以逾越的现实冲突正在销蚀他们冲破二元格局的希望。当然，数字化和全球化传播进程的加速似乎正在改变这一现实，大众媒介，尤其是电视和互联网，正在拉近人与人之间的距离，改变人们对于"远处"和"他人"的感观和印象。不过，这一新的替代性来源对于人们的个体和集体文化身份认同的影响，还需要我们展开进一步的观察和阐释。

从前现代到现代，人类经历了主体性的萌发和确立过程。从最初人与自然的混沌一体到二者的逐步分离，人类不断地将自然他者化，提升人在自然和宇宙中的绝对的支配地位，确立自身的主体性。这是一个人类逐渐认识并不断发掘自我潜能的阶段，也是个体的文化身份认同得以确立的阶段。在发展和进步的现代性话语的驱动下，原初的集体文化身份认同被逐渐打破，以阶级和民族国家为单元的文化共同体开始取代以血缘、宗教信仰、宗法观念为基础的文化共同体。然而，日益膨胀的主体意识带来了未曾预期的灾难性后果，自然展开了对人类野心的无情报复，人与人之间的关系也开始异化。人类不得不展开对主体性的反思和内省。当个体文化身份认同变得支离破碎，"民族国家"和"阶级"等宏大叙事被一一解构时，人类只能重新审视自然和传统，力图恢复各种原初性的文化身份认同，从那些替代性的文化共同体中获得对自身存在价值的确认。然而，在去疆界化、去中心化的后现代，即使"传统"本身也充满了不确定性。所有力图恢复传统的努力都是以非传统的方式进行的，许多抵制和反对全球化的行动本身都被纳入了全球化的进程之中，成为其密不可分的一部分。这样的悖论也存在于当前颇受关注的散居族裔的认同问题中：他们是全球化加速的产物，但全球化本身也给他们带来了解决认同危机的希望。

在人类的文化身份认同发展演进的历程中，媒介扮演了极其重要的角色。例如，语言和文字促进了知识的保存和传播，推动了社会的"去魅化"进程以及人类的自我意识和主体性的确立。报纸和广播的出现促成了公共领域与私人领域的分离，推进了自我与社会角色的分裂以及"真正的自我"意识的确立。电视第一次生动、真实地打开了人们通向外部世界的"窗户"，拉近了自我与"他者"的距离，二者间的间接对话挑战了人们对自我、社会和世界的传统看法和观念。进入数字时代以后，互联网的普及进一步加速了时空的压缩，它在促成"去疆界化"的替代性文化共同体的建构的同时，也导致了更具多元性和流动性的虚拟身份的出现。当然，如前所述，文化身份认同是一个非常复杂的概念，必须结合特定的历史和社会语境，才能准确地考察媒介在认同建构中的作用。

媒介仪式，空间与文化认同：
符号权力的批判性观照与诠释

30 多年前，美国传播学者詹姆斯·W. 凯瑞提出，在以美国主流传播学为代表、强调信息空间性扩散的研究范式之外，还存在一种仪式性的传播模式，它与分享、参与、联合、交往等概念密切相关，强调传播在共同信念的表征和社会的维系方面所扮演的重要角色。① 以此为起点，媒介仪式这一议题开始进入传播学者的视野。

这一新的研究取向在很大程度上受到了法国社会理论家爱米尔·涂尔干的影响，尤其是他的宗教仪式和社会秩序理论的影响。涂尔干认为，仪式的功能在于提供共同体验的瞬间，激发、增强或重塑个体成员的集体意识和认同，促成其在信仰、情感和意愿上的高度一致（涂氏将这一状态命名为"机械的团结"［mechanical solidarity］），从而将个体整合到社会全体之中，维持并强化既有的社会秩序。② 类似的观念回响在诸多涉及媒介仪式的论述中。例如，戴扬（Danial Dayan）和卡茨（Elihu Katz）在评价媒介事件的效果时就曾提出，媒介庆典（一种显在的媒介仪式）能促进社会的"机械的团结"。③ 客观地说，戴扬等人的新涂尔干式（neo-Durkheimian）的仪式观，恰当地揭示了媒介与社会个体之间的复杂关联，但他们对于媒介仪式潜在的权力运作过程缺乏洞

---

* 熊慧，武汉大学新闻与传播学院博士研究生，厦门大学新闻传播学讲师。

① Carey, W. J., "A Cultural Approach to Communication," in McQuail, D., eds., *McQuail's Reader in Mass Communication Theory* (London, Thousand Oaks and New Delhi: Sage, 2002), p.39.

② 〔法〕爱米尔·涂尔干：《宗教生活的基本形式》，渠东、汲喆译，上海人民出版社，2006。

③ 〔美〕丹尼尔·戴扬、伊莱休·卡茨：《媒介事件：历史的现场直播》，麻争旗译，北京广播学院出版社，2000。

察力，对于仪式象征机制与社会位阶、社会冲突之间的错杂纠葛更是浑然不觉。针对上述理论盲点，英国传播学者柯尔迪（Nick Couldry）提出发展一种媒介仪式的批判模式，从对媒介的仪式性内容的考察转向对形式的分析，从对功能的中立性描述转向对具体运作机制的批判性审视。这正是本文写作灵感的源头所在。循着由柯尔迪倡导并亲身付诸实践的"后涂尔干式"（post-Durkheimian）[1] 的研究路径，本文将聚焦媒介仪式中的权力问题，在社会结构与仪式的关联性视野中考量媒介符号权力运作的具体过程和机制。在展开对上述问题的探讨之前，让我们重返"仪式"这一术语，简要勾勒本文的核心概念和框架。

关于"仪式"

从语义学来说，仪式是"一系列正式的、具有可重复模式、表达共同价值、意义和信念的活动"[2]。起初被人们用于与神圣的、超自然的或巫术世界之间的"联系"与"对话"。随着巫术和宗教势力的逐渐衰微，仪式开始下降并嵌入生活世界之中，与世俗的活动联系在一起。因此，现代意义上的仪式不仅包括那些具有超验（transcendent）价值的活动，如基督教中的浸礼、圣餐礼等，还包括形式化（formalised）的活动，如特定文化中餐桌的规范摆设，以及习惯性活动，如固定的、与意义无涉的生活日程安排等。[3]

在所有涉及仪式问题的社会学、人类学研究中，涂尔干关于原始宗教仪式的研究仍是最具启发意义的。诚如上文所言，涂尔干在权力这一关键问题上习焉不察，但他有关仪式与更广泛的社会价值之关联的论述，的确为之后数十年社会学和人类学的相关研究提供了最具启发意义的理论范本。这尤其体现在他对"神圣"（the sacred）与"世俗"（the profane）这一社会类属的考量中。涂尔干认为，"神圣"与"世俗"的分殊是社会生活赖以组织的重要基础。通

---

[1] Couldry, N., *Media Rituals: A Critical Approach* (London and New York: Routledge, 2003).

[2] Edgar, A. & P. Sedgwick, eds., *Cultural Theory: The Key Concepts* (London and New York: Routledge, 2003).

[3] Couldry, N., *Media Rituals: A Critical Approach* (London and New York: Routledge, 2003).

过对空间和时间的区隔——即神圣场所与日常场合的区分，宗教节日与和日常时间的区别——宗教仪式象征性地再现并强调了"神圣"与"世俗"之间的鸿沟，强化了现存的社会秩序和认同。特纳（Victoz Turner）、麦克阿龙（John MacAloon）、伍斯洛（Robert Wuthnow）等一批颇负盛名的人类学家和社会学家均受到了这一观念的影响。如特纳所提出的宗教仪式中"结构"（structure）与"交融"（communitas）的区分，在一定程度上就是"世俗"与"神圣"这一社会类属的变体。值得注意的是，特纳还进一步将宗教仪式分为"结构—反结构—结构"三个阶段，认为交融现象发生在前两个阶段之间，也就是从日常生活向仪式世界过渡的阈限（liminality）阶段，它伴随着时空概念的转换和颠覆性、逆反性仪式行为的出现。因此，在沿袭涂尔干关于社会类属和时空转换的基本观念的同时，特纳将权力的表演与冲突引入了仪式分析中，从而将宗教仪式与更广泛的社会权力关系联系起来。

在柯尔迪对于"媒介仪式"的界定中，我们能很清晰地观察到上述观念对于媒介研究者的启发和影响。对于柯尔迪而言，媒介仪式是"围绕与媒介相关的核心类属和界限（boundry）展开的一种形式化的活动，这种活动的进行直接或间接表明了它和那些与媒介有关的宽泛价值之间的联系"[1]。所谓的"核心类属和界限"，主要表现为"在媒介内/地位较高"与"在媒介外/地位较低"的区分和对立，"认为社会中存在某种中心"和"认为媒介位于社会的中心"的神话则是"宽泛价值"所指涉的内容。柯尔迪认为，媒介借助其形式化的运作手法，将上述对立的类属内化以复制媒介中心的神话，而媒介仪式是这一神话得以自然化和合法化的首要机制。本文将基本沿着柯尔迪的这一"后涂尔干式"的理论框架和立场展开，不同的是，笔者将进一步拓展媒介仪式在当代语境下的内涵。一般来说，媒介仪式包括三种主要的类型，分别是媒介所报道的仪式性内容，媒介报道该内容时的仪式化方式，以及媒介本身成为了一种仪式或集体庆典。[2] 本文将聚焦并重新诠释最后一种类型的媒介仪式，视媒介为一种拥有稀缺符号资源和权力的社会机构，在深入考察特定的社会类

---

[1] Couldry, N., *Media Rituals*: *A Critical Approach* (London and New York: Routledge, 2003).

[2] Couldry, N., *Media Rituals*: *A Critical Approach* (London and New York: Routledge, 2003).

属和位阶的内化以及时空的仪式性转换（尤其是空间区隔）过程的同时，审视和透析媒介的当代形态与更广泛的社会结构之间的互动关系，以及这一关系对于社会成员的文化认同的影响。这将同时意味着与"涂尔干式"或"后涂尔干式"仪式观的连续与断裂。

媒介化社会与仪式

当代社会是一个媒介化（mediated）的社会，这已是个不争的事实。从李普曼的"拟态环境"到鲍德里亚的"影像帝国"，诸多社会理论家以不同的基调直接或间接地传达了他们对于这一论断的体认。对于其中多数人而言，致力于这一议题的困难不在于判断而在于评价，即如何审慎地评估媒介向社会结构渗透的现实范围与程度。本文立意从更为经验性的层面对上述议题作出回答。

媒介无处不在，这是当代人的普遍感受。从客厅的电视到办公室的互联网，从明星海报到车载广播，从街头电子屏到手机、MP3，媒介正以摧枯拉朽之势冲破一切时空界限与壁垒，迅速渗透到社会的所有领域，无论是公共的抑或私人的，政治、经济的抑或文化的。媒介成为了人们了解、认识和感受外部世界的最重要的中介。它将远处的物、人、组织、事件和风貌拉近，将过去复原并再现，将故事捧呈为现实。对于拥有较低媒介素养的人群来说，媒介是人类知识博物馆中一台神奇的"时空穿梭机"，它能将历史永恒地定格在当下，将远方凝缩在此处。但这显然不是真相的全部。在当代社会，媒介不仅是帮助人们了解外界人、事、物的重要中介，更是连接人们与其他社会机构的主要通道。它不仅要迎合社会成员的普遍期待，也要满足其他社会机构的特定需求。① 更重要的是，媒介本身就是一种社会机构，它和国家、教堂一样，掌握着某些稀缺的社会资源，并受到特定的组织原则、运作规范以及法律、惯例的操控和规制，拥有其自身的利益和权力边界。它在维护宰制性社会力量的特定利益的同时，也需树立其自身的权威并努力使之自然化和合法化，这是同一过程的两面，也是媒介的"符号权力"这一术语的内涵所在。

---

① McQuail, D., *Mass Communication Theory* (London, Thousand Oaks and New Delhi：Sage, 2000).

所谓符号权力，即"借助象征性内容的生产和传送，干预事件进程、影响他人行为甚至制造事件的能力"[1]。对于媒介而言，这一权力可以外化为两种形态：一方面，通过各种符号、信息和形象的制作和传播，媒介广泛地宣扬主流价值与意识形态，强化既有的社会规范、结构与秩序；另一方面，通过一定时期内相对稳定的运作模式与规范的保持，以及物质与象征性资源的积累，媒介不断地巩固其内在的权力边界，推进权力运作的日常化和制度化，影响人们对于媒介本身的体验和认知。较之前一方面，媒介扩张自身权力的过程显得更为隐蔽。然而，恰恰是这一潜在的过程，同时构成了媒介仪式化进程的动因和结果。

仪式是符号权力集中运作并发挥效应的最佳场域。在人类社会漫长的历史过程中，仪式从来都与权威以及特定的权力关系密切相关。例如，原始宗教仪式一般由代表至高地位的酋长或派内长老主持，在现代宗教中，这一角色则由法师、阿訇、拉比、牧师或神甫扮演。而这本身就是对特定群体——如氏族、部落、教会等——在日常生活中的现实权力结构和关系的复现。通过宗教仪式的戏剧化、象征性的演出，"神圣/较高地位"与"世俗/较低地位"之间的鸿沟再次得以强调。在社会的其他领域，如政治领域，具有强大象征潜能的仪式也是不可或缺的。美国社会学家柯茨（David I. Kertzer）就曾说过，"政治仪式在任何社会中都是十分重要的，（正是）通过象征性的传播方式，政治权力关系（才）得以广泛表达和调整"[2]。同样，作为一种社会机构，媒介权力的日常运作也有赖于仪式这一重要的象征性力量。在媒介部分地取代宗教，成为现代社会主要的知识代理和道德牧师的过程中，仪式发挥了重要的作用——它将媒介与"非媒介"区隔开来，赋予符号权力以神圣性，逐步缓解了人们对媒介空前的传播潜力的恐慌。符号权力的不断巩固，反过来又促成了媒介仪式的日常化，以及"仪式感"的逐步形成。因此，对于媒介而言，符号生产与再生产的仪式化、符号权力的中心化以及特定社会类属与界限在日常生活世界中的内在化与普遍化，代表了同一进程的不同维度，这些维度相互生成、相互促进，构成了媒介化社会的独特景观之一。

---

[1] Thompson，J.，*The Media and Modernity*（Cambridge：Polity，1995）.

[2] Kertzer，D.，*Ritual*，*Politics and Power*（New Haven：Yale University Press，1988）.

社会类属、位阶与媒介权力的空间化

中心化的权力往往与不平等的资源分配密切相关。作为一种拥有稀缺社会资源的机构，媒介在冲破原有的时空界限与壁垒，实现信息和符号在更广泛地域内的同步传送和接收的同时，制造了新的空间区隔，并使之逐步内化到社会成员的日常生活中，影响他们对媒介、自我、群体以及社会的认知与体验。在此过程中，某些特定的社会类属、界限和位阶得到了象征性的呈现与强调。

首先，媒介制造了"参与者"与"旁观者"的类属差异。前者包括所有"在媒体上/中"的群体，如明星、社会名流、重要人士以及其他所有进入媒介"广角镜"的人群，如益智游戏的参与者、现场观众等；后者则主要涉及所有"在媒介前/外"的群体，如读者、听众、观众等。在日常生活中，上述差异往往呈现为一种"自然"的面貌。譬如说，得到某一报刊的采访，或参与某一电视节目，理所当然地被称为"上报纸""上电视"。除了对方位的一般性强调外，"上"字还清楚地标示了一种社会位阶的存在——"进入媒介"意味着"进入另一更高层次的空间"。这是因为从来都只有少数群体能得到媒介的关注并经常出现在媒介之中。对于多数人而言，他们只能永远扮演"观众"的角色，即使侥幸得到媒介的注意，也往往受到区别对待。因此，尽管人们对媒介世界与真实世界之间的距离熟谙在心，有关媒介表征的斗争却从未停歇。人们总会对其所属群体在媒介中的出镜概率或负面形象感到不满甚至愤怒。各种不同的社会群体，包括女性、老年人、黑人、同性恋者等，都将"进入媒介"作为其获得社会认可的指标之一。① 对他们而言，媒介提供了建构和强化文化认同的符号空间，或进一步说，媒介成为了一种仪式。

媒介的这一仪式化进程，有赖于更为具象的物理空间的区隔。这首先表现在媒介建筑上。通常，报社、广播电台或电视台会设在城市边缘或近郊，既远离喧闹、繁华的中心城区，又与安静、寂寥的乡村保持距离。这构成了一种暗

---

① Durham, G. M. & D. M. Kellner, eds., *Media and Cultural Studies*: *Keyworks* (Malden, MA: Blackwell Publishing Ltd, 2006).

喻：符号、信息、图像从这里扩散到周边的城市与乡村，原有的"中间地带"象征性地转化为了"中心"。媒介建筑的风格，如宽敞的院落，或高耸的大厦，进一步凸显了这一"中心"的意向。最近几十年间，完备的安检措施、严格的身份核查制度和无孔不入的监控系统的出现，更是将这一区隔推向了极致。在这里，"媒介参与者"与"媒介旁观者"之间的距离，转化为了"媒介人"与"非媒介人"之间的鸿沟。工作证、嘉宾证或入场券等准入凭据，为部分人提供了近距离接触和使用媒介的机会，同时也剥夺了多数人"进入"媒介的物理空间的可能。它们的职能与政府机关、大公司以及高级社区门前的警戒线一样，在于展现权力主体的神圣性与合法性。借助这一系列的安排，媒介再次强调了它作为权力中心的"崇高"地位，并使其自身成为了一种仪式。

如果进一步拓展媒介的外延，即从一般的大众媒介，如报纸、广播、电视，转向广义上的技术媒介，如电光、铁路、纤缆等，那么，我们将触及媒介权力空间化的另一重要维度——由媒介技术所导致的象征性区隔以及社会类属的分化。这尤其表现在媒介的空间分布上。在那些发展较为充分、拥有较丰厚的政治、经济与文化资源的区域，媒介广泛到达、密集分布并呈现多元形态；在那些较为落后、各项资源相对贫乏的地区，媒介不是覆盖不足就是完全缺位。即使是在同一区域或地区，个体或家庭在经济、社会与文化资源上的差异，也会带来媒介分布的不平衡。由此所导致的，是"可接触媒介者"与"不可接触媒介者"之间的"自然"分化。那些资源匮乏的个体或家庭、不发达地区以及偏远农村，被部分或完全地阻挡在了整个媒介系统之外。于是，可接触或无法接触媒介的差异，转化为了物理空间的象征性区隔，以及更深层的社会类属的对立。正是在这一意义上，媒介的符号权力再次得到了集中体现，媒介成为了一种仪式。

通过符号权力的空间化运作，媒介制造了"媒介参与者"与"媒介旁观者"这一主要的社会类属，以及另外两种相关的子类属——"媒介人"与"非媒介人"，"可接触媒介者"与"不可接触媒介者"，并使之与特定的社会位阶相对应。总体上，"媒介参与者""媒介人"与"可接触媒介者"占据着更高的社会位阶，是媒介符号权力的受益者；而"媒介旁观者""非媒介人"以及"不可接触媒介者"则在社会结构中处于劣势，被部分或全部剥夺了

"进入"媒介权力场的机会。这一等级序列与更广泛的社会秩序相互勾连，深刻地影响了不同社会群体的媒介体验与文化认同。

媒介仪式与文化认同

媒介本身正在成为一种仪式，或更具体一些，成为一种"通过仪式"（rites de passage）——它使人们从原有的社会结构中暂时脱离出来，进入并经历一系列的仪式活动，然后重新聚合到社会结构中。经历这一仪式的主体，无论是个人还是群体，都将获得"明确定义、'结构性'类型的权利和义务"，以及稳定的或反复性的文化认同。[①] 就媒介而言，围绕特定的社会类属与空间区隔，部分群体或个人获得了在现实世界与媒介世界之间穿梭转换的机会，他们在重返日常生活秩序之时，社会身份和地位往往有所提升，既有的文化认同也得以巩固。

对于业已进入社会"第一阶层"[②] 的群体，如政商要人、明星、名流等来说，媒介是一种"就职仪式"。"进入"媒介的每一次旅程，都意味着地位与声望的再次确认，以及相应责任与义务的提升。借助媒介仪式，这一阶层能获得更广泛的社会权力，成为人人称羡的"公众人物"；与此同时，他们也将受到其他社会成员更严苛的价值考量，一旦背离了公众的期待视野，他们就将面临社会舆论的巨大压力。当然，责任的存在并不意味着权力的削弱，相反，它构成了对既有权力的指认与确证。

对于"进入"媒介的普通人，如选秀节目的参与者、普通嘉宾、现场观众而言，媒介是一场"成年礼"，是个体或群体生命历程中的重要时刻之一。这一时刻或指向跻身"第一阶层"的社会位移的对象，如"超级女声"李宇春；或指向社会关注度的暂时性提高的对象，如纪实节目中的主角；或指向媒介体验的炫耀性价值的获得者，如宣称"我去看过现场，也就那样"的观众。

---

① 〔英〕维克多·特纳：《仪式过程：结构与反结构》，黄剑波、柳博赟译，中国人民大学出版社，2006。

② 李培林等：《社会冲突与阶级意识：当代中国社会矛盾问题研究》，社会科学文献出版社，2005。

通过对媒介的参与，上述群体能暂时或长久地实现向"媒介世界"的过渡，进入到一个以媒介为中心的规范、价值和观念系统中，并以此作为审视自我与他人的主要凭据。

如果对于上述群体而言，媒介是一种为个体"表演"提供舞台，主要发挥工具性价值的仪式的话，那么，对于那些可以"接入"却永远无法"进入"媒介的群体来说，媒介是一种集体性的、主要发挥象征性价值的仪式，是广泛的日常仪式的重要组成部分。一方面，在物质层面上，媒介是与社会位阶密切相关的文化财产，它仪式性的空间分布和使用，能揭示家庭、社区、城市乃至全社会的权力资源分配的形态与模式，正如在夜间行驶的列车上，总是那些明亮的路灯和闪烁的五彩霓虹最先预告城市与繁华的临近，而在偏远的独乡，一台电视机也关涉到主人的"社会关系和活动能力"① 一样。另一方面，在符号层面上，媒介是建构集体认同的重要文化资源。通过仪式性的媒介接收活动，如同时或一起收听某一广播节目或观看某一媒介事件，人们可以获得共同的文化感受，以及对拥有相同体验的其他社会成员的感知。这构成了"想象的共同体"② 形成的重要基础。当物质的媒介与符号的媒介同时结构到人们的日常生活之中时，媒介就成为了人们对自我、集体和社会定位的重要参照系。

无论是何种意义上的媒介仪式，最终都会影响到个体或群体文化认同的建构与维系。媒介仪式的作用过程，同时也是媒介符号权力彰显的过程。这一权力源自媒介无远弗界的传播潜能，源自它对公共领域与私人领域、工作领域与休闲领域的广泛渗透，同时也源自媒介界定"现实"的强大能量，源自它对真实与虚构、历史与现在、缺席与在场的社会界限的不断瓦解。借助媒介运作的空间化、仪式化过程，无时不在、无处不在的社会权力关系获得了象征性的表呈与再现——特定的社会类属和位阶结构内化于媒介仪式中，并呈现为"自然化"的外部风貌。它们逐渐渗入到人们的日常生活体验和实践中，改写人们对媒介、自我与社会关系的认知与感受。

伴随着符号权力的运作与实践，媒介不断建构并强化了它作为"社会中

---

① 郭建斌：《独乡电视：现代传媒与少数民族乡村日常生活》，山东人民出版社，2005。
② 〔美〕本尼迪克特·安德森：《想象的共同体：民族主义的起源与散布》，吴叡人译，上海人民出版社，2003。

心"的形象。对于这一形象的信仰，正在成为一种普遍的社会神话。有关媒介权力资源分配的不平等和以此为基础的社会权力结构与秩序的再生产过程的认知，均隐没在这一神话中，成为一种社会"常识"。在这些"常识"获得合法性外观的过程中，媒介仪式扮演了极其重要的角色。尽管如此，仍须指出的是，与其他形态的社会权力一样，媒介符号权力的作用途径也是多元的，仍有许多媒介活动无法简单划归到"仪式"的名下。因此，有关媒介仪式的分析，仅仅揭开了媒介神话的冰山之一角，还有更多深度的空间，有待进一步地探索与发掘。

大众传媒在文化身份再现和建构中的角色探究[*]

石义彬　吴世文[**]

文化身份（cultural identity）是"身份"（identity）概念的延伸。"身份"是过去几十年里人文社会科学领域最富争议的概念之一，也是当代社会和文化中的一个突出的现代性问题，自20世纪90年代以降，"身份"问题便成为了人文社会科学领域中一致的主题，众多研究者对人类各种"身份"展开了研究。文化身份的概念最早由以加亚特里·斯皮瓦克（Gayatori Spivak）与霍米·巴巴（Homi Bhabha）为代表的后殖民主义理论家提出，近年来，它成为了人文社会科学领域的学者热衷探讨的主题之一。英国文化研究集大成者斯图亚特·霍尔（Stuart Hall）认为，文化身份可以用两种不同的思维方式来定义，第一种立场"把文化身份定义为一种共有的文化，集体的'一个真正的自我'，藏身于许多其他的、更加肤浅或人为地强加的'自我'之中，共享一种历史和祖先的人们也共享这种自我。按照这个定义，我们的文化身份反映共同的历史经验和共有的文化符码，这种经验和符码给作为'一个民族'的我们提供在实际历史变幻莫测的分化和沉浮之下的一个稳定、不变和连续的指涉和意义框架"。第二种立场则认为，"除了许多共同点之外，还有一些深刻和重要的差异点，它们构成了'真正的现在的我们'……在这第二种意义上，文化身份既是'存在'也是'变化'的问题。它属于过去也同样属于未来。它不是已经存在的，超越时间、

---

[*]　本成果系教育部人文社会科学重点研究基地重大项目——"数字时代的全球媒介传播与文化身份认同"研究成果之一，项目批准号：2006JDXM184。

[**]　吴世文，武汉大学新闻与传播学院传播学博士研究生，主要从事传播理论研究。

地点、历史和文化的东西，文化身份是有源头有历史的。但是，与一切有历史的事物一样，它们也经历了不断地变化。它们绝不是永恒地固定在某一本质化的过去，而是屈从于历史、文化和权力的不断'嬉戏'。"① 霍尔给出的第一种界定认为文化身份是稳定的和不变的存在，是本质主义的视角，流行于工业革命前；而第二种界定认为文化身份是流动的和建构的过程，是建构主义的视角，如今得到了越来越多的研究者的认可。本文认为，文化身份兼具历史继承性和发展流变性，一方面，它是固有特征的再现与延续；另一方面，它是创造性的生产与建构，总体上表现为一个再现与建构的过程。

一个可辨识的、清晰的、统一的文化身份对于个体、群体和民族国家均具有不可或缺的重要意义。当前，全球化的深入发展与传播的信息化正引发世界性的文化身份危机，处于社会—经济转型进程中的中国亦未能幸免。因而，建构中国人的文化身份是当前一项迫切而重大的任务。在此语境下，探讨大众传媒在再现和建构文化身份中的角色具有重大的现实意义。

一 文化身份的动态建构及多元建构资源

（一）文化身份作为动态的社会建构过程

在哲学渊源上，身份研究存在建构主义与本质主义之争。当代身份理论主要着眼于两个关键要素：①身份是变化的。吉登斯指出，身份是一种关于我们自身的思考模式，随着时空转移及情境差异而变化；②身份是社会建构的，人的身份产生于特定的社会情境。② 如今，越来越多的研究者倾向于认为，身份

---

① 〔美〕斯图亚特·霍尔：《文化身份与族裔散居》，载刘象愚、罗钢主编《文化研究读本》，中国社会科学出版社，2000，第 208～223 页。

② 吴玫、蒂姆·辛普森：《媒介与文化》，载鲁曙明、洪浚浩主编《传播学》，中国人民大学出版社，2007，第 107 页。

是被"建构"起来的，在历史、文化、权力"重述"中被"生产"。① 至此，本质主义身份观遭到了抛弃，建构主义身份观取得了优势地位。

作为身份概念延伸的文化身份也不例外，它本质上不是已经完成的和稳固不变的，而是一个动态的社会建构过程，不断地被生产、塑造和再塑造。在前述霍尔给出的文化身份的"两种不同思维方式"中，霍尔本人倾向于第二种立场，他认为，文化身份"始终处于变化和转变过程之中"②，不是相对"完成了的"，而是在不断地被建构、被修改、被完善。

建构主义理论为理解文化身份是一个动态的社会建构过程提供了有益的启示。建构主义是一种新的认识论和思维方式，它认为知识不是对现实世界的客观表征，而是人们在与情境的交互作用中建构的一种关于世界的解释。③ 人类从来都不是静态地认识与发现外在于自身的客体世界，而是经由认识、发现过程，不断地、动态地塑造着现实世界。例如，新闻便是对真实的社会建构。"制造新闻的行为，就是建构事实本身的行为，而不仅仅是建构事实图景的行为。"④

综前所述并结合建构主义的启发可见，文化身份不是一成不变的，而是一个动态的社会建构过程。由于文化身份同时还是"固有特征"的延续，所以它还是一个再现过程，是再现过程和建构过程的统一，在再现过程中实现建构或重构。

（二）文化身份的多元建构资源

文化身份拥有多种不同的建构资源。一般来说，文化身份的建构资源大致

---

① 张小玲：《夏目漱石与近代日本的文化身份建构》，《北京语言大学》2007 年 3 月。例如，凯斯·内格斯和帕特里亚·罗曼－维拉奎兹认为，身份是一种动态的"生产""叙述"和"建构"，它不断被创建、塑造和再塑造。参见〔英〕凯斯·内格斯、帕特里亚·罗曼－维拉奎兹《全球化与文化认同》，载〔英〕詹姆斯·库兰、〔美〕米切尔·古尔维奇编《大众媒介与社会》，杨击译，华夏出版社，2006，第 315～331 页。

② 周宪：《文化研究关键词》，北京师范大学出版社，2007，第 245～246 页。

③ 崔景贵：《建构主义教育观述评》，《当代教育科学》2003 年第 1 期。

④ 社会学家盖伊·塔奇曼（Gaye Tuchman）在其专著《制造新闻》（Making News）一书中如此认为。见〔美〕沃纳·赛佛林、小詹姆斯·坦卡德著《传播理论——起源、方法与应用》，郭镇之、徐培喜等译，华夏出版社，2000，第 4 版，第 361 页。

包括以下四类：自然条件、生理机制、心理机制和社会文化机制。[①] 其中，包括语言、文化遗产、价值观念体系、大众传媒等诸多因素在内的社会文化机制是文化身份建构最主要的资源。

文化身份的建构资源不是一成不变的，在人类社会历史发展的不同时期和不同的社会情境中，文化身份的建构往往是以一种或几种资源为主。例如，如果将人类社会概略地划分为前现代社会、现代社会和后现代社会三个阶段，在前现代社会（原始社会和传统农业文明社会），家庭是文化身份建构的基本单元，血缘关系、宗教观念或宗教信仰则是维系文化身份的主要因素。进入现代社会，民族国家成了文化身份建构的主要资源。而在以信息传播技术进步为表征之一的后现代社会，信息传播技术进步的产物——大众传媒上升为文化身份建构的重要资源，此外，还出现了向传统的文化身份建构资源回归的迹象，传统的文化身份建构资源（如原教旨主义）重新释放出了建构文化身份的能量。

考察上述四类文化身份建构资源在特定历史时期于文化身份建构中发挥的作用或其功能的稳定性与易变性，不难发现，自然条件资源呈现出一定的稳定性，因而成为文化身份建构相对稳固的基础。生理机制和心理机制较之自然条件在微观上（比如具体到某个群体或个体）表现出随情境而变化的易变性，但是，从宏观上或从一般意义上讲，它们则表现出了一定的惰性，呈现出人类总体某种共性和规律性的生理机制和心理机制。社会文化机制包括语言、文化遗产、价值观念体系、大众传媒等不同的范畴，其中，语言和文化遗产在一定的历史时期内表现出相对的稳定性，而价值观念体系和大众传媒却表现出较大的变化性。以我国为例，改革开放以来，由于中国特色社会主义市场经济体系的建立，人们的观念体系发生了诸多变迁，较为突出和直观的是人们具有了市场意识，而中国几千年来的传统道德和价值观念体系则面临着解构和重构的考验。至于大众传媒，由于社会发展和媒介技术进步的推动，它的发展日新月异，不断改变和重塑着社会的媒介环境。

---

① 石义彬、熊慧、彭彪：《文化身份认同演变的历史与现状分析》，载罗以澄等主编《中国媒体发展研究报告（2007 年卷）》，武汉大学出版社，2007，第 182～204 页。

二 大众传媒上升为现代人建构文化身份的重要途径与资源

当前，多元建构资源对现代人建构文化身份的影响格局发生了重组。自然条件、生理机制、心理机制以及社会文化机制中的部分要素要么难以适应文化身份全球流动的新形势，要么由于全球化带来的时—空变迁而难以发挥与过去同等的影响力，这是文化身份危机的原因之一。大众传媒在这个过程当中呈现出了不同的发展轨迹和影响路径，随着其自身的迅猛发展和广泛应用正在逐步成为现代人再现和建构文化身份的重要途径与资源。

（一）大众传媒成为现代人建构文化身份的重要途径与资源的表现

第一，大众传媒承载了丰富的文化身份信息内容，给现代人建构文化身份提供了不断增长的资源。大众传媒是一个意义建构的平台，也是文化再生产的机制，它会有意无意地承载丰富的本民族文化身份内容，诸如本民族文化核心的价值特质、独特的道具以及仪式等，作用于现代人的文化身份建构。人们通过这些文化再生产机制，"塑造了特定版本的'集体记忆'，进而塑造了特定的民族文化身份"[①]。梅罗维茨（Meyrowitz）认为，电子媒介（尤其是电视）打破了社会地域与物理地域的传统关系，创造出了"信息场景"，并制造出了一种新的共享的归属感，带来了日益见长的文化身份建构资源。另一位研究者切利·巴克（Chris Barker）持类似的观点，巴克认为电视通过呈现国内的风俗习惯、仪式化的社会事件等，使其自身成为了文化身份建构的一个不断增长的来源。

除却直观地再现一系列文化元素以提供建构文化身份的素材外，大众传媒作为提供文化身份的公共信息平台，还常常将文化身份的其他建构资源，诸如语言、文化遗产、价值观念体系（如宗教）等纳入自身的体系广泛传播，不

---

① 〔英〕戴维·莫利、凯文·罗宾斯：《认同的空间：全球媒介、电子世界景观与文化边界》，司艳译，南京大学出版社，2001，第63页。

仅丰富和充实了传播内容，而且放大了其他建构资源建构文化身份的效果。随着大众传媒的发展，它在这方面的能力得以增强，它给现代人建构文化身份提供的资源的丰裕程度也越来越高。

第二，大众传媒带来了现代人建构文化身份不可或缺的参照系——"他者"，虽然"他者"作为差异性的存在对于"我们"文化身份的建构存在一定的消解作用。为了解决自我文化身份正当性的问题，它要求设限保护自我，把"我们"同"他们"区别开来。① 但是，"我们"建构文化身份的过程始终离不开"他者"。"他者"是"自我"的参照系和镜子，"我们"需要由"他者"标示、反映和确认。精神分析学领域认为，"他者"是根本性的，"无论是对自我的构造，对作为主体的我们，对性身份的认同都是如此"②。我们之所以需要"他者"，在语言学理论看来，也是因为"我们只能通过同'他者'的对话才能建立意义"③。在跨文化传播领域，文化身份依赖"他者"而建构。跨文化传播研究者赫克特（Hecht）认为，身份（主要指的是个人身份）是在与他人传播的过程中表现出来的。④ 文化身份亦不例外，它的"建构过程也受到他者和外部世界的影响"⑤。总之，只有通过"他者"的参照，"我们"的主体性才能确立，自我的文化身份才能建构。

在现代社会，大众传媒（尤其是电子媒介和新兴的网络媒体）比其他文化身份建构资源更强有力地带来了"他者"，给自我主体性的确立和文化身份的建构准备了丰富的参照系。

第三，大众传媒被广泛应用于现代人的文化身份建构活动。在现代社会，一方面，掌控大量信息源的社会组织（如政府部门）越来越多地利用大众传媒发布与传播文化身份信息，与此相对应，受众也主要依靠大众传媒获取文化

---

① 文化身份划清"我们"和"他者"二者之间的界限的行为极易引发对差异的畏惧，从而滋生民族主义与种族主义情绪，即"排他"，这是值得我们警惕的。

② 〔英〕斯图尔特·霍尔：《表征：文化表象与意指实践》，徐亮、陆兴华译，商务印书馆，2003，第 239 页。

③ 〔英〕斯图尔特·霍尔：《表征：文化表象与意指实践》，徐亮、陆兴华译，商务印书馆，2003，第 237 页。

④ J. Z. 爱门森：《国际跨文化传播精华文选》，浙江大学出版社，2007，第 75 页。

⑤ Gentz et al., *Globalization, Cultural Identities, and Media Representations* (New York: State University of New York Press, 2006), p. 199.

身份信息，因而，大众传媒成为现代人文化身份建构过程中必不可少的中介。其中，由于电子媒介"实际上正开始以新方式运作，经常设法满足散居的各民族或其他社会群体的需求"，于是满足文化身份感和归属感的重担就日益落在电子媒介的身上。① 切利·巴克（Chris Barker）在《电视、全球化和文化身份》一书中也指出，电视是人们建构文化身份最常用的资源之一。在当前的数字传播时代，网络媒体加入了大众传媒建构文化身份的阵营。在全球传播语境中，各国政府更是大举利用大众传媒，尤其是网络媒体、卫星电视和国际广播等传播和宣传本民族的特色文化以期建构本民族清晰的文化身份。

另一方面，随着社会流动性的增加，现代社会中越来越多的人远离了自己原先的居住地进入社会"流动程序"，有的还跨国或跨地区流动，甚至最终定居异国他乡。对于这部分人来说，大众传媒不仅可以帮助他们适应和融入新文化，还可以帮助他们保持对原有文化的了解。可见，大众传媒在这部分人群建构新的文化身份和维系既有的文化身份认同方面均发挥着不可替代的作用。

（二）大众传媒成为现代人建构文化身份的重要途径与资源的原因

大众传媒之所以能够上升为再现和建构文化身份的重要途径和资源，主要有以下几方面原因。

第一，大众传媒作为社会信息源能够通过各种文化符号、话语、形象和解释框架等赋予现代人共同的意义和历史，给他们提供建构文化身份的素材。大众传播传递的文化身份内容具有公开性和公共性的特点，它针对大范围的受众展开传播，并提供了一个解释框架，这实则是供给了"统一版本"的文本和文本解读方式，能够赋予现代人共同的意义和历史，是现代人建构文化身份必不可少的素材源泉。

第二，大众传媒作为社会文化机构和文化再生产机构，能够通过转化既有仪式和创造、传播、强化新的文化礼节和仪式等方式重组现代人的日常生活，给他们提供建构文化身份的象征资源和文化资源。大众传媒能够将诸如奥运会

---

① 〔英〕戴维·莫利、凯文·罗宾斯：《认同的空间：全球媒介、电子世界景观与文化边界》，司艳译，南京大学出版社，2001，第6页。

开幕式、国庆阅兵式等既有的仪式纳入自身的传播体系，将之转化为"媒介仪式"，也可以设计、生产与传播新的媒介仪式，吸引受众参与进来，营造"共同在场"的感觉，加强群体内部纽带相连的感觉，这为现代人建构文化身份提供了重要的象征资源和文化资源。同时，在这些媒介仪式中，大众传媒还可以集中地再现和建构文化身份。

第三，大众传媒获得了建构现代人文化身份广阔的空间。一方面，它的强势发展相对地挤压了其他文化身份建构资源发挥作用的空间；另一方面，其他建构资源作用的减弱也在客观上为大众传媒作用的扩张创造了条件。随着人类社会向"媒介化"社会转化，大众传媒对社会的渗透日益加强。在文化身份建构中，虽然尚没有实证数据表明大众传媒的发展导致了其他建构资源建构文化身份的作用受到限制，但是，大众传媒作用的扩张态势显而易见。大众传媒建构现代人文化身份作用的扩张势必挤压其他资源发挥作用的空间，同时，其他建构资源作用的减弱又反过来为大众传媒作用的扩张创造了条件，这是一个辩证统一的过程。

值得强调的是，在现代社会，文化身份的建构仍是以自然条件和生理条件等相对稳定不变的因素为基础，大众传媒并不是文化身份的首要限定者，也不是文化身份的起点。但是，它在文化身份再现和建构中发挥着重要作用，已经"跃升"为再现和建构现代人文化身份的重要途径和资源，这是我们在当前的"媒介化社会"（media society）讨论文化身份问题必须关注的议题。

三　大众传媒再现和建构文化身份的特征

不同的建构资源建构文化身份的方式迥异。大众传媒再现和建构文化身份呈现出下列特征。

第一，大众传媒附带地再现和建构文化身份。对于文化身份建构来说，大众传媒是重要的建构途径与资源，但是，对于大众传媒来说，监测环境、协调社会各部分、传承社会文明、提供娱乐和创造经济利润是它的"五大"社会功能，而再现和建构文化身份并不是它的主要社会功能之所在，因此，大众传媒只是附带地再现和建构文化身份。当然，由于文化身份危机是一个全球性的问题，已引起了民族国家的足够重视，因而，民族国家会利用大众传媒有意识地建构本民族的文化身份。特别是在策划和筹备全球性的媒介事件时，东道国会有目的、有步骤地把本民族文化身份元素"渗透"进媒介事件，并使之适合大众传媒的传播，以利用媒介事件集中地再现和建构本民族文化身份。这是民族国家利用大众传媒的积极作为。

第二，大众传媒召唤出关于文化身份的集体记忆，并将文化身份的抽象概念转换为易于记忆的直观形象、符号等使其清晰明了起来，而不再止于记忆与想象，这常常能够收到良好的建构效果。英国著名文化学家雷蒙德·威廉斯（Raymond Williams）将文化界定为"一种整体的生活方式"[1]，认为"文化即生活""文化是平常的"等，荷兰哲学家 C. A. 冯·皮尔森（C. A. Van Peursen）则指出，"文化不是名词，而是动词。文化是人类生存的一种战略。"[2] 这些独到的见解强调文化是活的这一事实。文化身份同样也是鲜活的，需要在日常生活中不断地被提示、被强调、被明晰、被强化，如是方能拥有持久的生命力。由于大众传媒在现代技术条件下能够运用丰富的载体和多样的表现形式再现文化身份（尤其是传统文化身份），从而把潜在的记忆转化为直观的形象，因此，它呈现的文化身份往往更容易被受众接受和理解，能够收到更好的效果。例如，在2008年北京奥运会开幕式中，电视媒体利用图像和画面形象地再现和建构了中国文化身份标识，并辅以解说性文字凸显它们，从而更加明晰、形象地再现、建构和传播了中国文化身份，为广泛的接受、理解和认同创造了条件。

第三，在全球传播中，大众传媒把"他者"带到了"我们"跟前，并把"我们"带给"他者"接受审视，为我们自身的文化身份建构提供了新的资源，同时也带来了新的挑战。全球传播极具包容性，美国学者迈克尔·古瑞维奇（Michael Gurevitch）曾如此强调，"各种事件、过程、主张和产品——无论是政治丑闻还是军事征服，无论是高雅艺术还是通俗文化，无论是市场还是消费品——都被纳入了这个无所不包的概念范畴内。"[3] 在这个包容性的全球传

---

[1] 〔英〕雷蒙德·威廉斯：《文化与社会》，吴松江、张文定译，北京大学出版社，1991，第403页。

[2] 〔荷〕C. A. 冯·皮尔森：《文化战略》，刘利圭等译，中国社会科学出版社，1992，第2~3页。

[3] Michael Gurevitch, "The Globalization of Electronic Journalism," in James Curran and Michael Gurevitch, eds., *Mass Media and Society* (London: Edward Arnold, 1991), p. 179.

播空间里，"他者"超越时—空的局限自由流动，在与"我们"相遇的界面上发生着融合、协商乃至争夺，给"我们"文化身份建构带来了新的机遇与挑战，这是我们需要应对的新情况。

第四，大众传媒再现和建构文化身份表现出极大的复杂性。这不仅因为它们本身处于不断的发展变化之中，而且面临外部多种力量博弈的影响。大众传媒是社会大系统的子系统，它再现和建构文化身份的行为受到与社会大系统和其他子系统互动作用的影响，这是一个复杂的博弈过程。当前，大众传媒受到媒介技术进步和社会需求扩张的推动日新月异地发展，它自身生产了再现和建构文化身份的变数，这增加了其再现和建构文化身份的复杂性。

四　结语

鉴于大众传媒在再现和建构文化身份方面的重要角色力量，在当前形势下，我国大众传媒应当积极参与中国文化身份的建构，调动自身的积极性和自觉性，有意识、有目的、有步骤地建构中国文化身份。尤其需要抓住媒介事件的契机，利用大众传媒面向全球再现和建构中国文化身份，在增强全球华人中国文化认同的同时寻求外国受众对中国文化的理解，为中国文化走向世界打下社会基础。当前的数字传播和全球传播给大众传媒再现和建构中国文化身份带来了多重机遇与挑战，如何抓住机遇和应对挑战是我国大众传媒应该积极面对的。此外，随着传播技术日新月异地演进，以网络媒介为代表的新媒体登上了传播舞台，重塑了全新的媒介环境，探索新媒体环境下建构中国文化身份的新路径是有待进一步研究的课题。

参考文献

［1］〔英〕戴维·莫利、凯文·罗宾斯：《认同的空间：全球媒介、电子世界景观与文化边界》，司艳译，南京大学出版社，2001。

［2］〔英〕安东尼·吉登斯：《现代性与自我认同：现代晚期的自我与社会》，赵旭东、方文译，三联书店，1998。

［3］J. Z. 爱门森：《国际跨文化传播精华文选》，浙江大学出版社，2007。

［4］〔美〕乔纳森·弗里德曼：《文化认同与全球性过程》，郭建如译，商务印书馆，2003。

［5］鲁曙明、洪浚浩：《传播学》，中国人民大学出版社，2007。

［6］石义彬、吴世文：《我国大众传媒再现和建构中国文化身份研究》，《当代传播》2010 年第 5 期。

［7］崔新建：《文化认同及其根源》，《北京师范大学学报（社会科学版）》2004 年第 4 期。

［8］刘燕：《后现代语境下的认同建构——大众传媒的作用及其影响分析》，博士论文，浙江大学传播学系，2007 年 10 月。

［9］石义彬、熊慧、彭彪：《文化身份认同演变的历史与现状分析》，载罗以澄等主编《中国媒体发展研究报告（2007 年卷）》，武汉大学出版社，2007，第182~204 页。

［10］陈庆祝：《全球化时代文化身份的建构——兼谈中国的文化身份问题》，《理论学刊》2008 年第 11 期。

［11］Barker, C., *Television*, *Globalization and Cultural Identities* (Open University Press, 1999).

［12］Hall, S., "The question of cultural identity," in S. Hall, D. Held & T. McGrew, eds., *Modernity and Its Futures* (Cambridge: Polity Press, 1992).

阅读方式变革与文化身份认同的两极互动

石义彬　南长森*

西利亚·卢瑞在《消费文化》中说："我们生活的世界不仅充满了消费者个性或消费者态度，而且消费文化在其中起了主导作用"。① 这里，起"主导作用"的应是文化消费场域中阅读主体对消费文化以及符号和意义的生产与需求。阅读方式发展到"后现代阅读时代"，已经不仅是物质的消费，而且是一种符号的文化消费。这种文化消费丧失了翻阅方便、不择场所、专于一心、重思考、敬安谧、贵分析、尚批判等传统纸质阅读的特点，更重要的是它打破了精英阶层独擅阅读的权利，使平民成为阅读的主体，阅读方式也发生了变化，阅读即丢即弃、一心二用，习惯思维中断、随意链接与不相关符号的瞬间插入和干扰，崇尚快感、商业性、当下性，消解权威、拒绝经典等。阅读使精英文化与大众文化难以区分，也使阅读方式与身份识别成为当下一大难题。尤其是阅读方式造成的身份认同或文化认同的困惑与焦虑已成为社会关注的焦点。

在当代文化研究中，由于受西方哲学、人类学、心理学等影响，"身份""认同"呈现出理论语境与现实语境的混乱和困惑。"身份""认同"在英语中是同一个词语——identity。东西方语境的不同，从而给理论阐释造成困惑。我们认为，"身份"是一个抽象名词，"认同"是一个具象动词，只是在个别情境中才是名词。从词的语义社会性看，"身份"是人自出生或在母体中就蕴含的本身固有的社会属性或阶级属性，它具有社会学的"先致性"，如人的家

---

* 南长森，武汉大学新闻与传播学院博士研究生，陕西师范大学新闻与传播学院副教授。

① 〔英〕西利亚·卢瑞：《消费文化》，张萍译，南京大学出版社，2003，第44页。

庭出身、民族信仰、生活习性等，可能表现为某一时期人的固定性或原有性，这可以说是人未受社会驯化前的身份因属。但是，一经社会改造，即经过家庭教育、社会教育或文化熏陶，它就呈现出不稳定性、可变性或可塑性，即社会学上的"后赋性"，从而显示出文化对身份的构建、消解之作用，这一过程是不断地认知、变化的过程，其中确认、认可、认同是关键。因此，可以这样说，人一旦进入社会领域，其身份就是靠文化来表现、识别的，这样，身份与文化是被认同紧紧连在一起的。"在当代，身份的一个重要的方面也许不是某种实在的差异而是一种形式的差异，往往表现为一种姿态或表征为一种符号"，身份"实际就是指文化，在当代，身份总是文化的"①。

上述阅读方式演变表现出的新特征与文化身份认同所形成的新关系，使其同时发力，相互影响，从逻辑上形成了两极张力的互动关系：阅读方式变革与文化身份认同两极对决又归于统一。一方面是阅读对文化认同具有构造、消解作用，表现为其标识、形塑着文化身份；一方面是文化身份对阅读方式具有抵制、汰旧作用，表现为其选择阅读信息、防御不良阅读方式的入侵。两者作为手段和目的在信息世界和消费文化中统一于消费场域并进行角逐，使得"符号""虚拟"成为文化生活的主色调。本文在阅读方式与文化身份认同内涵特征的演变及其形成的新关系的基础上对此展开解读。

（1）阅读识别文化身份又被文化身份标识为雅俗之分。阅读作为信息摄取的主要方式和文化传承的在场行为，必然要在人类社会中养成和习得，其中识字教育是文化身份养成的关键。这无疑为文化身份打上了社会分层和分级的烙印，这一烙印主要是由阅读体现出来的。阅读是身份的象征。阅读作为教育的一大功能，它将人分为不同的人群和阶层，并使其在社会地位、自身修养、家庭收入、从事职业等方面判然有别。在古代，是否识字、阅读可以说是两大阶级对垒的分野，许多古装戏剧中达官贵人、才子佳人、刀笔吏、师爷仰仗自己识字、阅读、有文化而在不识字的人面前耀武扬威。"文化大革命"期间即使一大批知识分子在牛棚接受改造，虽貌似普通农民，但是其忧国忧民、善于思考、执著于专业的精神迥然有别于普通人。在当下，掌握外语并熟练应用

---

① 邱戈：《媒介身份论：中国媒体的身份危机和重建》，中国传媒大学出版社，2008，第21页。

就可进行跨国和跨文化交流，这无形就是精英阶层的文化身份；掌握古文并熟练应用就可进行古今交流和感受古典文化的魅力，这无形就是人文知识分子的文化身份；掌握计算机并进行专业应用就可领略信息世界的变化无穷，这无形就是当下社会主流人群的文化身份。这些差别皆缘于阅读对象和阅读方式决定了其文化身份。因为阅读作为目的和手段的复合体，不仅仅是一种信息接收和认知的工具，关键是它承载着信息、文化等内容。正如鲍德里亚所说，"铁路带来的'信息'并非它运送的煤炭和旅客，而是一种世界观，一种新的结合状态，等等。电视带来的信息，并非它传递的画面，而是它造成了新的关系和感知模式，家庭和集团传统结构的改变。"① 阅读实际上形成了精英阅读（专业阅读）和大众阅读的社会分化，精英人士可以从事大众阅读，而大众要进入精英或专业阅读则必须有一个与之对应的文化身份和专业技术训练。这种雅俗之分不仅仅是阅读内容造成的，很大程度上也是文化身份造成的。

（2）阅读形塑着文化身份又被文化身份鉴识为不同类别。阅读形塑着文化身份是指阅读作为批判的武器这一工具理性对文化身份的构建具有培育和毁育的作用；文化身份鉴识阅读是指文化作为武器的批判这一价值理性对阅读具有汰旧、剔除、防御等作用。显然，在这一对立统一的辩证关系中，理解文化身份的构成是认识这一问题的关键。对此，学界有两种理解："一种是本质主义的，认为文化身份一旦确立，就不容易更改；一种是非本质主义的，认为文化身份总是时刻被塑造着，永远没有完成的流动着的东西，是处于一种不断建构的未完成状态。"② 哈贝马斯就认为，身份"不是给定的，同时也是我们自己的设计"③。马克思认为，身份是由社会决定的，即社会存在决定着身份。米德、巴赫金则认为身份是在与社会和他者的交流的过程中被构建的。因此，身份是易变的。霍尔认为"文化身份既是'存在'又是'变化'的问题。它属于过去也同样属于未来。它不是已经存在的，超越时间、地点、历史和文化

---

① 〔法〕让·鲍德里亚：《消费社会》，刘成富、全志钢译，南京大学出版社，2008，第 127 页。
② 苏勇：《文化身份认同与建构中的文化主体性》，《贵州师范大学学报（社会科学版）》2009 年第 1 期。
③ 邱戈：《媒介身份论：中国媒体的身份危机和重建》，中国传媒大学出版社，2008，第 19 页。

的东西。文化身份是有源头、有历史的。但是，与一切有历史的事物一样，它们也经历了不断地变化"。① 我们走出哲学的思维，将问题固定在具体的论域中，就得承认这样的事实：身份是在原本就有和易变中被不断地构建和消解的，没有无源头的身份，也没有一成不变的身份。那么身份是怎样被构建的？谁在形塑着身份？我们认为，文化身份首先是由阅读所承载的信息养成的，也是通过识字育智来进行的，所以培养文化身份必须具有一定的认知方式和思维方式。当然良好的认知方式和思维方式对文化身份具有增加养分、促成固化的作用。文化身份一旦被形塑成熟，它就会对常态信息进行加工、生产，或再生，或湮灭，也会对阅读信息进行选择、过滤、淘汰、抑制、防御，进而将所阅读的信息分成级别。这突出表现在成年人尤其是受过高等教育的人对网络信息有较为清醒的认识，利用其为己、为人、为社会服务；而青少年由于世界观、价值观等文化身份所必需的养料缺失，会被网络信息所提供的内容以及火爆刺激的阅读方式俘虏，从而消解了其正在构建的文化身份。从阅读方式和信息摄取来看，灌输、劝服、强加植入、春风化雨等作为技术手段对文化身份的构建和消解起着直接作用。因此网络传播增强阅读过滤器就不仅是一种社会制度、一个国家、一个民族所采取的固化本民族文化认同的方法，而将成为通行天下的方法。而防御文化帝国主义入侵不仅是建构、稳固本民族文化身份之必要，也是国家文化安全之必要，更为重要的是阅读作为信息摄取的工具，它对人的文化身份构建具有决定性作用，关系到民族文化的未来。

（3）阅读与身份互为目的与手段的关系显示出文化认同危机。阅读与身份所构成的形塑与被形塑的辩证关系，实际上是一种互为目的与手段的关系。从工具理性与价值理性的角度看，这种关系的失调或断裂是导致文化出现危机的重要原因，因此，认识工具理性与价值理性就显得尤其重要。

应该看到，随着西方社会物欲的膨胀和我国社会主义市场经济日益深化，人们对科学技术进步和经济增长的片面追求，工具理性日益占据了人类精神领

---

① 霍尔：《文化身份与族裔散居》，载罗钢、刘象愚主编《文化研究读本》，中国社会科学出版社，2000，第211页。

域的统治地位，价值理性则日益被漠视、被边缘化。基于上述的认识，我们认为，在大众阅读中，已经出现不问价值取向，只管消磨时光的消遣式的浅阅读，甚至有人将电子游戏当成了阅读的对象。人生中文化身份重要的营养诸如教科书、经典著作、励志书籍、陶冶情操的小说被一些人完全抛弃，道德素质、价值观念、是非曲直、民族国家、意识形态等有关宏大叙事出现认同危机并将演化成"自性危机"①，即文化价值危机。导致这一现象发生的原因就是阅读和身份构成的工具理性与价值理性的分裂对人性和人的本质的破坏。我们认为，阅读和身份相互形塑并完善人的全面发展，然而，现实社会中商业因素和工具或技术因素的过于强大，使人的惰性、恶性未受到限制反而被媒介愈加放大，人们追求阅读的感官刺激和享受，而对阅读的意义愈加淡漠，甚至淡漠真理，蔑视权威，混淆是非。这些都是阅读方式演变中文化认同危机带来的弊病，正如波斯特曼所说："电视淡化并且有效地破坏了作为政治教育和公共领域一切活动之基础的公共交流"。② 可见，阅读方式变革对人的文化身份的形塑并不都是起积极作用。

总之，任何媒介作用于人的信息摄取主要方式——阅读，都具有双刃剑的性质。我们将阅读方式变革与文化身份认同放在传统阅读、现代阅读、后现代阅读中考察，就得出这样的结论：印刷媒介是思想媒介，在思辨性文字阅读中，它所传播的思想文化信息其他媒介无可匹敌；电视媒介是一种娱乐媒介，在情感信息传播中，它所传播的视觉图像信息其他媒介无可匹敌；网络媒介是一种信息媒介，在综合信息互动中，它所传播的海量信息其他媒介无可匹敌。这些媒体形态提供的信息从阅读的角度说，对人的文化身份都具有构建、消解之功用，其中印刷媒介对人的文化身份的建构、消解最具影响力。因此，崇尚阅读、崇尚理性、崇尚思考是当下应大力提倡的文化价值观，同时，捍卫印刷媒介的思想传播的权威性，就是捍卫文化身份认同的功效和价值。

---

① 李慎之、何家栋：《中国的道路》，南方日报出版社，2000，第148页。
② 〔英〕尼古拉斯·阿伯克龙比：《电视与社会》，张永喜、鲍贵、陈光明译，南京大学出版社，2006，第3~4页。

数字时代跨文化传播中的文化身份认同[*]

但海剑[**]　石义彬

在跨文化传播中，文化身份认同决定了传播主体的立足点并影响其传播实践，对之讨论具有理论和实践意义。数字技术如同其他技术形式不仅改变着传播实践，也影响着理论的建设。对于数字时代跨文化传播中的文化身份认同问题的探讨，要认清文化身份认同作为元问题的历史演变和现状，还须进一步认识到数字技术带来的理论上和实践上的改变。

一　身份认同研究中的主体性发展及其组成要素

文化身份认同形成和演变的历程可以追溯到早期人类社会巫术信仰和仪式的孕育阶段。随着民族国家概念的确立，伴随着血缘关系和宗教信仰影响力的存在，民族国家开始成为文化身份认同的首要单元。至20世纪70年代，全球化进程加剧，民族国家和家庭的地位式微，文化遗产、传统伦理价值、社会理想、人生观和世界观对文化身份认同的影响弱化，种族、性别、族群作为文化身份认同的基本单元得以强调，大众媒介开始成为身份认同的主要来源。

在哲学意义上，身份认同（identity）问题可以追溯到一个"我是谁"的元问题，这个恒久问题从前苏格拉底时期到现代都有着追问的意义。进一步说，讨论自我和主体性的问题是身份认同问题的核心，尽管问题的答案在不同时期表现出多种维度。启蒙时代，既有笛卡尔的"我思故我在"的理念，将

---

*　本文为教育部人文社会科学重点研究基地重大项目"数字时代的全球媒介传播与文化身份认同研究"（项目编号2006JDXM184）研究成果之一。

**　但海剑，武汉大学新闻与传播学院博士研究生，武汉理工大学外国语学院讲师，主要从事跨文化传播研究。

思想和身份视为同样实体性的存在，认为自主的主体能在其一生中都对自我的身份确定不移；也有洛克否定身份是与先验自我同样的实体性的存在的思想，认为个人的身份有赖于记忆而得以延续。① 现代哲学中，主体是固有的实体，自我是其内核。在自主的、先验的、普适的自我基础上形成的个体身份是抽象和固定的。在社会学意义上，主体性是个体在与各种社会关系的互动中确立的。"他者"成为认识自我的重要参照。如在马克思主义看来，主体是特定历史阶段的产物，不同的主体由于处于不同的阶级地位会形成不同的认知、观念和行为方式。后现代哲学中，主体性则被完全消解，身份认同变得混乱。

理清身份认同问题，可从其组成要素或来源着手讨论。这包括：自然条件、生理机制、心理机制和社会文化机制。自然条件如地理位置，汤因比的"挑战回应说"大致可以说明自然条件对文明的影响，它对于塑造身份认同有着明显作用。例如我们在讨论固定印象（stereotype）时，以地域特征来区分的身份认同，如"南方人"之类的固定印象。生理机制如身体特征、血缘等，性别指向也可以归于此类。心理机制则指个体的心理发展和社会化过程中人格的形成，这是一个动态的过程，在经历吸收成长和调整变化后而趋于稳定。社会文化机制是文化身份认同的最主要来源，包含了诸多宏观层面上的因素，如语言、文化遗产、价值观念体系、大众媒介等。这些来源对文化身份认同的影响并不是独立的，而是彼此勾连、相互影响。

由此，上述身份认同的变化发展可归于这四大来源的讨论范围之中。本文重点讨论的是社会文化机制层面。

二 同一与差异力量作用下的跨文化传播实践的不均衡发展

在跨文化传播中，同一和差异作为两种基本力量，对文化自身的形成和发展始终起着推动作用。同一保证了文化特质的"共享性"，形成与他文化对话

---

① 石义彬、熊慧、彭彪：《文化身份认同演变的历史与现状分析》，载罗以澄等主编《中国媒体发展研究报告（2007 年卷）》，武汉大学出版社，2007，第 182～204 页。

的基础。差异性则是文化交流的原动力。在差异性的前提下，文化间才有了相互交流的必要和意义。辩证来看，这两种力量同时存在，在特定的历史时期，对于具体的文化实体，这两种力量有着侧重点，从长期来看则存在着起伏和消长。文化身份问题在文化实体内部的建构如果说是一个过程的话，那么最后的目的是要在与异文化交流中保持一个存在的意义，在此意义上，对内强调的多是文化的同一，对外则强调差异性。

尽管文化精神作为文化身份认同的重要核心对跨文化传播活动有着引领作用，我们依然无法将跨文化传播活动从社会实践中剥离出来，单纯讨论其在精神层面中的同异和融合。从宏观的角度来看，跨文化传播活动在人类历史上从未停止过。但由于前现代时期社会生产力的相对低下，跨文化传播的深度和广度无法同现代相比。各文化间传播活动的深入很容易让人推理出跨文化传播活动中同一力量要超过差异力量，产生"天下大同"的梦想。但现实却清楚地告诉我们历史不会"终结"，文化冲突接连不断，文化身份问题凸显。对于每一个具体的国家或文化实体来说，推广自身的文化价值观是经常的诉求，因此造成的客观现实是文化间的差异广泛存在。这不仅是由于历史传承的原因，还由于现时国家的政治利益和经济利益在影响着跨文化传播的具体活动，从而造成利益诉求带来分割和相互排斥。文化霸权主义和文化原教旨主义总是有着存在的空间。

从历史角度来看，过去的百年，在东西方的文化交流中，西方占优势引领地位，在文化认同中起着范本的作用。文化本无优劣，西方文化的强势与其强调"科学""理性"的内核分不开，而这又与其时的社会发展相互促进，影响至今。从时空的角度来看，资本从本性上倾向于超越所有空间的限制，为创造交换的物质条件提供一个必需的结果，就是用时间的手段来打破空间。当我们进入一个所谓的"全球化"时代时，这一时代特征就是用消灭时间差距的传播手段把世界压缩成一个没有地方性的平面，用一个时间来代替多个空间。这种时空关系由于传播权力分配的不平等，使得掌握着世界性传播网络资源的发达国家和地区的时间成为传播当中的世界时间，在某种意义上，也就等于取消了其他文化的存在。① 这成就了大众媒介在当今时代的核心地位，改变了传统

① 陈卫星：《跨文化传播的全球化背景》，《国际新闻界》2001 年第 2 期。

的社会格局，出现了新的"文化帝国主义"。如媒介帝国主义所带来的褊狭的传播机制：跨国传媒公司的高度垄断和集中造成跨文化传播的"不对称性"以及文化同质性构成的对文化多样性的威胁。① 20 世纪 70 年代起，发展中国家就把建立"信息传播新秩序"与建立"国际经济新秩序"视为同等重要的问题，要求改变国际信息流通不平等、不均衡和不对称现象，但收效甚微。这样的抗争可以理解成发展中的民族国家在建立身份认同之时，发现其社会基础已被动摇，难以建立可区别于发达国家的价值诉求。

究其原因，上述问题的存在是由于跨文化传播活动中盛行着二元对立的思维模式，带来了认同的危机。这种危机不仅存在于不发达国家地区，同样存在于西方发达国家。以 20 世纪后期欧洲对日本（技术东方主义）的恐慌为例，日本的崛起是在现代工业社会的内核，如效率等基础上，辅之以日本文化中的"忍者"精神。但它成为驻扎在西方潜意识中的危险形象，因为它破坏了西方和东方、现代和前现代单一的稳定关系。②《东方学》的作者萨义德在分析铭刻于帝国主义和殖民主义的论述和制度中，将"东方"展示为认识客体和权利客体的过程。

在现代性的建设中，技术一直是西方现代性的核心，技术被看作是通向未来的钥匙，西方担心失去自己的文化主导而极力维护自己的技术霸权。尽管存在数字鸿沟，数字技术在客观上提供了"去中心"的更大可能性，这势必会挑战所有处于中心地位的权威，从而带来文化身份认同的新变化。

三 数字技术的特点及其对跨文化传播的影响

如果说大众媒介时代已经给西方带来了身份认同上的危机，那么数字时代中，这些危机是将得以消除还是会被加深，对之讨论还需结合数字技术本身的特点，及其对社会实践的影响。

---

① 车英等：《冲突与融合：全球化语境下跨文化传播的主旋律》，《武汉大学学报（哲学社会科学版）》2004 年第 4 期。

② 莫利等：《认同的空间：全球媒介、电子世界景观与文化边界》，司艳译，南京大学出版社，2001，第 227 页。

数字技术带来的变化,本文认为主要表现在两个方面。首先,个体对群体的挑战,导致群体主义的瓦解和威权控制的变形。数字技术的重要特征是改变了人们使用信息的传播方式。信息的储存、提取、复制与传统"原子时代"已不同,时空的偏向不再是传播的主要限制。理论上,个体在传播权上获得了较之以往要大得多的传播空间。可以经过判断获得更多信息,重组成自己的信息源,从而在一定程度上摆脱对群体的依附。但同时必须看到,数字时代的控制不会消失。数字技术在个体使用层面上可以被迅速推广、广泛使用。但对于核心技术的管理、维护、升级等方面却大多数依赖于集团的力量。因此从发展的角度来看,虽然个体对数字技术的需求可以形成市场,从而促使利益集团推动数字技术的发展,但这势必又会加重个体对利益集团的依赖和被利益集团控制的存在。利益集团的控制已不同于传统社会中的直接和粗暴,而转向制造个体的部分"需求",迎合受众,使其获得"满足感"。威权控制变得间接而温情。

其次,个体原子化的混乱造成经济利益纠结下的社会联合,重现资本的控制。个体的复杂性和不确定性,以及对群体依附"消失"后产生的"自由快感",会造成身份认同的混乱。但同时,人的社会性决定了身份认同具有相当的吸引力。在自由和依附的张力之下,利益为主导的市场成为广泛被接受的主导力量。大众媒介时代的"注意力经济"模式使得个体无须直接付出资源,就能参与到媒介生产流程之中。形成新的媒介逻辑,即信息的实质常常服从于展示方法,服从于它在传播过程中的增值。消费主义变得更加流行,在其遮蔽下,利益集团最终还是获得了经济利益和控制权。

数字时代,由于传播方式的改变和多元传播渠道造成传播效果的不确定性,传播局面由传统的自上而下的"领唱"转换成由下而上的"合奏"。从思想上来看,普适性的价值观虽不再处于统治地位,但不至于被颠覆。自由、平等、个人尊严等精神呈个体化,"理性"作为基本精神不会被湮灭。强调和包容个体发出声音的权利,是凸显主体精神的前提之一。从传播实践来看,从个人电脑到手提电脑、手机的广泛使用,移动技术打乱了很多交流模式。激化的、去中心化的过程改变了交流的些许本质。例如所谓的"读图时代"中,语言表现形式可能不再首先是文字上的,而是偏向视觉。

这些变化同样体现在东西方的跨文化传播中。如前所述,西方是现代文化交流中的标杆。但是，如果说是西方创造了现代性，那么也是现代性创造了那个叫作"西方"的想象空间和认同。在现代化成为社会发展的主流时，西方也就成了想象中的范本。一旦西方自身失去作为范本的号召力，或是其内部出现认同的危机，势必会造成其对文化身份认同的调整。

反观西方的社会发展道路，并不是坦荡无崎。在遭遇资源破坏、信仰危机等问题后，西方开始反思自身。这种文化反思推动人们更多地探索和研究非西方文化，出现西方文化的东方转型，将东方作为"他者"来参照认识自身。从思想上而言，是要重新确定或修正文化身份认同；而实践上促进了当代的跨文化传播。这一趋势首先关联于从二元对立思维方式向互动认知思维方式的转变。过去，"认知"所描述的是一个可信赖的主体去"认识"一个相对确定的客体，从而将它定义、划分、归类到已有的认识论框架之中。互动认知的思维方式与主体原则相对，强调"他者原则"；与确定性"普适原则"相对，强调不确定的"互动原则"，即强调主体和他者在认知过程中都有所改变，对主体和客体的深入认识都必须依靠从"他者"视角的观察和反思。①在这种间性理论原则的观照下，重新审视东西方的跨文化传播，不难发现东西方只有在互动认知之中，才能保证发展的空间和动态维护文化身份认同的现实基础。

有文认为，西方文化中有两种东方主义：一种是否定的、意识形态性的东方主义；一种是肯定的、乌托邦式的东方主义。前者的功能是整合、巩固权力和维护现实秩序；而后者具有颠覆性、超越并否定现实秩序。前者在建构帝国主义的政治经济与文化道德权力，使其在西方扩张事业中相互渗透，协调运作；后者却在拆解这种意识形态的权力结构，表现出西方文化传统中自我怀疑、自我超越的侧面。② 人类面对异己文化有五种态度：排外论、包容论、平行论、相互渗透论和多元论。前三种虽客观存在，但不具有理论上的可追求性，相互渗透论与多元论接近理想状态。但相互渗透论难以实现，因为不同文化间本质上具有不相容性和不可通约性；而多元论的本质是一元论的宽容态

---

① 乐黛云：《西方的文化反思与东方转向》，《群言》2004 年第 5 期。

② 周宁：《走向"间性哲学"的跨文化研究》，《社会科学》2007 年第 10 期。

度。当今世界具有统治性的文化是西方现代科技文化，它表面上具有理性、宽容的多元化态度，但事实是西方现代科技文化在主导全球化浪潮，溶解其他文化。因此唯一的出路就是跨文化的间性智慧，即将他种文化当作是另一个自我，相互沟通、理解、渗透、建构，激发各自的创造力。

研究文化身份认同的具体方法，本文赞同一种"反思性"研究方法，即借助文本（text）或表征（representative）的分析，了解社会本相（reality）和情境（context）的存在特质，或追寻它们的形成过程。[①]虽然在在数字时代，复制技术使信息的获取和散发变得容易，文本呈"碎片"状，为追寻本相增加了难度，但不断地"反思"自我，对过程的剖析，有可能客观全面地认识真我和他者，这对个体而言是颇具操作性的可行方法。

四　结语

从文化身份认同理论的发展和现实演进来看，在数字时代，文化身份认同走向个体化，给主体带来更大的自由。宏观上，文化间性获得了更大的发展空间，也具有了不同以往的重要性。从技术上说，后结构主义和数字技术存在相关关系。差异的崇拜开始出现，我们共同的东西可能就是没有任何共同之处。差异性哲学导致文化身份认同的加强。但同时，数字技术也能造成霸权而削弱文化身份认同中的个体性。文化身份认同问题随社会发展变化具有持续讨论意义。

[①]　王明珂：《反思性研究与当代中国民族认同》，《南京大学学报（哲学人文社科版）》2008 年第 1 期。

下篇 文化与社会视域中的新媒体研究

从几个不同向度看媒介新技术的文化影响

石义彬 熊 慧*

晚近兴起并大规模扩散的媒介新技术，在社会变革中扮演了某种先导性的角色。它凭借瞬息到达、无远弗届、即时互动的传播能力，将全球范围内日益广泛的人群引领到一种崭新的文化体验和实践活动中，持续改写着人们对于习俗、传统、社会关系和生活方式等的细微感受。这类感受是日常生活中特定价值、观念和信仰得以维系的基础，它们可以间接作用于人们的情感和行动。正是在这一意义上，我们可以断言，媒介新技术具有显著的文化影响：它在冲击那些相对稳定、持久的意义结构，带来特定价值、观念及信仰的暂时性断裂，引发既有社会网络的分化和解体的同时，又可以促成新型意义结构的生成和巩固，以及拥有密切的情感联系和行动一致性的新兴共同体的出现，从而带来社会

---

* 熊慧，武汉大学新闻与传播学院博士研究生，厦门大学新闻传播学讲师。

的再度整合。与其他领域一样，文化领域中的媒介新技术也是一把双刃剑。它常常在截然相反的向度上发挥作用，呈现出错综复杂的外观。对媒介新技术的文化影响的全面评价，必然要建基于对不同向度及其合力的分别考量。本文试从几个不同向度来呈现媒介新技术的兴起和普及对人类文化生活的广泛而深远的影响。

分割与拼贴

媒介新技术的文化势力，最先体现在信息技术、网络技术以及移动传输技术的终端——新媒介的内容变革方面，后者尤以互联网的传播内容为代表。媒介运用符号的特征差异直观地决定着人们眼中的"现实世界"，以及在何种程度上接受和认同这个世界。[①] 数字化特征以及对模拟资源的处理本身导致了新媒介内容的碎片化，影响了人们的现实感观。从技术角度来说，数字化技术可以将任何模拟资源分割成比特和字节，并且这种分割是无限制的。也就是说，人们可以拥有无限的信息，而由这些信息所生成的文本也可以被分割为独立的主题和段落，以便进一步地扩充或删减。此外，因特网的自身特性，尤其是它的超链接结构也导向了内容的无限分割。由于这种结构的存在，网络使用者只要轻击鼠标，就能轻易地从网页上的一个词链接到其他网页或图片。链接、跳跃和联想的集合构成了对传统技术语境下连续有序的线性信息处理方式的极大挑战，间接加快了媒介内容的碎片化趋势。

更重要的是，与主要运用线性文字符号的报纸或主要运用声音符号的广播相比，媒介新技术还为人们构筑了一个新的张扬视觉文化的媒介平台，它使得"图像的组合、变异和翻新的可能性极大地提高了"[②]。世界通过视觉机器被编码为图像，我们又通过图像来获取有关世界的视觉经验。可以说，图像已经成为社会生活中的一种物质性力量，它不仅在反映着我们所生活的世界，也在创造着这个世界。在这样一个"世界被把握为图像的时代"，图像能否吸引人们的注意力就显得至关重要了。对于那些总是期望受者有足够的自律从而能持续

---

① 孟威：《网络"虚拟世界"的符号化》，载陈卫星主编《网络传播与社会发展》，北京广播学院出版社，2001。

② 张英进等：《眼睛为图像所俘》，《社会科学报》2004年6月17日。

地关注屏幕内容的传者而言，注意力的稍纵即逝是当今的大众传播所面临的最大问题。① 为了阻止注意力的分散，媒介不得不提供越来越强烈的刺激，如用触目惊心的插图和分镜头，来吸引那些高度分化和善变的目标人群。在这种注意力市场经济逻辑的直接推动下，媒介内容将变得越来越碎片化。

视觉化潮流的另一面，是信息的拼贴以及由此导致的媒介内容的娱乐化和浅表化趋势。一方面，可随意分割、存储的媒介新技术为视觉符号的重组提供了可用资本；另一方面，为了在海量信息中脱颖而出，大众媒介也需要聚敛那些最能吸引人们注意力的符号元素和属性，而后者往往与直接的感官刺激等人类本能领域密切相关。借助各种策略性的处理方式，媒介将上述元素和属性排列组合，拼贴成形态不一、高度娱乐化的媒介文类，如娱乐化新闻、娱乐化教育等，以此拓展注意力市场的范围和规模。以新技术范式为基础的媒介文化，一方面呈现出拼贴化的趋势，即无规则地组合各种图像、信息和符号，以提供最浅表的感官体验为要义；另一方面又呈现出同质化的趋势，即反复使用那些最能激发人们的好奇心和兴趣、吸引人们眼球的拼接方式。在新兴的媒介文化中，事件的背景信息、对核心议题的反思大多消失不见或被边缘化，媒介内容趋于浅表。不断接触这些内容的人们，或许正如西美尔所说，已经"深深陷入一个飞速发展而不可知的世界里，人们在铺天盖地的信息面前，已不能完全厘清和接受所有信息，已经很难对真正的精神价值作出判断"②。无处不在的新技术和媒介及其负载的五光十色的广告和娱乐性内容，将人们一一召唤到消费者的主体立场上，并使他们接受将零散的外观、风格和外在功能作为社会身份象征的消费哲学。③ 客体因此支配了主体，主体在这一过程中被分化并且失落了，自我也变成了附着在消费对象和行为的符号价值之上的、随着后者的改变而不断变换的碎片。"消费主义"本身成为了"消费者"这一文化共同体的唯一的身份认同。这一文化认同的出现和确立，势必进一步加剧当代社会的主体性危机，引发更为普遍的现代性焦虑。

---

① Jan van Dijk, *The Network Society*, *Social Aspects of New Media*, translated by Leontine Spoorenberg (London, Thousand Oaks and New Delhi: Sage Publications, 1999).

② 赵黎刚:《被改写的知觉:"新闻娱乐化现象"透析》,《新闻界》2006 年第 2 期。

③ 〔美〕贝斯特、凯尔纳:《后现代转向》,陈刚等译,南京大学出版社,2002。

　　通过不断地分割和拼贴，媒介新技术使信息的生产、流通和消费的速度不断加快。为了吸引受众的注意力，用于传播的信息的数量被不断增加，更新的频率和速度也越来越快。当这一趋势最终超越大众传播的范畴，影响到文化生活的深层结构时，它就标志着一种"速度文化"（a culture of speed）的产生。首先，文化生产的速度加快，文化的各种表现方式不断更迭，竞相争夺受众的注意力，一种表达方式很快为另一种新的方式所取代；其次，语言本身也发生了变化，渐渐形成了不连贯的、支离破碎的风格，使用缩略语、行业术语的现象也越来越突出；最后，文化消费的速度加快，新的潮流、风尚等不断涌现。①

　　表面上看来，信息数量骤增，表明传播活动越来越频繁，文化更趋丰富多元。然而，实际情况并非如此。首先，信息数量的增加并不意味着传播活动的增加，"信息"并不等于"传播"。前者指涉数据或符号，强调"为人所理解"；后者则是一种社会过程，强调信息从传者到受者的传递和交换。信息数量的增长并不意味着传播活动的相应增加。其次，信息传播速度的加快导致了社会信息供给的快速增长，引发了信息与传播超载的问题。一方面，人们身处信息的汪洋大海中，每日疲于信息的甄别和过滤；另一方面，信息生产始终处于加速状态。在美国，自1950年以来，信息供给量每年以8%～10%的速度增长，而信息需求增加的速度只有3%左右。② 信息供给的加速和不断重复，使人们不得不面对大量的信息垃圾，从事更多的选择性接触、理解和记忆。就整个社会而言，知识的增长速度并没有明显的加快。在信息传输速度呈倍数增长的同时，我们惊奇地发现，信息的社会影响力正在相对减弱。

真实与虚拟

　　新技术的影响不仅表现在传播内容方面，也表现在日常性的媒介接触、使用和消费形式方面。不断延伸和接入家庭空间的新媒介，尤其是互联网，正在

---

① Jan van Dijk, *The Network Society*, *Social Aspects of New Media*, translated by Leontine Spoorenberg (London, Thousand Oaks and New Delhi: Sage Publications, 1999).

② Jan van Dijk, *The Network Society*, *Social Aspects of New Media*, translated by Leontine Spoorenberg (London, Thousand Oaks and New Delhi: Sage Publications, 1999).

将人们带入一个由各种电脑合成图像和虚拟场景所构筑的全新的视觉体验领域——虚拟世界。在这一高度仿真的后现代文化空间内，人们正在经历观念和行为方式的深层调整，虚拟身份（virtual identity）开始产生，虚拟文化共同体开始形成。

网络媒体，尤其是互联网，无疑是媒介新技术时代的宠儿。自产生伊始，互联网就吸引了诸多理论家和文学家的关注。特别是 20 世纪 80 年代以来，随着赛博朋克（cyberpunk）小说热潮的出现，以互联网为基础的赛博空间（cyberspace）以及在这一空间中所建构的虚拟现实（virtual reality）对于个体身份认同的影响，开始成为人们关注的焦点。由于赛博空间的虚拟性和匿名性，个体形成一种新的、不同于其真实生活的认同模式。人们可以自己设计身份，成为"假想我"，即随意想象、完全捏造的自我，或"理想我"，即根据自己在真实生活中所期待的、不太可能实现的理性型而建构的身份，或"真实我"，即按照生活中的真实自我来设计的身份。这些身份可以随时地被更换，如转换性别、年龄等，或拥有多重的甚至是平行的身份，如一个人可以同时是女性和男性，白人和黑人等。因此，在网络空间中，主体的身份认同可以"具有多元、复杂、超越普遍认同类别的文化意涵"[①]，这可能导致两种截然不同的结论：虚拟身份将带来多重人格和自我的多元化倾向，使主体趋于断裂和碎片化，从而引发相应的认同危机；或者，"在统一自我和多重自我之间，最终会想象出一个弹性的自我，鼓吹多'面向'（如分身之间）的对话，而'真实'变成了身份认同'协商'下的结果"[②]。换言之，虚拟身份可以帮助人们重新审视自我是完整个体的传统观念，进而促成新的多元而整合的身份认同的形成。

就前者而言，虚拟身份可能导致自我与他者界限的模糊，造成主体内在平衡感和稳定感的丧失。由于网络空间允许人们将身份随时与任何符号相勾连，同一个体可以使用不同符号来标示其身份，不同个体也可能使用相同的标示符号。这就意味着，个体可能越来越无法区分自我与他者之间的界限。加之网络

---

① 陈明珠：《媒体再现与认同政治》，《中国传媒报告》2003 年第 4 期。
② 吴筱玫：《网路传播概论》，智胜文化，2003。

中的任何个体都能随时随地更换甚至藏匿其标示符号，因此，这种身份的跳跃变换将损害主体先前的相对稳定和确定的自我感，从而导致自我的分裂和迷失，引发个体的身份认同危机。就后者而言，网络空间赋予了人们发挥创造性和实现自我解放的可能。自我身份的设计和变换意味着能动性的张扬，它使个体脱离了日常生活情境中结构、制度和规范对自我观念和行动的限制，在将主体分解为不同维度、不同层面的自我的过程中，人们真实的自我认同得以表达，原有的完整个体的"幻象"被打破之时，就是新的多元而丰富的自我身份认同形成之日。从这一意义上说，虚拟身份带来了自反性的个体潜能的解放。这两种立场看似截然相反，实际上有着共同的价值预设：认为在网络空间出现以前，物质世界中存在一种稳定的、完整的个体文化身份认同体系。只是前者主张坚守这一体系，后者则追求对这一体系的超越。

诚然，赛博空间和虚拟身份的出现给人们带来了诸多全新的体验，深刻地影响了个体文化身份认同的形成和再现机制。但不要忘记，那些畅游电脑网络空间的主体仍是社会的人，是拥有线下（offline）生活及相应的各种社会关系和交往活动的主体。赛博空间对个体身份认同的影响最终要取决于主体本身。换言之，主体应该被视为不同身份认同相互斗争和协商的话语场域，身份的最终形式取决于主体所拥有的社会生活与虚拟世界的话语场域的交互作用。

在赛博空间这一语境下，虚拟社群与新兴的集体文化身份认同是另一重要议题。随着互联网的普及，越来越多的人开始了他们在网络上的"诗意地栖居"，互联网日益成为人们参与公众生活的全球化的空间。在这一空间中，人们出于不同的目的而经常性地聚集在一起，开展讨论、交流与互动。于是，各种形态不一的虚拟社群开始出现，包括新闻群组、聊天室、电子布告栏和多人线上互动游戏等。其中多数属于"采集性"社群（foraging communities），即人们为了获得资源或立即的报酬而临时性地聚集起来，成员之间关系松散，对社群的认同性很低。许多新闻群组和电子布告栏都属于这一类型的社群。另一类社群，即"认同性"社群，则更为接近线下的传统社群的特征。[①] 成员之间有着某种默契或共通性，如共同的个性、兴趣和社会利益等，形成了一些共同遵守

---

① 吴筱玫：《网路传播概论》，智胜文化，2003。

的行为方式和规范，彼此之间的交流和互动较为频繁，甚至开展线下的交往等，聊天室和多人线上互动游戏很多就属于这一类型，它们正日益成为新的集体文化共同体。

和传统社群一样，虚拟社群的集体认同的维系仍然有赖于在交往中形成共同的符码和意义体系，只是成员的真实身份被化约为线上的虚拟自我，这将在三个方面影响虚拟社群的集体文化身份认同：首先，由于真实身份被隐匿，网络成为了一个性别盲、阶级盲、种族盲的空间，差异的掩盖反而更有利于建构共同的意义体系，形成相应的文化认同。因此，虚拟社群的范围常常空前广泛，可以超越地理和文化的界限。其次，虚拟身份具有很强的暂时性和流动性，这使得基于这种身份而建构的集体认同往往较为短暂和不确定。最后，身份的隐匿性为人们提供了相对的安全感。因此，一些在现实社会生活中难以得到认可的群体开始转而在网上寻求志同道合者，包括同性恋人群、种族主义者、男性至上主义者等，网络正越来越多地成为社会中的弱势群体的认同管道。与此同时，一些新型的反社会活动，如网络强暴、严重侵犯个人隐私权的人肉搜索等，也随之产生和蔓延。显然，虚拟社群带来了一种新的集体文化体验，使人们得以超越传统和地域所设置的界限，建构起新的人际关系，重新理解人们所在的外部世界。与此同时，虚拟社群也有着它自身难以逾越的障碍，它仍然在总体的文化脉络下运行，很多时候，它甚至就是这种文化脉络在线上的延伸。它无法完全满足人们在交往和互动中的多重需求，因此也无法取代传统社群和现实的人际交往活动。

如果将虚拟社群的内涵稍做延伸，视之为一种"想象性的社群"，即基于共同的空间、文化和语言场域内的中介性交往而形成的社群，那么，我们可以将所有由新媒介凝聚而成的文化共同体称为虚拟社群。它应该具有以下几个方面的特征：共同性；有一定可见或不可见的"边界"；自主性；想象空间。①在新技术时代，大众媒介的仪式化表征形塑了这一想象的空间。通过对各种媒介事件的设计和再现，新媒介正在将人们吸引到全球同步的现场直播中，使身在八方的人们获得对同一事件的在场感和参与感。一方面，这可以为空前广泛

---

① 吴筱玫：《网路传播概论》，智胜文化，2003。

的人群提供一种全球性关联和交往的机会，对此种非常机会的创造性使用，可能带来局部解放的可能，如支持某些弱势群体利益的非政府组织的出现以及相应活动的开展，共同面对、协作解决全球性生态危机等。

然而，这只是硬币的一面。在另一面，虚拟现实技术的应用可能带来符号的能指、所指与指示物之间联系的断裂。德波曾详细论述了图像以及其他由大众媒介制造的视觉存在物如何使"生活本身展现为景观的庞大堆聚"，成为一个"纯粹景观的、孤立的伪世界"①。这一世界无时无刻不在向人们展示人不再能直接把握世界而必须借助景观这一视觉中介来理解世界的事实。景观因此不再是左右社会交往方式的外部力量，而是一种已经内化到人们的观念和社会实践中的秩序。这一秩序使人们无法分辨真实与虚假，本质与表象，原型与复制，因为二者关系早已颠倒，前者已经成为了后者的一部分。如果说德波将"情境主义"的实践引入日常生活领域，为揭示和颠覆以交换价值控制使用价值、导致人和社会生活的全面异化的景观社会留下了一扇小门的话，鲍德里亚则在他以媒介新技术为支柱的"仿真王国"中取消了这种可能。他认为，人们正日益生活在一个以技术和自我指涉符号（取消了能指、所指和指示物之间的关联）取代了自然世界和它所有指涉物的"仿真王国"。通过提供一个虚拟的三维世界，虚拟现实能"在同一时刻给人以视觉、听觉、触觉、甚至嗅觉和味觉的综合刺激"，"不仅可模仿现实到乱真的程度，而且还可以随心所欲地营造出现实世界不可能出现的情景，神话、童话、科学幻想在这个世界中可以轻而易举地化作'现实'"②。在新技术所营造的"超真实"的空间里，现实与虚拟之间的界限全面模糊。

全球与地方

全球文化空间与本土文化空间之张力的形成和演化，也是媒介新技术的文化影响的一个重要维度。媒介新技术正在改变空间—地域之间的传统联系，促

---

① 〔法〕德波：《景观社会》，王昭凤译，南京大学出版社，2007。
② 吴伯凡：《孤独的狂欢——数字时代的交往》，中国人民大学出版社，1997。

成新型空间体验的产生。这种体验不仅来自于碎片化、视觉化的纯粹符号世界和由各种新型的媒介接触、使用和消费实践所构筑的虚拟文化空间和公共政治文化空间，还来自于一个正在浮现的全球文化空间和伴随这一空间的形成而呈现出结构性重组态势的地方文化空间。在后面这类空间范畴中，文化具有了最广泛的内涵：它不仅指涉商业化的符号产品及其生产与接收实践，还指涉构成这些产品和实践的外围语境的动态的社会认知、情感和心理结构。换言之，对全球与地方文化空间的考察，实际上就是对正在发生快速改变的传播地理下的整体生活方式的考察。媒介新技术与全球化，尤其是文化全球化的关系，已经在汗牛充栋的人文社会科学文献中得到探讨。简言之，数字化、网络化的媒介新技术及其无远弗届、瞬息到达、同步接收的信息传输能力，正在冲破传统地理边界的束缚，将世界连接成一个整体。这种整体性不仅表现为跨国企业集团势力在全球，包括广大的第三世界国家的开疆辟土，表现为资金、技术、人力资源的跨国流动和现代企业经营组织模式的全球扩散，还表现为随着人员的流动而增强的文化混杂过程，表现为数量空前庞大的文化产品和信息在世界范围内的生产、流通和消费以及由此带来的特定价值、观念、信仰、意识形态、社会交往方式和生活方式等的广泛散播。在吉登斯那里，这些过程将带来社会体系的脱域（disembedding）和在另一情境下的嵌入（embedding），进而导致社会关系的重组。[①] 这种重组的结果被卡斯特称作正在浮现的"新的空间形式与过程"——"流动空间"，作为一种"结构性支配"力量，它"根本地改变了地方的意义和动态"[②]。这里的"地方"概念，既包括民族国家这一基本的政治单元，也涵盖了在民族国家中居于一域的狭义的"地方"。全球和地方文化空间的对峙，最先表现在民族国家这一层面上。

民族国家的式微和文化民族主义的兴起是同一过程的两面，也是高度全球化最为直接的后果之一。以媒介新技术所构建的全球信息网络为基础，各种跨国组织和国际团体不断涌现，民族国家作为国际交往的基本单元的地位依然稳固，但它在疆界内外的控制力似乎呈现衰退之势。正是在这样的语境下，文化

---

① 〔英〕吉登斯：《现代性的后果》，田禾译，译林出版社，2000。
② 〔美〕卡斯特：《网络社会的崛起》，夏铸九等译，社会科学文献出版社，2006。

民族主义开始出现。"文化民族主义的目的是在人们感到其文化认同不足或受到威胁的时候，通过创造、保存和强化这种文化身份认同，来重建其民族共同体"。① 而这一目的的合法性依据来自于对消费资本主义全球扩张所导致的文化同质化趋势的忧虑。在文化民族主义者的眼中，从 20 世纪 60 年代以来，随着西方社会从工业资本主义向消费资本主义的转变以及消费主义在全球的迅速扩张，世界开始步入以美国的传媒和文化产业为主导的文化帝国主义时代。文化帝国不断地向发展中国家输出产品及价值观，造成全世界生活方式和消费模式的标准化，蚕食民族文化的生存空间，导致原有的民族文化共同体的削弱甚至瓦解，威胁国家的信息安全和文化主权。因此，设置信息防火墙，重建民族文化共同体，恢复陷入危机的民族文化认同，具有重要的现实意义和紧迫性。

20 世纪 80 年代以来，"民族"这一概念受到了一些支持全球化的学者的攻击，它被界定为"想象性的共同体"，定义为精英分子使其利益合理化的依据。民族国家作为基本的政治文化单元的合法性受到了质疑。在这些学者看来，与其说全球化导致了本土文化的同质化，不如说它带来了"全球本土化"（globalize），即基于对本土文化独特性的吸收而形成的全球文化混杂的过程，本土文化在被纳入全球文化空间的同时也影响着后一空间的形态和结构。此外，有学者指出，各种区域性—洲际性网络和组织的不断组建，与民族国家对各项事务更广泛、深入和持久的监控与干预，以及国家"功能和权力从经济和军事向社会和文化，从外部主权向内部和国内控制"的转换同步发生。换言之，民族国家的政治和文化职能并未被削弱，而是发生了转型，民族文化在国家疆界内依然扮演着心理和情感凝聚者的支配性角色。然而，这些观点并没能熄灭文化民族主义者的热情，相反，它们成为了后者进入更高境界，建构超越国家界限的"泛民族文化共同体"的推动力。正如英国学者史密斯所说，"民族的形成和种族性的民族主义看起来更像是'宗教替代品'的制度化，而不是政治意识形态，也因此比我们敢于承认的还要持久而有力"。②

与此同时，"狼来了"的呼声也回响在地域文化的层面上。一方面，与民

---

① 〔美〕卡斯特：《认同的力量》，曹荣湘译，社会科学文献出版社，2006。
② 〔英〕史密斯：《民族主义：理论，意识形态，历史》，叶江译，上海人民出版社，2006。

族文化一样，地域文化同样感受到了来自全球文化的冲击。以媒介新技术为依托，后者可以在充分了解和追踪市场分化情况的前提下，源源不断地将那些批量生产并被"本土化"的符号、信息、产品和服务提供给目标人群，从而全面嵌入到地方生活的各个层面中。这种文化之所以被很多人视为对地域文化的侵蚀，并不仅仅在于它内容的同质化趋势——虽然全球文化确实在卓有成效地增加并适应大众市场的分化的同时存在着高度娱乐化、内容单一的问题——而更多地在于它在连接全球与地方经验时所使用的方式。就其本质而言，全球本土化不过是一种商业营销策略，当它将地域文化纳入到全球文化的话语体系中时，更多是使用一种作为抽象的符号表象而存在的地方特色而非具体可感的、浸入地方经验之内部的价值观念的表达。在全球本土化的文化空间的支配下，地方体验将沦为一种被他者化的景观，一种根本缺席的在场。另一方面，地域文化还受到大民族文化的冲击。推广一种政治意义上的民族文化，加强民族国家的统一和凝聚的努力，也正随着媒介新技术的兴起而不断加强。对于民族国家疆界内的群体生物学共性，如血缘、种族等，共同的历史和民族象征，统一的民族语言等的符号化呈现和强调，客观上构成了对更为异质、多元和丰富的地域文化空间的挤压。作为对上述两种趋势的反弹，维护或重建地域文化空间的呼声日高。

在全球化的背景下，地域意识和社会群体意识的重新产生可能会"形成充满朝气的世界主义"，也可能"激起对地方情感和地方认同的一种怀旧、内向、狭隘的意识"①。正如民族认同和民族共同体的重建有可能导向更有活力的民族文化，也可能激起狭隘的民族主义意识一样，评价这些重建后的地方文化空间，需要我们参照特定的社会历史语境。虽然当前全球—地方关系的表现形态仍充满变数，但有几点是确定无疑的：首先，以媒介新技术为依托的全球文化空间是一个由全球性文化企业所缔造，受到消费主义逻辑的支配，强调流行文化产品、符号和服务的批量生产、流通和消费的空间，在很大意义上，这是一个美国化的媒介文化空间；其次，民族文化和地域文化的重建本身就是全

---

① 〔英〕莫利、罗宾斯：《认同的空间：全球媒介、电子世界景观与文化边界》，司艳译，南京大学出版社，2001。

球化的一部分，是全球与地方关系的重新组合，我们不应该也不可能抛开全球化语境来评价上述文化；再次，无论是全球文化、民族文化还是地域文化，都是文化混杂融合的结果，人类历史上从来没有，以后也不会有某种完全与世隔绝的、纯粹的、正宗的文化形态，这是定位所有文化的观念前提；最后，媒介新技术在全球—地方维度上的文化影响，最终取决于它在人们的日常生活体验和实践中所扮演的角色，时至今日，大多数人的几乎全部的活动仍然是在地方这一空间中开展，他们仍然拥有相对稳定的经验、观念和情感归属，夸大或低估媒介新技术对这些群体的影响都是不适当的。

结　语

对分割与拼贴，虚拟与真实，全球与地方的关系范畴的分析表明，媒介新技术正在影响着人们的整体生活方式，潜移默化地改变人们对于自我、社会和世界的总体感觉、认知、情感与行动方式。这些改变的最终指向并不明朗，但它们已呈现出多种可能。确切地说，媒介新技术给人们带来的最大困扰并不是别无选择，而恰恰是难以抉择。技术不能决定什么，它由人所决定。人类使用技术的方式、范围和程度，将在最终意义上决定技术的功用和影响；而人类看待技术的立场和视角，又决定着技术被使用的方式。基于这一认知，在我国，将媒介新技术置于社会学的视角之下——在持续的社会结构转型过程中，新技术并不具有任何决定性作用，它更多只是扮演了加速器的角色。因此，应对当前媒介新技术所带来的文化问题的策略和方法，不应该是纯技术的，技术手段可以暂时解决或缓解某些表层的问题，却无法触及问题的实质。它必须是一个更全面、更为社会化的方案与规划，包括技术手段、法律规制、道德引导和意识提升等。

数字时代的参与式文化

——以互联网上围绕《星球大战》的受众创作为例*

石义彬　岳改玲**

围绕 1999~2005 年间《星球大战》新三部曲之《幽灵的威胁》《克隆人的进攻》《西斯的复仇》的发行，互联网上有关《星球大战》的论坛及网站涌现。这些论坛中，出现了大量受众围绕《星球大战》创作的作品。借助数码相机、摄像机等数字设备，几乎所有人都能够参与对《星球大战》影片的模仿、拍摄，从一定意义上说，针对电影的所谓专业主义受到挑战。我们应该如何认知诸如此类受众借助新的传播科技围绕特定电影或电视作品进行创作的现象？

本文涉及的受众创作指受众原创或改编的文字、图片及音频、视频等类型的作品。主流文化中，受众常被视为文化工业的抗拒者或者是被文化工业操弄的受害者，他们围绕电视、电影等文本创作的歌曲、音像等作品经常被忽视，或被认为是怪异的，或是在消磨时间，而不是创造力的体现。实际上，新的媒介环境下，受众的创造力被激发，借助新的传播技术手段，他们正逐渐成为现代媒介革命积极的参与者。

一　变化中的传播环境

随着数字技术的日新月异，新的传播工具不断涌现，为当代社会的传播生态带来急剧变化。不同于传统媒体的单向传播方式，互联网创造了崭新的媒介

＊ 本文为教育部人文社会科学重点研究基地重大项目"数字时代的全球媒介传播与文化身份认同研究"（项目编号 2006JDXM184）研究成果之一。

＊＊ 岳改玲，武汉大学新闻与传播学院博士研究生。

景观，尤其是伴随基于 Web2.0 技术的博客、维基、社交网站等的发展，我们进入了一个具有更多参与和互动形式的媒介环境。而随着手机等便携式通信工具与无线互联网的结合，频宽与近用限制大量减少，更方便、更迅捷的个人信息传播平台开始出现，一般人用很低的成本和简单的技术就可以参与媒介内容的制作。

在产业层面，跨越多个产业的水平整合打破了旧有的垂直整合，伴随媒介合并产生了庞大的媒介帝国，媒介所有权日益集中于少数跨媒体和跨国的媒介集团手中。如今，通过庞大的媒体帝国所搭建的传播网络，媒介产品横跨各种媒体形态：连环画融入电脑游戏，电脑游戏进入电影或者改编为电视剧……能够在不同媒介平台快速且顺利流通的内容成为生产和流通策略的核心。

这些新的媒介所有权形式和媒介产品形态是媒介融合的重要表现之一。对于媒介产业来说，融合具有强烈的吸引力。首先，媒介内容在各种媒体形态中流动，媒介产品的叙事领域被大大扩展，可以大幅度地降低边际生产成本；其次，融合将启动一系列的消费。在搜索心仪娱乐体验的过程中，受众可能从看一部电影转向订购电影配乐唱片等。也就是说，受众不仅会消费某一媒介产品，还可能会买进其相应的衍生产品，而这一领域要足够丰富，才能维持他们的兴趣。因此，媒介集团一方面极力进行产业领域的扩张，推进媒介内容跨越不同媒体系统、不同产业体系和国家范围的流动，从而实现综合效益的最大化；另一方面更加关注受众对其产品的兴趣及反馈，以使他们长时间地停留在自己构建的娱乐体系之中。

在这种快速变迁的传播环境中，受众的实践也出现了许多新的变化。新数字媒介的受众不再是被动的信息接收者，甚至不再是传统意义上的媒介消费者，而成为了主动的信息生产者与传播者。借助新的传播技术，一些受众开始将电影或电视作品作为讲述和创作自己故事的原素材，以及构造自己社群的资源。《星球大战》是数字时代媒介融合的精彩个案，同时也是研究受众围绕影视作品进行创作的精彩个案。《星球大战》系列影片提供了数不清的形象、符号和衍生产品，并不断推陈出新。近期，知名 Hip Hop 服装品牌 ECKO 还以白兵的盔甲为模型推出了 Star Wars 系列服装。叙事领域的连续性有助于长期吸引受众。在互联网上，出现了大量受众围绕《星球大战》创作的作品，比如视频、小说、图画等。梅罗维茨认为，"不应该只是关注新媒体带来的新内容，而应该探究新表达形式造成的社会及文化改变"。① 因而，我们就以围绕《星球大战》的受众创作为例，来探讨新的数字技术在政治、经济、文化、社会等层面所带来的新的参与式文化风貌。

二　参与式文化的兴起

参与式文化（Participatory Culture）这一概念可以回溯至詹金斯（Henry Jenkins）颇具影响力的作品《文本盗猎者：电视迷与参与式文化》。最初，与消极的媒体观看等概念相对，参与式文化被描述为迷的一种特性，产生和发展于迷社群。相关研究主要围绕流行文化及其使用者的关系，探讨流行文化的挪用和消费等问题。有关歌迷和影迷的研究是其中的重镇。詹金斯认为，当迷阅读和消化他们喜爱的流行文本之后，不仅享受其中的愉悦和内容，同时也会将其进行改变和再生产。进而由一个被动的消费者转换为一个主动的文化生产者或盗猎者。② 随着作为文化内容生产和传播重要工具的传播新技术的发展，参与式文化的内涵有了新的拓展，不再局限在迷等小社群生产出的文本与文化资本，而逐渐与借助新技术的赋权相连，被视为是"一种在新技术环境中产生的新的消费主义形式，能够实现消费者参与媒介叙事的创作和流通，并成为生产者的期待"③。

在《面对参与式文化的挑战：21 世纪的媒介教育》一文中，詹金斯对参与式文化进行了详细说明。他认为，参与式文化是一种艺术表达和公民参与门槛相对较低，强烈支持创造和共享创造作品的文化。在这种文化中，

---

① 李月莲：《"YouTube 现象"带来的社会颠覆与传媒教育范式转移》，《传媒透视》2007 年第 3 期。

② 〔美〕亨利·詹金斯：《大众文化：粉丝、盗猎者、游牧民——德塞都的大众文化审美》，《湖北大学学报（哲学社会科学版）》2008 年第 4 期。

③ Henry Jenkins, "Quentin Tarantino's Star Wars? Digital Cinema, Media Convergence, and Participatory Culture," in Meenakshi Gigi, Durham and Douglas Kellner, eds., *Media and Cultural Studies：Keyworks* (Wiley-Blackwell Publisher, 2003), p. 549.

个体建立起与他人的社会联系；经验丰富人士将他们的经验通过一些非正式的方式传递给初学者；同时，个体认为自己的贡献是有价值的，比较在意别人如何看待自己的创作内容。具体而言，参与式文化体现在以下几个方面：①联系：指正式或非正式的会员身份，围绕一些在线社区成立；②表达：指创作有创意的文本，比如音频、视频、小说等；③集体解决问题：指通过正式或非正式的团队来完成某项任务，比如维基、电脑游戏等；④信息的传播：借助播客、博客等形式。① 国内有研究者认为"参与式文化"应该定义为"以网络虚拟社区为平台，以青少年为主体，通过某种身份认同，以积极主动地创作媒介文本、传播媒介内容、加强网络交往为主要形式所创造出来的一种自由、平等、公开、包容、共享的新型媒介文化样式"②。不论哪种定义，均强调了数字技术推动下产生的全新传播生态中，个人作为传播者的自主性，同时也都包含了学习、创造性表达、社区活动、公民参与等内容。从传播学角度来看，传统的由传者到受众的单向传播模式，在参与式文化的生态中已转变为兼具单向与双向互动、传播者与受众随时发生转变与重合的互动模式。

参与式文化的历史可以追溯至影印机的出现。影印机的推广使用为亚文化社群传播自己的观念和主张铺平了道路。录像机为受众提供了保存和复制媒介内容的工具。数字时代来临之后，可携式摄像机、数码相机的采用，使越来越多的人直接步入视频摄制和制作过程。电子摄影和音频采样技术使我们很容易对影像和声音进行修改制作。计算机和电子游戏使我们可以将自己视为虚拟世界的积极参与者，可以"像绝地武士一样战斗"。

这些新的技术不仅改变了媒介内容生产和消费的方式，同样打破了受众创作、展示和流通的障碍。互联网出现之前，因为缺乏场所，受众作品的展示仅限于家庭和朋友圈。互联网出现之后，其迅速成为草根文化作品重要的

---

① Henry Jenkins, Katie Clinton, Ravi Purushotma, Alice J. Robison, Margaret Weigel, *Confronting the Challenges of Participatory Culture：Media Education for the 21st Century*, http：//digitallearning. macfound. org/atf/cf/%7B7E45C7E0 - A3E0 - 4B89 - AC9C - E807E1B0AE4E%7D/JENKINS_ WHITE_ PAPER. PDF.

② 李德刚、何玉：《新媒介素养：参与式文化背景下媒介素养教育的转向》，《中国广播电视学刊》2007 年第 12 期。

陈列橱，同时为相关作品的公开讨论提供了新的场所。各种各样的受众作品获得了更大的可见性，从家庭或地方层面进入到更广阔的流通领域，从而激发了一种有关自我创造和表达的兴奋状态。围绕特定媒介产品产生的诸如"同人""同人志"①等新生词语开始进入人们的视野，同人原创和改编作品通常是网络论坛的热门讨论区。相应的贴吧和论坛引起越来越多人的关注，而相关作品的内容随着受众的参与和加入变得更加普遍和深入，成为互联网上散落在不同地理空间的人们形成社会联系的基础。那些从来不曾面对面相见的人可以凭借新的技术和设备接入共同的流行文化架构，并通过共同的兴趣建立起联系。

总的来说，数字时代的受众实践体现出一种积极的社会参与。受众不仅阅读和谈论媒介内容，还借助数码相机、手机、互联网等形式发表言论，制作音频、视频等，并通过博客、视频网站等形式广泛散布，与他人分享。受众有了一定的内容制作权，可以参与至媒介内容的存储、诠释、更改以及重新流通。在这一过程中，受众媒介消费的经验得以借此转换为新文本，甚至被纳入新文化和新社群的生产。于是，借助新的传播技术，参与式文化将个体的媒介消费与更广阔的数字传播网络联系起来。

三　从围绕《星球大战》的受众创作看参与式文化的展现

（一）个人创造力的表达

我们可以从许多受众自创文本中看到发帖人的无限创意。在星球大战华语论坛等网站中，同人原创和网友改编作品的类型涵盖了诗歌、小说、绘画、视

---

① "同人"一词来自日语的"どうじん"，原指有着相同志向的人们。作为动漫文化的用词，指"自创、不受商业影响的自我创作"，或"自主"的创作。它比商业创作有较大的创作自由度，有"想创作什么，便创作什么"的味道。"同人志"来源于日语的"どうじんし"，指具有相同兴趣爱好的群体所共同创作出版的书籍、刊物。同人志并没有特别限定创作的目标事物，但一般来说意指漫画或与漫画相关的周边创作。这些创作绝大部分是自己出资，有别于商业漫画，有较大的创作自由度。

频，甚至还与中国传统民间艺术相结合，出现了呈现《星球大战》中经典场景和人物的剪纸作品。从某种意义上说，受众不断的创造和再创造为媒介产品增添了新的元素，帮助其延伸和提升了自身的价值。

新媒介为个体思想和创造力的展示、勾连和交换提供了便利，每个人都能借助这些工具与整个世界分享自己的梦想。网名为"Shawn"的网友利用暑假时间拍摄了绝地武士与光剑大战，并将其上传至星球大战华语论坛。他的制作采用一台三星 NV20 数码相机、一台个人电脑以及一把购置的光剑，演出人员都是其朋友。他试图向梦想成为绝地武士的每一个人展示，现在这些梦想可以使用每人都能负担得起的工具来实现。另外，受众的创作模糊了以太空为主题的幻想领域（"很久很久以前，在一个非常遥远的星系中……"）和日常生活的熟悉领域之间的界限，将文本拉进了自己的生活经验领域。他们从电影、游戏中截取片段，并将其与自己日常生活的领域结合起来进行制作。星球大战百度贴吧里"毛布利多"的作品中，两个青少年很明显在自家客厅和楼梯间拍摄光剑大战。

（二）互助共享的创作模式

自由开放的互联网为受众的智慧和创意提供了一个展示的窗口，使受众创作从私人化场所走向了公共空间，优酷、土豆等视频网站甚至受众自己设立的纯技术交流、非经营性的独立个人网站都成为受众作品走向公众的展示平台。他们在作品展示的过程中也能收到一些意见和建议。网络论坛为这些业余创作者提供了一个对自己和他人作品发表意见的机会，在网上可以找到许多解决相关技术问题的文章。"如何做光剑和原力的特效？"等问题在论坛上很常见。制作者的讲解也体现出他们的创造性，包括："某些片段用了包着反光胶布的小木棍"（回答者：jedixwolf），再比如"用 Photoshop 将每张图片里木棍改成光剑，最后再将改好的图片用 Premiere 导成影片"（回答者：ywl4726）。这些讲解中包含着相互之间的经验交流。另外还有针对某些作品的讨论和评价，其中不乏建设性意见。比如，"RC-1138"认为"Shawn"的作品"在结尾时的音乐要是切到武打场面上播放就好多了，而且演员表有点儿乱……要说优点，取景地还算有看头，估计你说是在 Endor 拍的都有人信，其实，《星球大战》

中可供挖掘的题材很广泛，不一定非要拍绝地武士与光剑大战，一味地乱打只能造成坏印象；如果拍摄条件达不到，大可以轻松点儿恶搞到底，比方说，片尾做的放电就很有意思"①。不同年龄、不同文化背景的人从各个角度发表自身意见，透过相互讨论，甚至还可以挖掘到一些文本制作者也未曾意识到的很多东西，受众个人对媒介文本的理解和阐释经过和其他网友的讨论被不断塑造和巩固。在群体内的任何一个个体所知道的知识都可为该群体所有成员共享，这些信息的交流实现了技术、思想资源的共享和交换，有助于提升社群中作品的整体水平。

（三）非专业化的创作实践

这些受众创作是非专业的，因为它们制作成本低廉，由非专业的制作者制作，在非商业环境中生产和流通。这些创作者未受过专业培训，有限的金钱以及高科技制作设备，使其很难与专业作品进行竞争。受众所创作的视频中经常出现画面不甚清晰，镜头摇晃不稳，推拉摇移的运用不甚合理，还有很多不做后期剪辑处理就直接上传到了网上。总之，受众创作的作品水平参差不齐，体现出显著的"非专业"特点。但是，这些作品超越了种种限制，经常借助那些有意或无意未加工的粗糙制作，来模仿好经典商业作品。对经典影片的模仿有助于去除笼罩在经典之上的"神秘化"面纱，将其带入普通人的普通生活场域。由于大部分受众的目的是创作令人印象深刻的作品，或者表达自己对某一特定作品的欣赏或不满，因此，他们大多走向了对于专业作品的戏仿和挪用。

（四）从个体表达走向公共空间

受众发掘了传播新技术的潜能，并将其作为自己才能的一个训练场，业余制作者们试图使用数字技术和设备制作比自己童年幻想的更加生动的图画，表达自己对于梦想、快感的体验。然而，受众的创作并没有仅仅停留在个体表达层面。从一开始，受众创作的目标就指向家庭成员、朋友圈

---

① 星球大战论坛，http：//starwars. vicp. net/bbs/bbs_ content. jsp? bbsSerialNo = 817458。

以及熟人范围之外的其他受众，是一种创作实践的公开展示与交流，而不仅仅是个人对自己感觉、想法的表达和个性的宣泄；同时，受众创作的内容是公共的，其戏仿或挪用的媒介作品处于流行的商业化语境中，围绕商业影视作品所衍生的广大市场也在无意中为受众的创作提供了许多资源上的支持。就《星球大战》而言，其爱好者们经常利用订购的服装和道具来进行拍摄，从数字影片或者电脑游戏中选取音乐或画面丰富自己的作品，从电视纪录片、杂志或者网络论坛中获得有关视频制作技术方面的建议。这其中体现的是个体与他人之间的交流，以及个人与周围环境之间的互动。因此，这些受众创作体现出一定的公共性。便携式摄像机、互联网等设备帮助业余的创作者们将他们的个人经历或者兴趣融入到了一个公开、共享的文化语境之中。

媒介企业对这一新的参与式文化的反应经常是压制，将知识产权法视为控制媒体素材流通的手段并严格执行，或者对受众可以免费使用的文化素材进行控制。① 这些措施直接否认受众具有剪辑、改编商业作品的权利，同时也否认受众具有从自己的创造性劳动中获得经济利益的权利。但是在媒介企业内部，也有不同声音存在。比如，有许多媒体生产者积极关注，甚至直接参与到受众在网上的讨论之中，考察对自己作品的反馈，并从中寻找独特的创意和内容，并将其纳入自己的作品之中。

由此，在参与式文化的场域中，受众与媒介企业之间出现了一个反馈回路。互联网代表了一个实验和创新的场所，受众在这里试水，开发新的实践、主题，生产那些可能会吸引追随者的素材，最可行以及最成功的那些实践被媒介企业所吸收，草根的视角以及原生态的创作方式给传统新闻传播语境带来了新鲜的空气。反过来，媒介企业提供的素材鼓舞了受众的创造，受众经常使用从大众媒体中借用的形象进行作品创作，这又在新的方向推动了原有商业作品的发展。从一定意义上说，受众用以实现个人创作的那些内容和片段，均采撷于媒体资讯的洪流，通过个体的创造性思维以及与其他受众

---

① Henry Jenkins, "Quentin Tarantino's Star Wars? Digital Cinema, Media Convergence, and Participatory Culture," in Meenakshi Gigi, Durham and Douglas Kellner, eds., *Media and Cultural Studies*: *Keyworks* (Wiley-Blackwell Publisher, 2003), p. 556.

的社会互动，这些内容被转化为包含受众日常生活资源和社会经验的作品。原有媒介作品的固有意义被打破，其意义和价值被重新创作和讨论。而这些受众创作不但反映了其生活经验，且包含了大众商业产品中的通俗经济意味，走向了公共空间。由此，受众的日常生活联结了媒介消费和信息生产，彼此交互影响。因而，在数字时代参与式文化所涉及的场域中，来自生产者、受众的创造性思维汇集在一起，使文化作品的创作和消费呈现出一种双向的通路。这种新形式的个体表达以及同侪智慧的集合促进了个人创造力的发挥，同样使得企业可以收获外部的知识和资源，从而缩减成本，拥有更多的消费者、更多的收益。

四　结论

总的来说，参与式文化是一种自由、公开、包容、共享的新型媒介文化，其所涉及的内容不仅仅包括个体的自我表达，更重要的是信息、知识和思想的公开共享和社群参与，其所强调的并不仅仅是一个单纯的"个体"概念，而是一个"集体"的概念。在受众参与和自我表达方面，参与式文化发掘和体现了受众自身对于媒介文本的想象力。然而，无孔不入的市场化和商业化气息也可能会对其多样化发展带来冲击和挑战。因此，或许它会成为即将被商业化媒体收编的一个潜在领域，或许它依然会是受众实践和创新的孵化场。总的来说，参与式文化涉及的是发生在媒介消费者之间、媒介消费者与媒介文本之间，以及媒介消费者与媒介生产者之间的交互作用，呈现了新旧媒介交叉，草根与商业媒介精英碰撞，媒介生产者和消费者的权力相互作用这样一个新的领域。而受众创作在本质上是混杂的，具有一定的公共性，作为受众与受众之间、受众与媒介企业之间以及草根文化与大众文化之间对话的新空间而存在。

从某种意义上说，在数字时代媒介融合的大背景下，市场、内容之融合与受众之创造并存。媒介生产者致力于促进其媒体内容的跨平台流动，以拓展其利润和市场，巩固受众的支持。消费者则在尝试如何使用多种不同媒介技术将媒介内容置于自身掌控之下，并与其他消费者展开互动。媒介生产者和消费者在媒介融合和参与式文化潮流中各自扮演着不同的角色，同时也是彼此互动的参与者。然而，我们无法忽视的是，参与具有不同的程度、方式和结果，其实践仍然处于现有的社会权力结构之中。媒介生产者以及在媒体机构中的个人，仍然比任何的消费者个体甚至消费者群体拥有更大的权力，而部分消费者又比其他消费者有更强的能力去参与这一新近涌现的文化，因此，在今后的研究中可以对这种权力上的不平等等问题进行进一步的讨论。

后现代语境下的网络语言研究

但海剑　石义彬*

对网络语言的讨论，自其出现以来就一直持续着，但多以描述为主。网络语言随着互联网的使用在经过创新和扩散传播后，已经有了相对稳定的表现和规则，对其研究就不应仅限于描述和感叹。在社会上，网络语言因"网语"作文等话题曾引起热议。在学界，很多文章将其同后现代联系起来。如有文认为网络语言的意义自始就面临"是"和"应该是"的冲突，并提升为现代与后现代的冲突。① 网络语言的发展如果置于后现代的语境中，就应该先厘清后现代思想的特征，再在此基础上来讨论网络语言的本体价值和发展意义。

本文意义上的网络语言是指自互联网出现后，出现在网络上和由网络空间渗入到其他社会交往活动中的词汇、语法规则等语言事实。它不包括技术层面上的计算机语言，同时本文主要针对中文语言、语境的描述。

一　后现代的特征和语言观

后现代作为一个模糊的概念是对自启蒙运动以来，以"理性"为内核的现代性的批判和发展。在此意义上与现代相对应，并有一定的对立。因此对后现代的讨论不可避免地回到对现代性的讨论上。对于现代性和后现代主义之特征，学者将现代性的主要思想归纳为：（1）按照"主体—客体"关系的思维模式，强调人独立自主的主体性；（2）理性至上主义，人是理性的主体；（3）对知识和科学的崇尚。三者可以被归结为一种理性批判和自由创造的精

＊　但海剑，武汉大学新闻与传播学院博士研究生，武汉理工大学外国语学院讲师，主要从事跨文化传播研究。

①　刘绪义、钱宗武：《网络语言：现代与后现代的冲突》，《徐州师范大学学报》2005 年第 3 期。

神。而将后现代主义的思想归结为：（1）批判传统的"主体性"；（2）批判理性至上主义；（3）批判崇尚超感性、超验的传统形而上学；（4）批判以普遍性、同一性压制个体性、差异性的传统思维模式；（5）最终把对传统思想文化的批判归结为人的审美生活—自由生活的彻底实现。①

在诸多的后现代化理论中，如对意义的阐释、话语权力的揭示等都是对建立在"理性"基础上的权力、限制进行的批判。恰似当年启蒙时代，以人文、理性挑战神权。从其本质上来说，后现代理论的目标同样是追求个体自由、公正的发展机会，后现代之于现代性的作用是纠偏，以避免在发展过程中，"理性"号召下的强权破坏了普适的"自由""公平""和平"等价值观。因此，后现代性和现代性有诸多的重合之处。后现代与现代之争并不是要制造出时间上的界限或价值判断的标准，而只是名号不同而已，亦不存在后现代取代现代。从历史角度来看，神学、宗教思想在现代化社会中仍然有着重要地位，其发展过程也在现代化进程之中。后现代之本质是批判和局部纠正，而非颠覆。

后现代作为一种社会思潮的存在对以神学、理性为基础的各种社会秩序和社会造成的影响是明显的。它使得我们重新关注人本身的自由发展，尽管语境已与启蒙时代大不相同。现时对人的束缚可能更多是在"解放"的口号之下进行。在"进步""发展"等目标的召唤下，人对自身的桎梏是在一种不自觉的状态下来进行的，没有表面上的强权。人被蒙蔽在技术主义、科学主义等思想的统治之下，因此，对现代理性的批判更具复杂性。

作为人类活动重要组成部分的语言，在社会发展中同样受到后现代思潮的影响。如德里达和一些后现代主义者反对言语声音优先于书写文字，认为应该把语言和社会实践活动联系起来，语言本身就是一种社会实践，语言同语言之外的社会因素如权力、道德、知识等不可分离。在当今社会，权力、金钱、人际关系对语言的运用都在起作用。对语言的研究远不能仅限于对言说的主体、个人言说的原意和准确性进行探讨，而应该着重解释语言在说出之后，或者说

---

① 张世英：《"后现代主义"对"现代性"的批判与超越》，《北京大学学报（哲学社会科学版）》2007年第1期。

在说话的主体"不在场"的情况下，其在社会上的扩散和增殖的意义，这样语言就具有了不依赖于言说主体而独立的生命力。①德里达强调书写文字具有不断"延异"意义的本质属性，突破"语言—意义"的二元公式，反对传统的主体在语言中的主宰和统一作用。传统语言观只看到了语言符号和意义之间的一致性和统一性，强调其稳定性，但德里达注重二者的差异性，注重思想文化的变化、发展。

网络语言因其载体——互联网具有匿名性和超链接等特征，天然地具备后现代理论中论述的种种特质。

二 网络语言的表现与特征

互联网作为传播媒介的优势在于它集合了传播的各种优势因素，如视听结合，读取存储的便利等。作为网络语言传播的平台，互联网自身的特性决定了网络语言的特征，其发展过程也当然地影响着网络语言的表现。随着传统媒体和互联网的融合，以及以互联网为基础的新媒体，如手机的发展，网络语言必然会更大程度上融入社会之中，可能因为已融入社会语言而表现为"消失"于"无形"。其时，也可以理解为网络语言主导社会语言的潮流。

以目前状况来看，网络语言表现出以下特征：其一，求新求异，追求个性。网络使用者必须依靠自身的语言风格等因素来张扬自己的个性，以引起别人的重视，取得一定范围内的身份认同。特别是在互联网刚开始流行时，语言使用者刻意地表现差异，以反理性为标准，导致语言的品位下降，引起批评。其二，形式上图文并存，声形俱备。按照传播学者麦克卢汉等人的观点，媒介本身决定着传播的内容和效果。互联网综合了人类传播的各种感官要素，大大拓宽了语言运用的范围和效果。其三，潮起潮落，大浪淘沙。跟传统语言相比，网络语言的传播速度更快，周期更短，能经得起考验而留在语言系统的显得稀少。

从新文化运动开始，语言的问题总是成为社会变迁的风向标。该如何说话

---

① 张世英：《"后现代主义"对"现代性"的批判与超越》，《北京大学学报（哲学社会科学版）》2007 年第 1 期。

几乎成为该如何思想的替代。网络语言作为一种新的现象，对其批判的声音自始在伴随着其发展。如认为网络语言破坏了汉语的纯洁，冲击着传统语言，网络语言的美国化倾向影响了中国传统文化的含蓄、严谨和精致；网络语言正塑造新一代网民的精神气质，追求语言的粗痞化和幼稚化，追求低智商生活，以此否定和摆脱现实强加给他们的责任；中国缺乏推动网络社会出现的文化动因，反而使之成为娱乐文化的一部分。"网络语言的后现代表现目的是为了便于沟通是天大的谎言，既是出于沟通的考虑，为何不使用传统语言，或使用全球霸权语言英语。"① 这些批判表现出对网络语言的拒绝。

网络语言的发展反映了后现代主义的精神，和日常生活联系紧密，或者说世俗化，更注重个人体验。但这并不意味着网络上不存在语言暴力，"沉默的螺旋"依然存在。在网络的虚拟世界里，网络传播仍然具有社会性。人虽然获得了更大的自由，但某种声音一旦汇集，不同的声音也很难与其匹敌。与传统语言环境不同的是，这种影响在时效上要比过去弱化，如果没有强力的技术干扰，不同的声音总还能找到安身之所。

从逻辑上来说，后现代强调个性，但仍然需要得到认同，换言之，信息爆炸年代中，仍需要专家系统的存在。语言的发展总是在"润物细无声"中进行的，对其规范也只能在问题出现之后，如中小学生"网语作文"引发的讨论让我们看到没有约束力的网络语言是具有破坏力的。网络语言中短暂的快感还是无法同传统中沉淀的精华相媲美。

但同时应该看到网络语言之所以能流行是缘于人们交际表达的需要。如果它最初的火爆是人们猎奇、反叛的表现，那沉淀下来，继续为人所用的还是符合我们的实际需要的。在此意义上网络语言在丰富语言表达上无疑是起了作用的。语言在意义表达上存有天然的局限性，网络语言的出现增加了新的表达方式。网络语言的流行最少可以说明现代语言在表达上的滞后，如话语模式的政治化、表达方式的苍白和枯燥。

网络语言之所以能发展不仅在于其独特的生命力，还与网络语言使用者的群体特征分不开。有数据显示，网络使用的主体人群是受过教育、思想活跃的

---

① 刘绪义、钱宗武：《网络语言：现代与后现代的冲突》，《徐州师范大学学报》2005 年第 3 期。

年轻人。网络文化无疑是当前大众文化的一部分，网络语言也成了青年人文化的重要特征。

由于其批判的特质，网络语言总是以与传统语言的距离来获取自身存在的合法性，但从另一角度来看，网络语言仍然是建立在已有的语言规则之上，否则便失去了批判的对象，自身存在的合法性也不存在了。如前所述，后现代对现代不是颠覆，而是批判、继承和扬弃，二者不是二元对立。对网络语言的广泛传播要有包容的心态。

建立在语言基础上的文学，对于网络带来的"超文本"的研究颇能说明网络语言的特质。如有文指出传统文本已具有"超文本"性，如诗歌中的回文诗，小说中的扑克牌小说就具有结构上可拆分的灵活性和一定的互文性。①但应该看到传统文学中，学人对传统诗文的"解构"和"重构"只当作游戏，远没有达到后现代语境下网络语言所具有的对传统固定关系的挑战和文本间最重要的互文性（Intertextuality）。

网络语言之于传统语言的优势在于网络语言总是处于开放的态势中，这种动态属性优于传统语言"一言九鼎"的稳定性。开放性带来的结果就是网络语言的创新性。"超链接"等技术决定了网络语言总在接受改造，一种网络语言形式可以在具体的语境中表现出不同的意义。网络语言的优势表现在：（1）网络语言主体的消失，网络语言很难去追究词语的原创者。它是匿名的网络使用者交互使用的言语混合。（2）语言使用者的解放，从使用者的角度来看，他们在开放和变化态势下的网络语言文本中进行取舍，并加入自己的声音，为网络语言的使用提供新的文本。（3）网络语言自身能动性增强，传统语言的散播过程中，原创者在社会的精英强势地位，使其有了向外推广的第一原动力。在网络语言的传播过程中，语言自身开始指涉，推动语言扩散的是混合动力。

同时应注意到网络语言发展中的陷阱：（1）迷幻性。传统语言中，书写文化所依赖的文字符号系统中，能指和所指是分离的。分离的过程包括了意义的凝聚、压缩、强调和删减，疏离本身包含了人类思想的精华。但互联网虽具有新的

---

① 陈定家：《"超文本"的兴起与网络时代的文学》，《中国社会科学》2007 年第 3 期。

文化和政治功能，却具有迷幻性，即看似包罗万象，但又实无一物。（2）自由的错觉。网络文本没有边界，只有无尽的联结和不断的展开。创作的核心从原来的语言使用者转到设计文本联系的制作者手中，似乎每个人都有了话语权，但自由可能只是一种错觉。解放和控制依旧交错如故。（3）美感下降，距离感消失，深度模式被削平。机械复制造就美感下降，空有互文，而无创新；看似炫目的文化快餐没有营养；文化垃圾的倍增，让人无所适从，清扫起来更加费力。

三　网络传播与网络语言

媒介之于网络语言的发展首先表现在互联网的发展上，从 BBS、各种即时聊天工具、博客、播客到各种视频网站，传播方式影响深远。尽管仍然有"把关人"的存在，但众多存在的消息源给控制造成了困难。因此不同声音得以出现，网络语言得以广泛传播和发展。其次，互联网外的延伸，手机短信与互联网相互促进，共同发展。传播方式更加个体化、自由化，传播者有更多的权利来决定和选择。可以预测，网络、电视、报纸、手机等各种媒介会逐渐融合，这将使得网络语言使用的时空范围继续扩展。

具体来说，早期的互联网内容仍然由专业人员或专门的技术人员提供。在网上发表东西需要有技术手段以及制作大量汇编信息的能力。但 Web2.0 技术和社群媒体（Social Media）的出现使得任何人都能在网上发表文字内容，出现网上社区（Online Communities）。它们的形成大多不是技术性的，而是基于相同的爱好或专业兴趣。再之后，网上出现了用户制作的内容（UGC, User-generated Content）激增的潮流。技术的提升使得用户更容易上传他们的内容，进行交流，网上社区的数量和规模都有了很大的发展。在线社交网络（Online Social Network）使得这些内容得到传播，并延伸到网络空间之外。

现代社会的一大标志是大众传媒的兴起与发展，由于大众传媒的影响面广，其对语言的影响是明显的。在我国现时，大众传媒的大力推广已经使语言发生了很大的改变，也引起了部分人的担忧。有文章强调在传统大众传播时代，传媒语言的本体价值应该是权威与引领，而目前的问题是大众传媒语言文化身份弱化、政治身份简单化和经营身份低俗化，并提出要制定传媒法、新闻法等法律及运用舆论监督和监督舆论的双向批评等手段来加强传媒语言文化身份的维护和识别。① 本文认为对待网络语言已不能用自上而下的态度来俯视。借用福柯的权力观，传媒语言无疑是权力的一部分。"喉舌论"中如果过分强调控制与规范，走向的极端就是话语单一，从而出现"集体失语"，最后因为发展无力而走向语言的枯萎，更大的影响是思想的贫瘠而导致专制与独裁。

尽管作为"第四媒体"的互联网是否属于大众传媒曾引起过争论，但网络语言却毫无争议地进入社会语言讨论的中心。互联网具有的自由、平等和张扬个性等特质与后现代思潮不谋而合。早期香港电影《大话西游》被认为具有后现代解构的思想，其语录迅速流行于网络。在中国当前的媒介环境中，网络传播具有的批判作用有力地弥补了传统媒体在此方面的不足。网络语言中部分流行词语的不断更新可以鲜明地表现出批判的力量，如近期的"俯卧撑""叉腰肌"。尽管它们可能寿命不长，使用范围不广，但其出现的本身就具有了足够的意义。随着网络使用者的增多，网络语言不断衍生出独特的词汇与规则。

语言和社会发展不可分离，语言不仅反映和受制于社会发展，同时也会促进社会的发展。后现代的挑战当被纳入到社会发展的道路上时，也同样起着推动的作用。网络语言主要是由于互联网这一传播技术的出现而产生、改变。现在普遍认为互联网技术能带来公共领域的扩大而有利于公民社会的建设，直接反映在网络语言方面的是多种话语的出现，扩大了言论选择和自由。

四 结语

从哲学的角度来看，语言可以分成欲望的语言，工具的语言和智慧的语言三个层次。② 最初所说的语言只是欲望，在欲望的语言中并不是能够为自省主体的"我"在说话，而是作为肉体有着对人，对物的欲望的"他者"在说话。在欲望的语言表达的同时，即它作为他者走向他者的时候，它同时也是工具的语言。语言不是私人的，是交流的。人们使用语言如同使用一个工具，用它来

---

① 张颂：《传媒语言文化身份的当下识别》，《现代传播》2005 年第 3 期。
② 彭富春：《哲学与美学问题》，武汉大学出版社，2005，第 329～335 页。

满足自己无穷的欲望，而这种工具性的语言实际上成为一个中性的他者。智慧语言说出的则是哲学意义上的存在与虚无。

如前文所说，网络语言在表现形式上也体现出此三种形式上的发展。对网络语言的出现与发展应该有宽容之心，对之评判的标准是其是否有智慧的传播。尽管我们有着无法言说的"道"，但我们总是在不断地用各种形式去表达，去说，即使喋喋不休，目的就是希望能听到智慧的声音，而避免欲望的放纵和工具的滥用而造成人的不自由。

我国三网融合的社会风险及其治理

石义彬　吴世文*

2010 年 1 月 13 日召开的国务院常务会议决定加快推进我国电信网、广播电视网和互联网三网融合，并提出了阶段性目标，明确了重点工作。[①] 2010 年 6 月 6 日，三网融合试点方案获得通过。政府的推动使得三网融合"破茧"在即。与此同时，业界和学界掀起了讨论"三网融合"的新一轮热潮。在三网融合研究方面，近几年的大多研究聚焦于政策调整与体制变革、法律变革与法律适用、融合方式与发展模式、因应策略与可行路径等问题，研究主旨是如何做好与应对三网融合，为我国加快推进三网融合提供了必不可少的精神动力和智力支持。值得强调的是，少数研究者还开拓了另外的研究面向，如文化方面与社会影响方面等，丰富了三网融合的研究。笔者认为，在当前我国加快推进三网融合的背景下，需要进一步扩大三网融合的研究视野，拓延问题领域。本研究延伸探讨三网融合的社会风险及其治理，以期为推进我国三网融合提供一种积极的思考与事先的应对。

一　我国进入加快推进三网融合的关键时期

三网融合不仅指称电信网、广播电视网和互联网在技术（物理）层面的"三网合一"，而且还指称三网内容的共享互通、业务和服务的相互进入与相互渗透。技术（物理）层面的融合是基础与前提，内容、业务和服务层面的融合是动力与目的，二者缺一不可，统一于三网融合的实践。

---

* 吴世文，武汉大学新闻与传播学院传播学博士研究生，主要从事传播理论研究。
① 《温家宝主持召开国务院常务会议，决定加快推进电信网广播电视网互联网三网融合》，《人民日报》2010 年 1 月 14 日，第 1 版。

　　三网融合是世界性趋势，世界各国自 1996 年以来陆续推动三网融合进程，如今在政策、业务与网络建设层面已取得了一定的进展。我国早在 2001 年便将三网融合作为国家战略提出，此后历次重要政府文件均对之进行了提升与深化，但由于未提出具体的落实举措，收效并不理想。[1] 直至 2009 年，中央政府贯彻执行国务院通知（强调"落实国家相关规定，实现广电和电信企业的双向进入"[2]），成立推进小组，重启了停滞多年的三网融合。2010 年 1 月 13 日，国务院常务会议决定加快推进我国三网融合，并提出了阶段性目标，明确了重点工作；6 月 6 日，几经修改的三网融合试点方案获得通过，试点工作即将全面展开，这标志着我国三网融合取得了实质性的重大突破。目前，我国正处于加快推进三网融合进程的关键时期。

　　目前，我国已经基本具备进一步开展三网融合的技术条件、网络基础与市场空间，但是，实现三网融合还必须解决两大问题：（1）监管问题：如何进一步放松政策管制和建立有效的监管机制，在破除体制性障碍的同时为三网融合提供政策与法律保障；（2）行业融合与竞争问题：由于我国的电信网与广播电视网长期以来分属不同的部门管理，行业利益分割格局明显且力量相差悬殊，对待三网融合的态度亦有所不同，因此，选择何者作为三网融合的主导，如何实现实质性融合和维持适度竞争局面是个大问题。

　　纵观我国三网融合 10 年来的发展历程可以发现，它是国家政策、三大行业和传播新技术共同推动的过程与结果。国家政策站在国家利益高度的强力推动在其中发挥了主导与支配作用；电信、广播电视和互联网三大行业进行了积极的探索与创新，已推出交互式网络电视（IPTV）和手机电视等较为成熟的融合形式，为三网融合提供了实践经验；数字技术、网络技术与现代通信技术等传播新技术搭建了三网融合的技术平台，刺激了三网融合的发轫并推动其向前发展。

---

[1]　付玉辉：《三网融合：格局之变和体制之困——我国三网融合发展趋势分析》，《今传媒》2010 年第 3 期。

[2]　国务院于 2009 年 5 月 19 日批转发展改革委《关于 2009 年深化经济体制改革工作的意见》（国发〔2009〕26 号），文件中如是指出。

二　我国三网融合存在的社会风险

风险是现代社会的主要特征之一，当前甚至已然形成"全球风险世界"①。处于转型期的当代中国社会"因巨大的社会变迁正步入风险社会，甚至可能是高风险社会"②。按照"风险社会"理论创立者德国著名社会学家乌尔里希·贝克（Ulrich Beck）的论述，风险"本身并不是'危险'或'灾难'，而是一种相对可能的损失、亏损和伤害的起点"③。英国社会理论家与社会学家安东尼·吉登斯（Anthony Giddens）表达了类似的观点，他认为风险是"在一定条件下某种自然现象、生理现象或社会现象是否发生，及其对人类的社会财富和生命安全是否造成损失和损失程度的不确定性"④。比照两位社会学家对"风险"的界定，并借鉴我国社会学家宋林飞的说法，社会风险是指"可能引发社会动荡不安和社会冲突的不确定性因素，这种不确定性因素可能来源于社会的经济、金融、政治、文化、生态等各个领域，而不仅仅是来源于自然与科学技术"⑤。本研究把社会风险界定为可能引发社会损失或损害的不确定性因素，具体到论题则指的是三网融合可能引发的社会损失或损害。我们在张扬三网融合的正面社会功能的同时，还必须警惕它存在的社会风险。

（一）技术层面的社会风险

技术在三网融合进程中扮演重要角色。三网融合基于数字技术、网络技术

---

① 〔美〕马克·丹尼尔：《风险世界：掌握变动时代下的新策略》，滕淑芬译，汕头大学出版社，2003。

② 〔德〕乌尔里希·贝克、〔中〕薛晓源、〔中〕刘国良：《全球风险世界：现在与未来——德国著名社会学家、风险社会理论创始人乌尔里希·贝克教授访谈录》，《马克思主义与现实》2005 年第 1 期。

③ 〔德〕乌尔里希·贝克、〔中〕薛晓源、〔中〕刘国良：《全球风险世界：现在与未来——德国著名社会学家、风险社会理论创始人乌尔里希·贝克教授访谈录》，《马克思主义与现实》2005 年第 1 期。

④ 〔英〕安东尼·吉登斯：《现代性的后果》，田禾译，译林出版社，2000，第 109～110 页。

⑤ 宋林飞、朱力：《变迁之痛：转型期的社会失范研究》，社会科学文献出版社，2006，第 5～6 页。

和现代通信技术等传播新技术而诞生与发展，现有的交互式网络电视（IPTV）和手机电视等三网融合形态都是技术进步的产物，三网融合的未来发展也必须依靠技术进步与技术创新。

三网融合所依赖的技术在三网融合进程中发挥巨大作用的同时也带来了社会风险。第一，技术是现代社会最大的风险源之一，是引发经济危机、能源危机、人性异化、道德失控等社会问题的重要因素之一，技术知识的不完备性与局限性以及技术系统的内在复杂性必然带来社会风险，贝克指出，"今天的科技成了一种潜在的危险。"① 推动三网融合的技术也不例外，它内在地生产社会风险。三网融合所需求和仰仗的新的技术进步，则将产生新的社会风险。第二，三网融合后，三网在技术上趋于一致，合而为一，按照现在的设想，到时候"只需要接一根线、付一次费，人们就能打电话、上网、看电视"。这固然是一种进步，大大方便了人们的信息发送、传输与获取。但是，它使得人们获取信息服务的替代性渠道萎缩，在某种程度上"绑架"了人们的信息传播活动。技术的触角变相地延伸至信息传播的各个层次，人们的信息传播活动对技术的依赖程度越来越高，变得越来越不自由，技术潜在的社会风险大为增加。第三，三网融合后的网络安全是一大问题。一方面，三网合一后的"一网"的安全问题更加突出，一旦出现问题，产生的社会危害更为严重；另一方面，作为三网融合核心的互联网容易遭受非人为的故障或灾害、恶意代码传播与人为攻击等的威胁，并且由于互联网的发展历史较短，对其安全的监管尚处于摸索阶段，因而，解决互联网的安全问题难度较大，但是，因互联网安全问题引发社会损失或损害的可能性却较高。

（二）市场层面的社会风险

三网融合要求电信、广播电视和互联网行业在内容层面共享互通，在业务和服务层面相互进入、相互渗透，这实则是三个行业相互开放市场的过程，也是传播权再分配、行业利益重新分割与博弈的过程。我国电信业、广播电视业

---

① 〔德〕乌尔里希·贝克、〔中〕薛晓源、〔中〕刘国良：《全球风险世界：现在与未来——德国著名社会学家、风险社会理论创始人乌尔里希·贝克教授访谈录》，《马克思主义与现实》2005 年第 1 期。

和互联网业都是独立的市场主体，在三网融合中，三者的实质性融合问题和适度竞争问题需要被仔细审视。

目前，我国互联网与电信网之间、互联网与广播电视网之间的融合已经实现，现阶段主要的任务是通过政策与机制变革推动电信网与广播电视网的融合，进而实现三网融合。我国的电信业和广播电视业长期分属两个不同的部门管理，各自独立发展，市场空间与利益范畴不同，在观念、技术标准、市场规则与利润分配方面存在巨大的差异，经济实力相差悬殊（电信行业占据上风）。电信业有着成熟的市场运营模式、丰厚的营销管理经验以及先进的技术设备，并且建立起了适应社会主义市场经济的体制与机制，在三网融合中占据优势和主动地位，它们希望主导三网融合。广播电视业虽然经济实力处于电信业的下风，但是，它们拥有内容资源方面的巨大优势，并没有放弃争夺三网融合的主导权。同时，由于认识到了自身的竞争劣势，广播电视业对于三网融合的态度比较冷淡。由此可见，电信业和广播电视业的融合存在诸多客观的困难与障碍，影响着三网实质性融合的实现。而一旦三网仅仅停留在物理层面的"三网合一"，则是对社会资源的巨大浪费，违背了三网融合的初衷，将付出高昂的社会成本。

三网融合实现后，按照我们的设想，三个行业将展开适度竞争，从而最大限度地发挥我国现有信息基础设施的作用，优化我国信息产业结构，不断提升我国信息产业的竞争力，增强与巩固其战略地位，并且能够为广大消费者提供更为便利、快捷、优质的信息服务。但是，市场经济的游戏规则总是推动强势资本趋于垄断，以获取更大份额的市场利润。这样一来，三网融合可能会形成"一网独占"或"一网独大"的局面，三网不是"融合"而是蜕变成"吞并"或"兼并"，势必造成更大范围的社会资源浪费。同时，市场垄断者盲目追求经济利润的行为也将破坏社会信息服务的公共属性，降低全社会公民的社会福利，不能满足广大消费者多样化的、个性化的信息需求。

（三）信息层面的社会风险

三网融合在信息层面的社会风险主要体现在它对信息安全与文化安全的威胁以及能否提供高质量的、满足受众需求的内容产品上。

三网融合后，信息内容在三网内或新的融合传播平台上实现了共享互通。由于我国电信系统属于产业部门，它主要是内容的提供商和传播商，同时，双向互动的传播模式使得其传播内容有很大一部分是私密化的个人信息。在内容管理方面，作为运营商的电信系统不负有内容审查和过滤的义务与责任，相反，它们不得窃听或截留用户传播的信息。而我国的广播电视系统属于宣传部门，意识形态属性明显，同时，它还是内容生产商，在内容管理方面，已经建立起了较为系统的内容审查机制。互联网系统虽然内容审查和过滤机制还处于探索阶段，但是，它毕竟已有内容审查的程序和相应的管制措施。实现三网融合后，历经审查机制过滤的广播电视系统的信息内容进入电信和网络传播不存在任何问题，而电信系统的传播内容能否对等地进入广播电视和网络系统面向大众进行传播，则是一大难题。目前国外通行的做法是实行"非对称准入"，即广播电视网的内容进入其他两大网络进行传播，而其他两大网络的内容却不能完全自由地进入广播电视网。我国预计也会采取"非对称准入"的做法。[①]但是，"非对称准入"能够在多大程度上实现和维持，还有待进一步观察和分析。"非对称准入"规则如果遭到破坏或者遭受不法分子的蓄意攻击，未经审查的电信系统的信息内容将进入广播电视系统面向大众传播，这将是一场灾难，也将侵害个人隐私权。

互联网本身存在信息内容安全方面的隐患与挑战，如信息泛滥、信息良莠不齐、不良信息和非法信息肆虐等，三网融合并没有改变这一局面。更有甚者，互联网承载的不良信息和非法信息进入融合后的三网，将会通过跨网流动形成扩散效应，使社会危害来得更加严重。同时，在三网融合语境中，电信系统和广播电视系统可能会成为新的跨网攻击的目标。如此一来，信息内容安全面临着严重威胁，网络知识产权、个人隐私权和虚拟财产权等都会遭到侵害。由于"文化的传媒化是现代社会的一个基本构成特征"[②]，媒介是文化传承的重要工具，三网融合打造了新的文化载体和传播平台，在更为深刻的意义上，三网融合的信息内容安全问题威胁着我国的文化安全。

---

① 高敏、杜骏飞：《三网融合：权力本质与社会影响》，《今传媒》2010年第3期。
② 〔英〕约翰·B.汤普森：《意识形态与现代文化》，高铦等译，译林出版社，2005，第355页。

在受众层面，三网融合导致了受众进一步分化，同时，受众因为实现了自我赋权而获得了更多的选择权与话语权。但是，在信息爆炸的三网融合环境中，受众往往难以寻找到满足自己需求的优质信息内容，这造成了三网融合中信息传播的"二律背反"——信息过剩与优质信息短缺并存。这种情况的出现，不仅侵害了受众信息权，而且浪费了社会资源。

（四）监管层面的社会风险

目前，阻碍我国三网融合加速推进并早日实现的关键问题不在技术，而在政策体制和利润分配方面。三网融合实现后，后两个问题则转化成了三网融合监管层面必须面对的难题，解决得不当将产生社会风险。

当前，我国尚未建立健全电信业传输内容的监管机制，而在三网融合背景下，电信传播渠道拥有惊人的传播潜能，显然，就电信系统而言，内容监管机制与传播实际严重脱节。三网融合后，这一问题普遍存在，管理理念和管理制度严重滞后于技术的发展和三网融合的挑战，而且监管机制的完善需要一个循序渐进的过程。因此，可以预见，我国实现三网融合后还会面临监管不足的问题，监管滞后于行业实践和三网融合的发展要求，这本身蕴含着巨大的社会风险。

在三网融合监管层面，更大的社会风险还在于，如何站在国家的高度贯彻"国家立场"，协调各个部门和三大行业之间的利益，并且保证国家监管政策在执行过程中不被扭曲，保证政策落到实处和收到实效。这是一项长期的考验和挑战，处理得不当或者不得力，部门分割和行业利益纷争将抵消中央统一管理与调控的政策优势，扰乱三网融合的秩序，产生社会风险。

上述是三网融合监管层面"管起来"的问题，监管层面同时还面临着"放得开"的问题。在三网融合背景下，开放的、相对自由的技术传播模式给受众参与传播内容的生产、传播创造了无限可能性，受众层面的内容生产是传播内容的重要组成部分，在电信系统和互联网系统表现得尤为突出。虽然受众的内容生产存在良莠不齐的情况，但是，总体来看，它是受众释放"集体智慧"的途径和表征，符合信息时代"分享信息"的传播理念与精神。同时，随着社会文明的演进和受众的成长，受众生产的内容将得到不断净化和升华，其中的理性因素将越来越突出。也正是在这个意义上，受众生产的"参与式文化"引起了研究者们的关注。在强调对三网融合的运作进行监管，以及对电信系统和网络系统的内容加强监管的同时，还要保证"放得开"，即保障和鼓励受众参与传播内容的生产、传播。在"管起来"和"放得开"之间，如何把握一个"平衡度"，是对三网融合监管工作的一大挑战，处理失当将压制受众内容生产的力量，破坏受众参与传播内容生产的积极性，容易引发社会问题，在更宽广的意义上，则不利于中国迈向公民社会。

三 我国三网融合的社会风险治理举措

社会风险毫无疑问潜在地具有巨大的社会危害，"当社会风险处于生成、酝酿阶段时，它是隐性的；而一旦社会风险爆发，便是显性的，表现为社会危机和社会动荡，给社会带来损失，威胁社会的进步发展。"[1] 因此，人们总是对社会风险表现出厌恶情绪。但是，从历史的角度审视，社会风险是任何时代和任何社会都无法完全避免的。然而，这并不意味着社会风险是不可知的和不可控的，相反，社会风险在一定程度上是可以被人们认知和防控的，因此，社会风险治理得以可能，当然，更是必需的社会过程。对于三网融合的社会风险，我们也毫不例外地强调治理之，努力减少和降低其社会危害。

为了维持正常的社会秩序、维护人们的正常生活和促进社会发展，人们主张实施"社会控制"，即建立一套促使人们遵守社会规范、防止越轨社会行为发生的社会机制。[2] 社会控制是防范社会风险的有效办法（当然，任何控制本身都将不可避免地生产新的社会风险），治理三网融合的社会风险，笔者也主张对其实施社会控制。社会控制存在两种重要的控制类型：硬控制和软控制。本研究借鉴社会控制的思想及其两种控制类型，主张对三网融合的社会风险采取如下两种治理方式。

---

[1] 宋林飞：序言，朱力：《变迁之痛：转型期的社会失范研究》，社会科学文献出版社，2006，第5~6页。
[2] 郑杭生：《社会学概论新修》（精编版），中国人民大学出版社，2009。

（一）"软治理"：树立三网融合的风险意识

社会控制中的"软控制"指的是社会组织运用非强制性的控制手段，如舆论、风俗、习惯、伦理道德等对社会成员的价值观与行为方式进行的控制。比照这一思路，笔者主张对三网融合的社会风险实施"软治理"，即树立三网融合的风险意识，提高人们对其社会风险的认知水平。

第一，必须认识到三网融合不可避免地存在社会风险。对三网融合的社会风险熟视无睹或者诚惶诚恐都不是正确的做法，我们需要树立三网融合的风险意识，积极寻求其社会风险防范与治理之道。

第二，针对上述四个层面的社会风险，我们都需要有清醒的认识，弄清楚它们产生的根源和可能产生的社会危害，以便在三网融合环境下进行信息传播活动或者享受相关服务时持一份应有的理性。

第三，对于技术层面的社会风险，尤其需要保持警醒。技术在三网融合中是必不可少的要素，但是，彻底地信任技术或者一味地依赖技术却会使我们的信息传播活动被技术所控制与奴役，终会自食其果。

三网融合与我们的日常生活密切相关，因此，我们需要不断提高对三网融合社会风险的认知水平。为此，我们不仅需要进行常规的学习与教育，而且还需要建立一套三网融合社会风险评估体系和风险预警体系，并努力促成其制度化运作。

（二）"硬治理"：建立健全监管机制与法律体系

与软控制相对应，社会控制中的"硬控制"是指社会组织运用强制性控制手段，如政权、法律、纪律等对社会成员的价值观、行为方式进行的控制。借鉴"硬控制"的思想，笔者主张对三网融合的社会风险实施的"硬治理"主要是建立健全三网融合的监管机制与法律体系。

1. 建立健全三网融合的监管机制

监管问题是我国三网融合发展的重要问题。由于我国的三网融合主要是由中央政府的政策强力推动，同时，鉴于我国政府能够实施强有力的宏观调控的实际，政府能够在三网融合的未来发展及其社会风险治理中扮演主导角色，因此，三网融合社会风险的"硬治理"主要靠建立健全监管机制。

第一，必须建立一个统一的全国性的部门以站在国家立场、代表国家整体利益监管三网融合，实行融合监管，并将之制度化。电信系统与广播电视系统非实质性的融合以及强势行业资本垄断产生的社会风险归根到底是由行业利益和部门分割造成的，各行业和各个部门站在各自的立场捍卫既得利益、争夺新的市场空间，必然造成三网融合无法真正实现，最终产生了社会风险。建立统一的全国性的监管部门能够利用国家强力推行国家意志，执行国家三网融合政策，维护国家的整体利益，实现三网融合提高信息服务水平与推进国家信息化的初衷。

第二，新的融合监管需要大力更新和变革现有的不适合三网融合语境的管理理念与管理政策，坚定不移地逐步放松管制，消除现行政策和体制中的障碍，推动三网融合健康发展。其中，放松管制是世界性的趋势，已有众多成功的经验可资借鉴。

第三，在具体监管过程中，新的融合监管还需要平衡各种关系，特别需要注意平衡"管起来"和"放得开"的关系，采取相应的措施保护和鼓励发挥受众积极性，这考验着我们的政策智慧，也事关三网融合的未来发展。此外，新的融合监管还需要不断地进行"反身性"思考，反思监管本身的不足，警惕新的监管产生新的社会风险。

2. 建立健全三网融合的法律体系

监管本身面临着外部挑战和客观困难，它还必须依靠法律为其提供框架和依据以保障合法性与连续性，法律也是打击三网融合中信息安全领域犯罪行为的"利器"。因此，治理三网融合的社会风险还必须建立健全三网融合的法律体系。

第一，三网融合离不开法律的认可与支持，需要对之立法，并对统一的全国性的监管作出法律确认。第二，三网融合冲击着现行的法律体系，原来基于电信、广播电视和互联网三个行业制定的分门别类的法律以及与这三个垄断行业相关的法律必须调整，转变法律调控方式，革新法律观念，实现法律规制融合。第三，针对网络安全和信息内容安全问题，还需要制定专门的法律予以规制。

四　结语

当前，我国三网融合正处于加速推进的关键时期，本研究探讨了它存在的社会风险，并提出了相应的治理举措，是为前瞻性思考，也希望借此研究助推之。对于三网融合实现后还可能产生的社会风险，我们需要进一步地观察与分析，同时，随着三网融合的推进，我们的研究视野需要不断开阔，研究领域需要拓延，例如，三网融合后的受众研究需要跟进，信息内容生产问题也需要给予应有的重视。

传播新技术与和谐社会的构建：挑战与对策

石义彬　岳改玲　彭彪*

一　传播新技术及其与社会之间的互动关系

随着信息与传播技术（ICTs）的迅猛发展和中国现代化进程的快速推进，互联网、数字电视、卫星电视、网络电视、数字广播、手机等新媒体在我们的社会生活中产生了越来越深刻而广泛的影响，这引发了包括新闻传播业在内的社会各界对传播新技术的热切关注。

其实，"传播新技术"中的"新"是一个相对的概念，它是与"旧""传统"等相比较而言的。相应地，"传播新技术"这个概念也不是封闭的，而是开放的，其内涵和外延处于不断的变化之中。但是，"从技术发展史和现实的技术过程看，技术发展的总趋势和方向，每一历史时期的社会主导技术，无论其形式还是内容，都存在着不可逆转的必然性。"① 有鉴于此，本文中所提到的传播新技术指的是继广播、电视之后出现的数字化技术、网络技术、多媒体技术以及光纤通信、卫星通信等技术。

传播新技术催生了众多的新媒体，今天我们所说的新媒体通常是指建立在计算机信息处理技术基础之上的媒体形态，比如互联网、数字电视、卫星电视、网络电视、数字广播、手机或其他数字终端。传播新技术与新媒体是两个容易混淆的概念，研究者也经常不加区别地使用它们。目前新媒体较流行的定

---

* 岳改玲，武汉大学新闻与传播学院博士研究生。彭彪，武汉大学新闻与传播学院博士研究生，主要从事传播效果及危机传播研究。

① 韩小谦：《技术发展的必然性与社会控制》，中国财政经济出版社，2004，第2页。

义是，新媒体（New Media）是一个宽泛的概念，是利用数字技术、网络技术等，通过互联网、宽带局域网、无线通信网、卫星等渠道，以及电脑、手机、数字电视机等终端，向用户提供信息和娱乐服务的传播形态。[①] 从这个意义上说，新媒体是传播新技术的直接体现。

传播新技术（新媒体）具有几大核心特征：数字化；网络化；交互式；个人化。其中，数字化是传播新技术的核心特征，它因此而衍生出传播新技术的其他种种特性。数字化将声音、图画、文本等全部转化成计算机可读形式，即变成了一组组由 0 和 1 组成的字符，将信息以编码形式加载其中。数字技术的本质特点是开放、兼容、共享，这是广电网、电信网、计算机网络互联互通的基础，也是媒介融合的基础。

对于高度依赖媒介化生存的当代社会而言，具有革命意义的传播新技术从来都是一柄双刃剑，它既可能成为一种整合社会的黏合剂，也可能化作一股分化社会的离心力。正是由于具有这些与以往传播技术截然不同的新特征，再加上其与社会各层面存在着复杂的互动关系，传播新技术对目前我国和谐社会的构建产生了巨大的冲击。这些冲击中有机遇也有挑战。一方面，传播新技术有助于构造和谐的传播系统，有助于优化社会结构，调节社会利益关系，创新交往方式，从而促进了社会的整合，给和谐社会的构建创造了机遇；另一方面，传播新技术也给社会结构、社会秩序带来了新的不确定性因素与风险因素。"拥有强大的现代传播技术的传媒，既可以促进受众的风险认知与社会的风险沟通，同时，也可能成为已有风险的动力和新风险的源头。"[②] 传播新技术对社会的整合力量与冲突力量同时运作，构成了目前我们和谐社会构建过程中社会环境的重要组成部分。

由于篇幅有限，同时也为了彰显问题意识，本文在初步揭示传播新技术特性的基础上，将着重关注传播新技术给和谐社会的构建所带来的挑战，并探索在传播新技术条件下构建和谐社会的对策。

---

① 匡文波：《2006 新媒体发展回顾》，《中国记者》2007 年第 1 期。
② 黄和节：《警惕传媒沦为风险制造者》，《新闻实践》2007 年第 12 期。

二 传播新技术给和谐社会的构建所带来的挑战

（一）传播新技术带来了社会结构上新的不确定性与风险因素

自从进入工业社会以来，人类在自然面前一路高歌，欢呼自己成了自然的主人。然而，积极发展的工具理性以及精密计算使得现代社会成为一个充满相对复杂性、不可预见性和不可控制性的系统，具有相当不稳定的结构，"风险"成为当代社会的制度性、社会性特征，具有结构性的产生机制。传播新技术的发展促进了风险社会的形成，其工具性、不确定性、复杂性以及内在蕴含的解放的潜力等等都增添了社会结构中的风险因素。

首先，传播新技术的迅速发展及更新为当代已相当复杂的传播与沟通环境添加了变数。这些变化以及不确定性所带来的冲击效应本身也成了社会风险的一部分。传播新技术的兴起冲击了人们对于社会真实的建构问题以及与此相关联的社会认同问题。

其次，传播新技术的发展造就了信息爆炸的局面，信息超载与信息资源相对短缺现象同时并存。数字化技术的应用，使得海量信息的传递成为可能。由传播新技术建构出的全球网络超越时空，造成庞大的信息流在全球的快速与同步传播，社会信息量猛增。除此之外，在信息生产部分，个人不仅作为信息的消费者，也成为信息生产者，人人可以生产自己的新闻或信息。再加上各种媒体日益强大的信息生产能力，造成庞大的信息流在世界范围内流动。

信息爆炸将带来十分严重的后果。在这么多的信息之中，哪些是有价值且需要获取的，哪些是需要保留的，如何分辨虚假信息、有害信息等等，都成为我们不得不面对的新问题。这些问题如果处理不好，就很容易在信息浪潮中迷失。人类处理与利用信息的能力的进步速度大大落后于社会信息生产与传播速度，形成信息生产与利用之间的落差，影响着人类对信息资源的进一步开发利用。同时，每个人或每个机构的信息负载量是有限度的，当人们接受的信息超过其所能消化的信息量时，往往会因压力过度而出现信息超载现象，从而造成财力、物力和精力的浪费。信息超载会使人们处在信息的海洋之中感到无所适从，致使信息的吸收和利用率下降，造成信息生产量与信息吸收量的差距越来越大。

信息本来是用以消除不确定性的，过量的信息却增加了人们的不确定性和不安全感。而且，信息超载又使人们面临新的信息匮乏。由于信息量太大，身处信息的海洋却找不到自己所需要的信息，致使社会信息吸收利用率反而下降，出现另一种意义上的信息短缺现象。

最后，社会风险因素增加，风险传播速度加快。德国社会学家贝克在20世纪80年代中期提出了风险社会思想，认为现在的突发危机不再是孤立的，在信息化和社会流动大大加快的社会，它的影响是全面且扩散的。当政府或传统主流媒体对社会风险事件采取一种过于敏感、不愿正视的态度，或者相关的信息发布和反馈措施严重滞后的时候，这些风险事件就会借助新媒体快速扩散开来。现代社会多元开放，以网络化状态交织的传播新技术带来了社会结构、组织之间高度的依赖性，各机构或社群之间的依存关系随着信息的流向而建立起一个复杂的依存网络。这是一个通达全世界的网络，而各个社会组织、机构仅仅是这个网络上的单个接点。传播新技术造成了机构与机构之间、组织与个人之间相互依存关系的加深。

传播新技术的高速发展，加速了社会组织、社会结构的变迁，迫使当代工业、经济及社会文化面临重新再结构化的问题。在上层建筑层面，由于社会既有意义经常被冲击或置换，社会意义的解组和重构相对加快，社会基础结构呈现一种高度动态的趋势。这一切造成现代社会处于动荡之中，也使得现代社会中的风险更加难以预测和控制，因而可能产生更大的威胁。

社会系统的高度复杂化，虚拟行为结果的巨大不确定性，再加上社会结构及组织之间日益加深的依存关系，使社会风险快速增加，破坏性也将呈几何级数增长。现代社会风险之所以产生：一是越来越个体主义化的社会使人们行为选择的不确定性极大化；二是高新技术的发展使得社会系统高度复杂化，从而使得社会风险快速增加。这样，社会复杂系统的每一个节点上，都可能由于个体行为的偏离而给整个系统带来风险。[①] 而传播新技术网络化形成的无中心的

---

① 王攀：《从"熊猫烧香"看社会风险管理》，《羊城晚报》2007年2月15日，第A02版。

拓扑结构（即所有节点都相互联结，而并非单线联结或核心式联结的结构）使得这种偏离或不确定性通过延伸而不断放大，并容易形成连锁效应。传播新技术本身虽有一定的相对独立性，但其发展与演进是依附于整个社会体系的。从系统理论的观察而言，一个社会沟通系统的自我演化，必定关联于其所依附的政治、经济系统。所以，由于传播新技术的发展，看来遥远的事件，也会带来对身边生活的影响。现代社会中风险的传播将可能超越群体、阶级、组织、社区、地区、国家等传统的社会屏障，在较短时间内威胁到传播新技术所涉及的每一个人。

（二）社会控制的紊乱与重组

从传播新技术对人类社会的冲击来看，随着传播新技术的普遍应用，传统的社会控制手段将受到挑战。传统的社会控制手段整合了当今社会中军队、警察、监狱等国家机器以及法律、道德、宗教、风俗习惯及其他各种制度，是一种比较全面的社会控制体系。传统的国家控制都有着严格的时间和空间界限，而"因特网造就了一种新的生活方式，人们可以称它为电子游牧生活"[①]，这样一来，互联网等新媒体就造成了控制对象的流动性与控制领域局限性的问题。另外，随着传播新技术把世界各地的人们联系在一起，地域文化让位于新型的多元的全球文化，原有的价值体系、信仰体系和道德评判体系将被打破，传统社会的社会控制基础将被动摇，许多法律将变得不合时宜，阶级、国家等观念将被改写。这些都给传统的社会控制体系带来挑战，造成了社会控制系统的紊乱。

首先，控制对象的流动性。传播新技术从未被任何单一团体所拥有或控制。传播新技术在技术层面上不存在中央控制问题，比如互联网络技术仅仅是以相互协议为基础，是无数的服务提供者和电信传播组织促成了网际运作。同时，网络化的特性使得任何采用新的传播技术的系统或结构都具有网络化逻辑，无中心的网络化结构决定了人的行为可能通过传播科技网络的延伸而无限

---

① 〔美〕阿兰·伯努瓦：《面向全球化》，载王列、杨雪冬主编《全球化与世界》，中央编译出版社，1998，第18页。

放大，因而使行为的结果呈现不确定性。

其次，控制领域的局限性。传统的社会控制有着严格的界限，传播新技术的特点之一就是能超越时空的限制，从而有效地打破国家和地区之间的各种有形的和无形的壁垒。从技术层面讲，传播新技术是无国界的，人们完全可以借助互联网、手机等新媒体到处穿梭，而丝毫不会感到国家界限的限制。它们超越了传统的地域和时间限制，跨越了国界，因此，很难将其纳入传统的社会控制体系。

再次，传统控制手段的不足。虽然国家和社会一直试图稳定和保持其对传播新技术相关领域的控制，但其控制手段的进步却明显落后于传播新技术的发展步伐。仅就法律手段而言，要通过立法程序来遏制借助传播新技术进行的犯罪活动困难重重。原因在于，以传播新技术为手段的犯罪难以被发现、取证、破获，也难被定罪，信息犯罪因此难以得到应有的打击。法律控制的滞后性造成这一在日常社会行之有效的控制手段在虚拟空间的效果大打折扣。虚拟行为主体的匿名性带来的模糊性使得传统法律难以介入其间进行监督。再加上法律在本质上是反应性的，它只能对已经出现的问题进行事后的处理，很少能起到预防的效果。更重要的一点，法律反应的方式因为一些必需的繁复的程序而显得极其迟缓，最终使其很难应对瞬息万变的新技术所带来的问题。

如果说法律控制是一种硬性控制和惩罚性控制的话，那么道德控制则是一种软性控制和倡导性控制，它主要通过对生存状态的更高层次的倡导而非惩罚的胁迫产生控制功能。然而，由于虚拟身份、虚拟角色等大量存在，制造事故的主体是不明确的，有时根本无法寻找到造成损失的责任主体，所以造成的问题常常具有"去责任化"的特征。这些都动摇了传统道德约束的根基，所以在传播新技术应用领域，传统道德约束机制的效力大打折扣。

网络化以及非同步性使得传播新技术成为"自由的科技"。这种"自由的科技"作用于传播领域，并通过对传播领域内传播主体、传播方式等的变革挑战了社会控制手段。

传统大众媒介建立的是中央控制式的传播网络。在传统大众媒介构成的传播网络中，只有中心节点才拥有发布信息的特权，其他节点只是接收中心所发信息的终端；只要掌握中心节点，就控制了几乎整个传播网络。

传播新技术将大众媒介带入了"众神狂欢"的时代，越来越多的个人与团体拥有自己的传播媒介，享受着它带来的诸多便利。由于互联网在传播技术上的优势，各传统媒体都纷纷建立自己的网站，扩大传播空间，人们因而可以通过网络接触到空前多的信息。传播主体的多样化，致使消息来源控制、广告控制和自我控制等各种新闻传播控制手段效力都被大大地削弱。另外，分组交换技术改变了旧的传播拓扑结构，也就在一定程度上消解了传播控制力量，并大大动摇了大众传播过程中的信息"把关人"的地位。所以，特别是那些采用了传播新技术的新媒体，很难对其发出的信息进行真正有效的检查。

传播科技的发展使国内传播和国际传播的界限变得日益模糊，造成官方检查和管理上的困难。在当今传播新科技日益普及的情况下，单个政府确实越来越难在一国境内控制信息的传播，因为那些信息的源头往往在境外，不在它们的主权管辖范围之内。例如境外卫星电视节目越界传播、互联网上有害信息跨国传播等问题。这些传播方式最大的特征是其信息存在的形态不是物理的，而是以数字化形态存在，因而可以穿越一切物理障碍。因此，传统上对付物理形式信息的新闻检查面对新的数字化信息几乎毫无作用。

三　传播新技术条件下构建和谐社会的对策

仅列举传播新技术所包含的种种可能性和不确定性是不够的，要达到构建和谐社会的目标就必须善于利用机遇，更好地利用积极因素，同时勇敢迎接挑战，防范社会风险，避免负面的、不利的因素的发生，并提出切实可行的现实对策。

传播新技术自身所具有的数字化、网络化、个人化等特点，以及它与社会各层面的密切联系，决定了应对传播新技术所带来问题的各种对策必然要比传统传媒业的复杂得多。任何单一的、孤立的解决方案都无法很好地应对与传播新技术相关的问题，我们需要建立起新的具有合作互补关系的复合调控机制。

（一）建设和谐的传媒环境

传播新技术最直接的作用对象是传统媒介系统，在为其注入新的发展活力的同时，也对相对稳定的传统媒介系统形成了威胁与挑战。随着传播新技术革命的不断深入，传播媒介处于一个技术逻辑与市场逻辑相互交织的发展环境之中，新旧媒介竞争加剧。新媒体对传统媒体广告及受众市场的争夺以及媒介技术革新等多重因素的共同作用，使得媒体发展环境正面临着复杂的结构性转变。这些因素都在客观上刺激了媒介系统的适应性反应，增强了其系统的自组织适应能力。同时，大众传播媒介并不是完全自主的，而是一个制度性的操作机构，受到政治和经济等各方面社会因素的影响，要服从于各种规则、惯例，传媒发展的状况在很大程度上取决于其自身所处的发展环境。所以，在和谐社会构建的过程中，必须重视和谐的传媒环境的建设。

和谐的传媒环境是有容、有序，独立性与开放性并存，活力与秩序并重的媒介环境。和谐的传媒环境不仅要有利于新闻媒体自身的发展，同时也要能够给和谐社会的发展带来积极的促进作用。传播新技术的应用有利于建设和谐的传媒环境。

传播新技术激发了媒体的活力。随着我国社会发展进程加快，社会阶层的变迁，利益主体的分化，受众需求的分化与多元化，加上消费时代受众传媒形态选择的多样化，受众对传媒的心理期待提高，这些都对媒体形成了无形的压力。为了生存，所有的媒体以及媒体组织都要积极应对新技术环境变化带来的挑战，传统媒体一方面要巩固和发展既有的优势；另一方面，传统媒体还必须积极吸收新技术的传播优势，以适应日新月异的传播环境。报纸逐渐转向电子报、手机报；电视借助数字化技术不断拓展数字电视的功能；广播朝高清晰数字广播发展，并利用网络技术开发网络广播服务。

借助传播新技术，传统媒体实现了在技术、管理等方面的革新。新技术在形成对原有媒介系统和媒介环境挑战的同时，也在事实上增加了媒介系统的适应性，为建设和谐的传媒发展环境、适应新的社会选择提供了可能的途径。总之，几乎所有的传统媒体都在不断地挖掘自身潜力并吸收、融合新技术的优势，以避免被取代和被淘汰的威胁。传统媒体的活力因此而得到进一步增强。

传播新技术有助于形成开放多元的媒体结构，构建吸纳和融合不同意见、观点的公共平台。多元、多样是和谐的前提，社会如此，媒介系统也是如此。给多元意见提供自由竞争和碰撞的平台，乃是一定历史时期政治文明的具体体现。特别是在利益分化和社会阶层分化重组等力量的作用下，多元化和多样化成为我国社会现阶段各领域、各层面发展变化的普遍特点。随着个体意识的觉醒，人们的政治参与、意见表达愿望增强。这在客观上要求具有多元结构且开放的媒介系统，即每一特殊群体特别是一些弱势群体和阶层都应该有相应的渠道来发出自己的声音，同时在坚持弘扬主流意识及主流声音的前提下，能够对社会上客观存在的多元意见和声音予以反映，并且促进不同意见的交流与碰撞，从而达到和而不同的境界。现阶段，中国执政党和政府虽然在政治上领导着几乎全部的信息传播媒介，但各种新媒体和新的传播方式，如手机报、手机电视、博客、播客等越来越受到欢迎，形成了意见表达的新平台。主流媒体与非主流媒体并存，传统媒体与新媒体同台竞技，将成为和谐社会的一道亮丽景观。可以想象，一个日益多元的社会，将会因一个多元而开放的媒介系统变得更加和谐。

传播新技术为媒体管理层面的改革提供了契机。建设和谐的媒介生态不仅要求媒介在技术层面的改造与适应，更要求其在媒体管理层面上的改革和创新。传媒产业的发展通常与技术上的整合密切相关。近年来，"4C 融合""三网融合"等新名词逐渐步入人们的视野。以"4C 融合"为例，"4C"指计算机（Computer）、通信（Communication）、消费电子产品（Consumer Electronic）和内容（Content）。"4C"的概念最早从 IT 行业开始，现已扩展到包括通信、消费电子的整个信息产业，为信息产业领域内各行业的沟通和整合提供了基础。其中，"计算是贯穿信息社会始终的核心技术，通信是信息社会赖以存在的基础设施，消费电子是人与信息系统的接口，内容是信息社会的重要资源。促进融合的主导力量是国际互联网，融合的结果是计算能力、通信网络、接入设备和信息资源与服务的广泛普及。"[①] 另一方面，建立在互联网平台上的 IP 技术把电脑与通信有机结合起来，将所有的信息以数字的形式传输，实现了"IP over everything"，即可以在任何通信网上建立 IP 网，下一步还将向"everything over IP"（任何业务都可在 IP 网上实现）发展，实现更大范围、更高水平的信息处理。"4C 融合"不仅对广电和电信行业的发展产生影响，而且开拓了许多新的领域。如有线电视正在向数字化、多功能化、产业化和大

---

① 高文、黄铁军：《互联网激发 4C 融合》，《中国经济时报》2000 年 6 月 6 日。

规模联网方向发展，将成为未来信息社会新兴的支柱媒体，有着巨大的产业开发价值。

条块分割的管理体制抑制了媒介系统发挥融合的优势和整体功能。传统媒介与其他信息产业部门如娱乐业、电信业等都具备了整合的技术平台，但是广泛存在行业壁垒和条块分割等监管障碍。从目前的情况看，仅就广电与电信两个领域来讲，必须要努力消除行业、地方和部门之间的界限，才能使这两个领域真正融合。在融合过程中，还需要破除一些不能适应目前发展需要的政策和管理模式。媒介融合要建立在产业整合的基础上，遵循市场经济的原则，引入竞争，靠市场力量来提高质量和效率，只有这样，才能更好地促进各种媒介的发展，收到更好的效益。

总之，传播技术创新对媒介环境变革具有巨大的冲击力。当信息、媒介和通信技术融合在一起时，各项产业之间以及它们的产品之间的传统界限将会被打破。只有构建和谐的媒介环境，建立良好的管理体制，才可能防止领域垄断，才能够保证有序竞争，才能够保证各领域之间的协作和健康发展。

（二）建构预警机制，降低社会风险防范成本

传播新技术的作用不仅仅体现在助力于创建和谐的媒体传播环境上，对于社会转型期发生的社会冲突，借助传播新技术网络化、瞬时性的优势，我们可以建立起机制完善、反应迅速的风险预警体系，防止冲突和危机对社会和谐稳定造成威胁。

和谐社会应该是一个风险最小、风险分配合理的社会，而过多的风险和风险的不合理分配必将影响社会的稳定，造成社会发展的危机。我国目前正处于社会转型期，社会转型与体制转轨的不期而遇是当前社会发展的最主要特征。社会转型在把现代性注入社会的同时，也引发了种种社会问题，成为社会风险的主要来源。然而，任何社会不稳定、社会风险都不会凭空发生，它们在爆发前都会伴随一定的征兆。为了把社会风险控制在一定范围之内，确保改革的社会成本与代价不超出社会的承受能力，维护社会的相对稳定，必须建立健全社会预警机制。

社会风险预警机制与传播、媒体是分不开的。社会风险预警就是要对危害

公共安全的各种风险进行监控，以期提前发现威胁并告知管理者和公众及时采取措施规避，减少风险发生的概率。及时、迅速地察觉及传播风险信息是社会预警机制的核心要求，而在这一领域正好可以发挥传播新技术的长处。网络化的特点使得传播技术具有最敏锐的触觉，能够快速跟踪社会预警指标体系，及时察觉社会运行中可能出现的不和谐、不稳定因素。通过互动的信息传播平台还能实现对民意的监测，了解公众需求、情绪和意见，及时通过对客观信息和观点意见的同时传播尽可能满足公众多样化的信息需求。而瞬时性传播的特征能在第一时间内对出现的社会风险发出警报，以利于采取相应的政府干预和社会行动来化解风险，排除警情，保持社会运行的和谐与均衡。

对于管理者来说，很多风险事件是首发性的，没有历史经验可资借鉴，更没有现成的解决方案可供采纳，再加上时间紧迫、信息有限，这种态势要求管理者必须高度重视对决策信息的反馈，建立灵敏、迅速的反馈机制，根据所收集到的反馈信息，对解决方案进行及时的调整和修改。传播新技术赋予了新媒体以及传统传播过程双向互动性，这为决策者及时收集反馈信息提供了便利，也方便了基层民众及时将第一手信息传递出去。

科学的社会风险管理首先要树立尊重客观事实，尊重公众知情权的意识，积极主动、迅速及时地发布危机信息，形成一个全方位、开放型的信息沟通网络，实现整个社会信息的充分传递。传统媒体、新兴媒体都要纳入危机信息发布体系中。在这个过程之中，新媒体以其迅捷的速度和低成本展现出传统媒体所不具备的优势。以手机短信传播为例，由于价格的平民化，手机已经成为中国普通大众基本的生活用品，普及率甚至超过传统媒体。短信技术使用户接收和发送信息达到前所未有的方便和快捷。因此，手机短信平台在一些大规模的群体事件以及区域性的公众危机中发挥了重要的信息传播作用。比如，2005年3月，在天津市发生的恶意牛奶投毒事件中，政府紧急部署移动运营商发送手机短信来传递信息，及时避免了危机的蔓延。

对于突发性的公共危机事件，仅有信息的传播是不够的，扭转危机需要受危机主体甚至是全社会成员共同的参与和行动。公共信息平台在社会力量的动员中发挥着重要作用。传播新技术为公共信息平台的建设提供了直接的技术支持。借助公共信息平台，可以充分发挥资源整合、社会协同作用，将不同部门、不同地域、不同社会阶层动员起来，形成社会共识，共同应对社会风险。

（三）加强媒介素养教育

媒介素养教育不仅有利于数字鸿沟的消除，通过对人们技术素养的培养，亦即对传播新技术的再认识，还可以培养出拥有独立和理性的判断能力的个体，提升人类使用传播新技术的自主性，从而减少传播技术与人类社会之间产生的种种矛盾。所以，无论是在城市或是在欠发达地区，开展媒介素养教育，培养人们对传播新技术的解读和批判能力，以及利用传播新技术为个人生活、社会发展服务的能力，极具现实意义。

在传播新技术发展的背景下，媒介素养构成已远不能用一般读写能力和一般媒介知识等标准来衡量，其构成的复杂性逐步彰显。传播新技术的发展给媒介素养教育增加了新的内涵。一方面，媒介技术进步带来了新的社会问题，媒介素养的内涵进行了有针对性的丰富和发展。同时，媒介文化也因为新媒体的出现而衍生出新的内容，需要对其进行重新认识；另一方面，过去我们只是强调自由主义观念带来的社会负面影响，强调公众应对媒介负面内容保持应有的警觉，而在全球化背景下，还涉及跨文化交流等方面的问题。媒介素养对我们来说还是一个比较新的事物，我国在尚未落实媒介素养初级内容、一些基本素养尚不具备的情况下就面临了新的复杂局面，因此，媒介素养教育的任务十分艰巨。

开展传播新技术环境中的传媒素养教育，具体包括以下几个方面的内容。

操作设备技术方面的培养。使个人能够应用传播新技术处理资料和信息，并以此为基础增强个人解决问题的能力。这属于最基本的媒介素养教育内容。

增强应用信息的能力。培养个人对媒介内容的分辨与批判能力，使个人能够认识到社会生活、文化、政治、经济等因素对媒介的影响和制约，意识到媒介内容背后隐藏着的意识形态、权力关系以及利益关系，发展出自主性的解读。

信息伦理的培养。正当使用信息行为是很重要的。要注意学习与信息及传播等相关的道德、法律规范及案例。此外，还要注意培养信息协作与信息共享意识，树立信息共享、协力合作等观念。要能够和乐于与他人分享和共享信息，能够利用各种信息协作途径和工具开展广泛的信息协作，与他人建立经常的、融洽的、全方位的信息协作关系，如进行网上交互写作、开展网上讨论等。

正确认识过渡时期的信息失序现象。培养个人分辨和认识过渡时期信息失序现象的能力，增强对不良信息的免疫能力。加强个人的批判意识，增强信息选择能力、分析和质疑能力，以避免负面、不良信息的误读和误导，尽量减少其带来的伤害。特别要注意抵制不良信息对青少年产生的负面影响，培养青少年正确的人生观、价值观，使其能够自觉清除信息垃圾，避开有害信息。

（四）完善传播新技术条件下的社会控制机制

社会控制是任何社会存在的前提，对传播新技术进行适当的控制是人类社会安全、文明、和谐的重要保证。传播新技术给传统社会控制带来的失范并非意味着社会就此要混乱下去，它只是表明传播实践对旧有的社会控制与管理提出了新的课题。传播新技术的突飞猛进和广泛应用使世界正在进入一个各国政府都在着手建立新的信息传播的规范，全球性的产业也通过建立自律准则和形式参与到新规则制定的过程之中。这种情况下，面向信息时代完善技术、法律、道德等社会控制手段，建立"新的传播秩序"，成为摆在各国政府和整个社会面前的紧迫课题。

综观传播新技术带来的各种各样的社会问题，可知它们得以产生必须依赖一个可能的技术环境。正是传播新技术提供的自由的使用环境，以及暗藏的技术缺陷，才引发了种种问题。对于因技术不完善或技术发展而引起的社会问题，首要的一个方面，便是通过技术的进步或技术的进一步发展来控制或解决。技术管理是指对涉及信息安全的领域进行管理，包括采用技术手段对信息系统、网络进行维护，保护用户权利及使用技术手段加强行政权的行使。由于信息活动的技术性很强，所以法律规范在这个领域内的有效实施必须借助于技术，通过技术才能预防某些危害或使危害减小到最低限度。

技术的步伐常常比法律和道德的步伐要急促得多，法律和道德方面通常很难跟上传播技术革命的迅猛发展，但是这并不意味着法律和道德在传播新技术的控制领域无法发挥作用。

传统法律中有关信息传播的规范主要是对信息传播行为进行控制，控制的对象主要集中在经营性质的传播行为上，因为个人化传播行为造成的影响相对比较轻微，所以个人化的传播行为通常被忽略。借助传播新技术，个人化的传播行为也可能会产生比较大的后果和影响，因此，在法律中加强对个人化的传播行为的控制成为必要。另外，虚拟空间是传播新技术条件下形成的与我们现实的生活空间完全不同的"空间"，虚拟性是其本质特征。虚拟空间由于传播新技术的特性摆脱了时间和空间的限制，适用于物理空间的法律无法在虚拟空间内立足。在虚拟空间中，只有基于 TCP/IP 协议或数字化的技术话语，并没有物质形式的存在，任何用来描述和确定物理空间的因素都将失去意义。传播新技术的发展给人们提供了一个新的活动空间，而目前传统的法律都是为了解决物理空间中的问题，它们所指向的都是处于特定时间和空间之下的人、行为或者物。所以，目前传播新技术带来的许多问题都与法律规范的缺失与控制不到位有关。

面对传播新技术的挑战，法律作为一种社会控制机制必然也必须作出一定的反应。虽然人们可以在网络及其他虚拟空间开展一些社会行动，但是人们的这些活动仍然处于日常生活的环境之中，仍然属于其每日传播活动的一部分。无论借助传播新技术所进行的交往活动如何具有匿名性，角色如何变化，其行为主体还是现实社会中真实的个人。在网上或其他虚拟空间扮演的角色只是人们所扮演的众多角色之一种。在日常社会完全可以通过立法、司法和行政管理等常规程序来对传播主体及其行为实施控制。所以，传播新技术对传统法律的这种挑战部分是技术性的，通过对现有法律进行修改或补充能够解决某些问题。但是，虚拟空间自身对传统法律的挑战则具根本性。其中不但要涉及许多技术性问题，而且还要涉及更深层次的理念性问题，甚至会完全改变我们现今所熟悉的法律的基本概念。仅仅将适用于物理空间中的法律照搬到虚拟空间中去，将不会具有多大的效力。① 所以，传媒法律法规应该与传播科技发展达致一种和谐、平衡，技术管理方面的内容应该是传媒法的一个重要部分。这就要

---

① 董炳：《网络时代呼唤网络法学》，《江海学刊》2000 年第 4 期。

求立法者中必须有通晓相关技术的人，能够从技术发展的角度思考我们的法律理念和法律概念，以使其合乎自由、公正、效率等原则的要求。

法律调整人们的外部关系，而道德支配人的内心世界和动机，且具有自控性。与立法相比，发挥道德的自我约束力量，迫使传播新技术使用者进行自律也会产生比较好的效果。Licklider 和 Taylor 早就有预见性地指出：这个计算机网络沟通系统，若要能继续维持正常的运作，则关键不在于依赖一个"有力的"类似中央政府的管辖机构的监督，而在于有赖广大人民群众（网络使用者）积极主动的共同努力维护。① 同样的，各种传播新技术的管理与决定权，将会落在基层使用者的身上。所以，先从自律做起，待一些原则、准则和规范成熟以后，再逐步发展成为法律，不失为传播新技术条件下法律建设的一条途径。

提升自律意识与培育人文精神是传播新技术发展过程中不可或缺的两个方面的内容。如果从技术及人文精神发展的角度来看，和谐社会应该是传播新技术高度发展，人文精神也高度繁荣的社会。在高新技术飞速发展的现代社会里，制度的运行、规范的实施和观念的传播都与一定的技术支持条件相关联，技术已经成为社会发展形态的重要标志。同时，技术作为人类解放、自由的象征和必要条件的作用日益显著。在传播新技术日益发展的现代社会中，如果个人的理性控制能力不能与技术的开发和利用同步，那么我们当前的文明成果与社会秩序将可能受到传播新技术的威胁。所以，我们需要发展强有力的技术控制能力和理性控制能力来规制人类的行为，用人文情怀、人文理想和人文精神来守护人的心灵，遏制人性的异化，降低传播新技术给社会发展带来的风险。这种控制能力的发展与人文精神的培育是同步的。只有在技术高度发展，并且人文精神高度繁荣的情况下，社会中的每一个人才能充分地自由创造和表达情感，也才能摆脱和消除种种对于传播新技术的不当使用。人文精神的培育为传播新技术的和谐发展提供基础的同时也为人与社会的和谐发展提供了条件。所以，在大力发展传播新技术的同时，一定不能忽视人文精神的培育。

---

① 吴齐殷：《网民与非网民的社会意向》，第三届资讯科技与社会转型研讨会，南港：中研院社会学研究所主办。

参考文献

［1］张成岗：《现代技术问题研究——技术、现代性与人类未来》，清华大学出版社，2005。

［2］童星、张海波等：《中国社会转型期的社会风险及其识别——理论探讨与经验研究》，南京大学出版社，2007。

［3］〔德〕乌尔里希·贝克：《风险社会》，何博闻译，译林出版社，2004。

［4］刘燕华、葛全胜、吴文祥：《风险管理：新世纪的挑战》，气象出版社，2005。

［5］〔英〕丹尼斯·麦奎尔：《麦奎尔大众传播理论》，崔保国、李琨译，清华大学出版社，2006。

［6］鲁曙明、洪浚浩：《传播学》，中国人民大学出版社，2007。

［7］张咏华：《媒介分析：传播技术神话的解读》，复旦大学出版社，2002。

［8］〔美〕约翰·帕夫利克：《新媒体技术：文化和商业前景》，周勇、张平锋、景刚译，清华大学出版社，2005。

［9］程洁：《新数字媒介论稿》，上海三联书店，2007。

［10］〔美〕马克·波斯特：《第二媒介时代》，范静哗译，南京大学出版社，2001。

［11］殷登祥、〔英〕威廉姆斯、〔英〕沈小白：《技术的社会形成》，首都师范大学出版社，2004。

新媒体环境下的媒介间议程设置效果检视

石义彬 冯 强*

一 背景：Web 2.0 时代的媒介环境

伴随着数字技术的广泛运用与网络社会的崛起，互联网成为人们日常生活中的重要媒介工具，并以其成本低、效率高、互动性强等相对优势，在目前的信息社会中迅速覆盖和扩散。以我国为例，根据中国互联网络信息中心（CNNIC）《第 29 次中国互联网络发展状况统计报告》，截至 2011 年 12 月底，中国网民规模突破 5 亿，达到 5.13 亿，全年新增网民 5580 万。互联网普及率较上年底提升 4 个百分点，达到 38.3%。其中手机网民达到 3.56 亿，占到整体网民的 69.3%。网民平均每周上网时长为 18.7 个小时，较 2010 年同期增加 0.4 小时。社交媒体（Social Media）如微博等快速发展，目前在我国有将近半数网民在使用微博，比例达到 48.7%。①

按照媒介环境学者的观点，任何一种新媒介技术的出现及发展，都会对人们的思维方式和社会变迁造成一定的冲击和影响，媒介本身就是一种信息。互联网络从诞生之日起，就开始影响着人们思考、交流和生活的方式，人们的信息消费习惯越来越碎片化、符号化。博客、社交网站、播客等 Web 2.0 产品的出现，一方面使得阅读内容更加多样化、视觉化；但另一方面也使得信息消费由"深阅读"向"浅阅读"的方式转化。另外，网络日益成为公民社会公

* 冯强，武汉大学新闻与传播学院博士研究生。

① 数据来源：《第 29 次中国互联网络发展状况统计报告》，http：//www.cnnic.net.cn/hlwfzyj/hlwxzbg/201201/P020120709345264469680.pdf。

共参与的一种渠道，在信息同步、资源共享、反馈及时的 Web 2.0 时代，通过提供网络评论、发帖、回复、互动等功能形式，网络为公众发声、表达意见、维护权益提供了新式的途径。

数字技术的出现使得社会信息系统的交流、媒介形态以及传播状态都发生了革命性的变化。以社交媒体——微博为例，用户通过发表微博，可以将自己的观点转化成 140 字以内的文字，或者以图片和视频的形式呈现；另外通过浏览微博，用户可关注他们感兴趣的朋友、明星、陌生人或热点话题；再次是参与话题讨论，针对某一新闻、某一话题、某一事件、某一言论，用户可以进行转发或者评论，还可以邀请其他用户参与。几乎所有普通人都能够随时随地，不需通过传统的资格审核以及编辑把关，将信息迅速传播到世界各地，一个突发性事件可能瞬间成为引起社会公众高度关注、聚集社会舆论焦点的"媒介热点事件"。微博的使用与扩散，体现了新媒体时代信息生产低成本、低门槛、传播高效率的特征，这些特征对规模化、专业化、科层化的传统媒体的生产和传播模式提出了挑战。

1977 年，马歇尔·麦克卢汉指出，媒介环境"意味着让不同的媒介能够共存共生，而不是彼此消亡"[①]。也就是说，一种新兴媒体的出现，并不意味着旧媒体的消亡。这是由于不同的媒介具有不同的符号形式，所以它们具有不同的感官和理性偏向。例如，电视的出现并没有代替报纸，反而为受众提供了多样化的选择。以报纸为首的传统媒体面对互联网等新媒体的挑战，并没有故步自封，而是与时俱进。通过与新媒体进行资源整合、产制合作、渠道融合等，实现了自身飞跃。在学界，"传媒竞合""媒介融合""报网互动"等概念被用来描述这种传统媒介与新媒体之间的共存共生关系。

然而，在 Web 2.0 时代的媒体环境下，互联网等新媒体与报纸、杂志、广播、电视等传统媒体在信息生产和流动中是什么关系？这种流动的影响或效果如何？其背后的技术或社会因素是什么？本研究以媒介间议程设置效果为理论框架，试图对以上问题进行解读。

---

① Stephanie McLuhan et al., *Understanding Me：Lectures and Interviews*（MA：MIT Press, 2004），p. 271. 转引自单波、王冰《西方媒介生态理论的发展及其理论价值与问题》，《新闻与传播研究》2006 年第 13 卷第 3 期。

二 媒介融合视角下的媒介间议程设置

1968 年，传播学者马克斯韦尔·麦库姆斯（Maxwell McCombs）和唐纳德·肖（Donald Shaw）在美国北卡罗来纳州查普尔希尔（Chapel Hill）地区，围绕着当时的美国总统竞选议题进行了一项调查，并对当时不同媒介的主导议题进行了内容分析，将两者对照发现：5 个议题主导了媒介与公众议程——外交政策、法律与秩序、财政政策、公共福利、人权。由此两位学者提出了传播学经典理论——议程设置理论（Agenda-setting Theory），即媒介议程决定公众议程，或者说新闻媒介提供的信息主导了我们对外部世界的认知，[①] 这也是议程设置的第一层面，即议题议程设置。在后期研究中，麦库姆斯等又提出了议程设置的第二层面，即属性议程设置。媒介不但能影响人们想什么，还能影响人们怎么想，媒介通过对新闻客体某些属性的强调和忽略，影响了人们对客体的形象认知。

同时，学者展开了对"谁设置了媒介议程"这个问题的探讨，通过对该问题的回答，界定出远远超越了新闻媒介的各种关系网络和影响，在由报纸、杂志、电视新闻、通讯社以及近期出现的互联网所组成的矩阵中，对这个问题的研究已经拓展了把关概念，并将其重新界定为"媒介间议程设置"（Intermedia Agenda-setting），这种议程设置既包括第一层面，也包括第二层面。[②] 媒介间议程设置理论探讨媒介议程与消息源的关系，并解释了媒介组织间的影响流（the Flow of Influence）。国外的一些实证研究探讨了主流媒体对非主流媒体、报纸对电视新闻节目、在线报纸对有线电视节目的影响。[③] 简而言之，媒介间议程设置理论解释了不同形式、不同种类、不同层级的媒介之

---

① Maxwell McCombs & Donald Shaw, "The Agenda-setting Function of Mass Media," *Public Opinion Quarterly* 36（1972）：176 – 187.

② 〔美〕马克斯韦尔·麦库姆斯：《议程设置：大众媒介与舆论》，郭镇之、徐培喜译，北京大学出版社，2008，第 104 ~ 105 页。

③ Sharon Meeraz, "Using Time Series Analysis to Measure Intermedia Agenda-setting Influence in Traditional Media and Political Blog Networks," *Journalism & Mass Communication Quarterly* 88 (2011)：176 – 194.

间的信息流动和影响。

如果把媒介间议程设置置于媒介融合（Media Convergence）的视角下考量，我们不难发现两者之间的有机勾连。国内媒介学者王菲指出，媒介融合是在数字技术和网络技术的背景下，以信息消费终端的需求为指向，由内容融合、网络融合和终端融合所构成的媒介形态的演化过程。但到目前为止，媒介融合仍然是一个认识不一、含混不清的概念，其既有理念和实践并不成熟。[①]概括起来，媒介融合存在于以下四个层面：媒介机构、媒介技术、媒介内容生产、媒介传播渠道（终端）。从早期的传媒并购、重组到近期的报纸入网、打造全媒体都是媒介融合的体现，媒介融合意味着不同媒介之间资源（包括信息）的流动和整合。

媒介融合加快了媒介间的议程设置，促进了信息在不同媒介之间的整合与流动。对于报纸、杂志、广播、电视等传统媒体而言，在内容生产层面，一方面，互联网成为记者的主要信源之一，不少新闻的选题是来自互联网，特别是通过微博寻找和搜索消息源，进而展开相关报道；另一方面，网络内容本身直接成为报纸与电视等传统媒体报道的对象，如"7·23"动车事件中受害者的微博言论，方舟子、韩寒论战中双方的博客和微博都成为各大媒体纷纷报道的内容。在内容传播层面，各大报社和电视台等纷纷建立了网站，或与通信运营商合作开展手机新闻通信业务，或通过有偿、无偿的形式把新闻转给门户网站，以配合报纸内容的传播和营销。例如手机短信新闻、手机报新闻、电子报纸新闻、电子杂志新闻，以及基于 RSS 的聚合新闻、博客新闻，等等；在微博时代，不少报社、杂志和电视台等传统媒体还建立了自己的官方微博，通过新闻简介或链接的方式，把记者采编的信息通过微博传播出去，进而扩大报纸影响力。

在新媒体环境下，媒介之间的议程融合（Agenda Melding）现象也愈发凸显。1999 年，麦库姆斯和肖对议程融合问题进行了理论探讨。在《个人、群体和议程融合：社会分歧的理论》（*Individuals，Groups，and Agenda Melding：A Theory of Social Dissonance*）一文中，他们提出了议程融合模式和议程融合的

---

① 赵星耀：《认知媒介融合的既有理念和实践》，《国际新闻界》2011 年第 3 期。

六个步骤，分别是：寻求社群阶段、寻求社群的议程阶段、寻求引导的阶段、寻求引导传播媒介阶段、大众传媒议程设置的初级阶段和高级阶段。[1] 在新媒体时代，个人或群体问题要进入公众议程，一般需要新媒体进行传播和扩散，以引起更大群体的关注，进而引起传统媒体的重视，通过报纸、广播或电视台等传统媒体的报道，最终进入公众议程。议程融合模式是对媒介间议程设置理论的拓展，它强调了媒介间议程设置中人际传播和群体传播因素的作用。

从本质上讲，融合新闻（Convergence Journalism）也是新传播环境下媒介间议程设置的产物。从广义上看，融合新闻是由于数字技术发展，媒介彼此的界限逐步消解，新闻传播业务走向融合的状态；从狭义上看，"融合新闻"就是"融合报道"（Multimedia Stories），指在媒介融合背景下新产生的一类新闻报道方式，[2] 即新闻的传统表现形式——文字、声音、图像、视频——及受众互动共存于媒体界面。融合新闻的表现形式体现了信息在媒介间流动的整合传播，从而进一步满足受众多样化阅读的需求。融合新闻既是媒介内容表现形式的融合，也是新闻产制方式的变革，这在传统媒体的全媒体转型时期尤为鲜明。以烟台日报传媒集团为例，2008 年 3 月，该集团组建全媒体新闻中心，并为记者配备了较为齐全的采访装备：每人一台笔记本电脑，移动、联通两种无线上网卡，一台照相机，一台摄像机，一部智能手机，这些设备可以同时满足手机报、水母网、电子纸移动报、纸媒文字图片需求以及网站、户外视屏的视频需求。[3]

三　网络谣言及虚假新闻：反思媒介间议程设置的负面效果

随着信息在不同媒介之间的流动，互联网成为传统媒体的主要消息来源

---

[1]　Donald L. Shaw, Maxwell McCombs, David H. Weaver & Bradley J. Hamm, "Individuals, Groups, and Agenda Melding: A Theory of Social Dissonance," *International Journal of Public Opinion Research* 11 (1999): 2 – 24. 转引自高宪春《新媒介环境下议程设置理论研究新进路的分析》，《新闻与传播研究》2011 年第 1 期。

[2]　方洁：《美国融合新闻的内容与形态特征研究》，《国际新闻界》2011 年第 5 期。

[3]　郑强：《从传统报业到全媒体的探索之路》，《传媒》2008 年第 10 期。

之一。互联网扩大了新闻的消息源，并提高了记者的工作效率和改变了记者的工作模式。通过使用互联网，记者可以更快地寻找到新闻线索，并能与当事人尽快取得联系。但由于个人网络使用方式的匿名性、模糊性、随意性等特征，网络也成为虚假新闻的源头之一，特别是在 Web 2.0 时代，在微博、博客、BBS 上面有大量谣言，如果记者在报道中不严格把关，很容易生产虚假新闻；另外，由于网络传播快速及范围广泛，由传统媒体形成的虚假新闻经过网络转载后，造成了虚假新闻的进一步传播扩散。比如在 2011 年，有网友以"国家税务局"的名义在网上发布"《国家税务总局关于修订征收个人所得税若干问题的规定的公告》（国家税务总局 2011 年第 47 号公告）"，并引起网友大量转发和评论，进而引起了传统媒体的关注和报道，造成了虚假新闻的进一步转载和扩散，严重误导了纳税人。此后经查明，该公告由一位上海网友杜撰而成，公安机关对其依法作出行政拘留 15 天的处罚。① 以网络为消息源头或传播载体的虚假新闻成为新媒体环境下媒介间议程设置的负面效应的主要表现形式。

媒介间议程设置的负面效应降低了媒介的公信力，无论是传统媒体还是新媒体，其传播内容的真实、客观、权威、准确是大众媒介的立身之本。因此，"把关"的概念需要在新媒体环境的信息流动过程中重新得到重视。把关的过程即媒介生产和设置新闻议程的过程，一方面表现为传统媒体的新闻记者和编辑对以网络为主的消息源进行核实和辨析，以区别真实消息与谣言；另一方面，网络媒体特别是门户网站等自身也要把关，包括对报纸、杂志、电视等的新闻信息的把关以及对自身网络用户生成和发布信息的纠正和净化。以微博为例，微博中虚假、夸大的消息和谣言层出不穷，如金庸"去世"等虚假消息，均首先从微博产生和扩散。甚至有美国媒体称"新浪微博已成为世界上最好的谣言制造机器"。面对这一困境，新浪成立了"微博辟谣"官方微博，针对新浪微博上转载和评论量较大、影响较坏的谣言进行查证、核实并纠正，起到了一定的效果。

---

① 年度虚假新闻研究课题组：《2011 年虚假新闻病理分析报告》，《新闻记者》2012 年第 1 期。

四 结语

探讨新媒体环境下的媒介间议程设置效果，需要将其置于效果产生的社会背景下进行考察。本研究探讨了媒介融合这一媒介社会环境对媒介间议程设置效果的影响，并指出在互联网与传统媒体的碰撞和竞争中，媒介间议程设置效果带来的负面效应，如造成网络谣言的扩散和虚假新闻的生产等。但对于新媒介环境下这一效果产生的具体影响变量，特别是影响媒介间议程设置效果的调节因素，如媒介间议程设置效果产生的信息流动方向、时间长度、议题类型等未曾涉及，这是在以后研究中需要进一步探讨的方向。

网络事件中的民粹主义现象分析[*]

——以"哈尔滨警察打死大学生"事件为例

王君玲^{**}　石义彬

一　极端的平民化倾向——民粹主义的特点

由于缺乏普遍性的核心价值，民粹主义总像变色龙似的随环境的变化而变化。[①] 然而这并不妨碍从既有的案例中看到其清楚的基本含义，即极端的平民化倾向，并把底层大众作为合法性的最终来源。民粹主义者认为，社会底层是历来受压迫、受剥削最深，因而最具反抗精神的阶层，是挑战现行的不公正和不平等的社会体制的最重要力量。[②]

追溯民粹主义的历史不难发现，民粹主义是一种具有历史复发性的复杂的社会现象，其存在从时间上看是不连续的，从空间上看是普遍而不确定的（在北美、欧洲、拉美、亚洲等无论贫富的区域都曾经出现）。在不同的时间和社会背景下，民粹主义与当时的具体环境中的因素相结合呈现出了不同的历史形态。19 世纪 70 年代，俄国知识分子在"到民间去"口号的激励下，试图与底层的农民阶级一道解决瓦解中的俄国前资本主义社会所面临的难题。[③] 一些城市的知识青年从城市到农村，促使农民起来反抗沙皇的统治，他们深信只有农民才具备沿袭传统和开创未来的俄国的伟大智慧。[④] 在 19 世纪美国内战

---

*　本文为教育部人文社会科学重点研究基地重大项目"数字时代的全球媒介传播与文化身份认同研究"（项目编号 2006JDXM184）研究成果之一。

**　王君玲，武汉大学新闻与传播学院博士研究生。

① 〔英〕保罗·塔格特：《民粹主义》，袁明旭译，吉林人民出版社，2005，第 6 页。

② 林红：《民粹主义——概念、理论与实证》，中央编译出版社，2007，第 49 页。

③ 林红：《民粹主义——概念、理论与实证》，中央编译出版社，2007，第 2 页。

④ 〔英〕保罗·塔格特：《民粹主义》，袁明旭译，吉林人民出版社，2005，第 61 页。

之后的南北裂痕中发展起来的民粹主义则最初是一场南方农民试图克服经济危机的运动，后来逐渐发展为民粹主义者试图建立自己的一整套复杂的政治制度体系。与上述两个案例不同的是，始于20世纪40年代的拉丁美洲的民粹主义思潮则显示出了鲜明的个人色彩，即民粹主义具有了某个领导人的个人特征，成为了处于政权中心的主要领导人的思想或理论体系的描述。到了20世纪70、80年代，首先出现于西欧的新民粹主义思潮在同一时期出现在世界上不同的国家，被许多的极右翼政党所提倡并用来反对在政府中占支配地位的政党体制和某些特定的重要议题。其核心思想内容为攻击政党、政党体制和政党议题，体现了明确地反对制度化政治的民粹主义主张。

由上述可见，民粹主义思想并不具有一个核心的、紧密的理论体系，其发生的历史也不是连续和顺承性的。因此它备受争议、褒贬不一，人们甚至基于一种贬义的认知而对此概念持更多的警惕态度。对此我们必须清醒地意识到，"对民粹主义缺乏共同的认识意味着在历史事件的研究中缺乏对必要的背景条件的认识，这样研究就会缺乏一致性"。而且，"民粹主义的多变性不仅允许我们用它来描述背景，并在不同的背景中发现它的特性，而且也意味着要从更广的意义上来理解民粹主义，这就需要我们意识到它所处的环境和它的真正本质特征。"[1]因此在对民粹主义进行研究时，将其放入具体的时空环境中，结合当时当世的事件环境与社会背景去分析它的特性与呈现成为了我们研究它的必要路径。

二　为什么说"哈尔滨事件"反映出民粹主义倾向

"哈尔滨警察打死大学生"（以下简称"哈尔滨事件"）的网络视频于2008年10月开始在网络上广为流传并引发了激烈的网络辩论。本文关注的焦点是在这个事件过程中，网络上出现的关于该事件的言论立场的来回摇摆，以及在这种言论摇摆中体现出来的话语策略和潜藏的社会思潮，因此仍需对在这个网络事件中的言论立场的嬗变做一梳理并反思。

在"哈尔滨事件"中，言论的转向与摇摆可以分为以下几个阶段。第一

---

① 〔英〕保罗·塔格特：《民粹主义》，袁明旭译，吉林人民出版社，2005，第11页。

个阶段是从 2008 年 10 月 12 日猫扑论坛最早出现的《昨晚哈尔滨 6 警察将哈体育学院学生当街殴打致死》帖子开始，该事件迅速引起了网民的关注，"警察""学生""打人致死"等字眼吸引了众多的注意。在这个阶段，网络上的言论几乎是一边倒的状况，大都在谴责警察的暴力行为，群情激愤。第二个阶段始于 10 月 13 日，黑龙江电视台播放的现场监控录像在网络上流传并引发了许多网络论坛的分析议论。正是这段录像使网络言论的立场发生转向，由几乎一边倒地痛斥警察，转而部分网友认为死者林松岭的一些行为也有激化矛盾的嫌疑。再加上不同版本的监控录像被放到网上，网络上众说纷纭，舆论的倾向开始分化，有人质疑警察和录像，有人坚持谴责警察，同时同情警察的声音也悄然上升。第三个阶段，10 月 16 日，网上出现死者家庭是高官，其同伴也出身富豪的传言。关于死者与其同学的"特殊家庭背景"的"爆料"使网络舆论的争论再次升温并发生逆转，许多原本同情死者谴责警察的网民纷纷倒戈，而随后死者家人的辟谣则使网络论坛中的论战更加混乱。

在上述的事件过程中，网民态度的犹疑与摇摆是显而易见的，网民的言论由简单的一边倒转变为复杂混乱的局面。网络舆论首先是压倒性地站在警察的对立面——死者一方，当后来"得知"死者是属于精英阶层或出身于精英阶层的家庭（后来有人说死者一方非富即贵）之后，舆论迅速转向，对死者一方原有的一致支持迅速瓦解。然而当我们撇开表层的混乱，深入追查这次网络事件的核心议题时，不难发现，事件双方当事人的"身份"与"背景"成了导致许多网友立场转变的直接要素。"如果将目光从'警察''大学生''高官''房地产商'等特定身份之上转向案件本身，就会发现，这不过是一起极为平常的刑事案件，其实当事人的家庭以及身份背景与查案无关"。①换句话说，网上讨论关注的焦点以及言论倾向发生转向的依据并不是司法程序中的案件的侦破与诉讼，而是事件双方当事人的社会"身份"。

这个过程显示了对精英阶层的反对与排斥和对底层平民的崇尚。上述的判断使我们发现，该事件的讨论过程中有着民粹主义的"身影"：在打架双方的

① 马添伦等：《身份之辩——是高官子弟还是普通青年》，《博客天下》2008 年第 2 期。

是非对错还不明朗、法律还没有一个明确"说法"的时候，在网络讨论中众多言论支持的倾向是基于这样的判断——谁是精英反对谁，谁是平民支持谁，这体现了民粹主义思想的基本含义。民粹主义的以民为粹，实质上是以素无地位、备受压迫的社会底层为力量源泉，带着极端的平民化倾向，它甚至因此被称为底层的主义。①

从历史上看，无论以何种形式出现的民粹主义，都对精英阶层以及国家、官僚、金融机构等充满了本能的敌意。民粹主义基本上不信任那些充斥于这些机构中的人，认为他们不仅腐败，而且缺乏智慧。② 希尔斯在对民粹主义做背景性解释的时候指出，"这些（统治）阶层垄断着权力、财产、教养以及文化，在他们所实施的统治过程中，哪里有普遍的怨恨情绪，哪里就存在着民粹主义"。③ 民粹主义者曾宣称要成为"小人物"的代言人，要伸张"沉默的大多数"的利益和意见，以对抗傲慢自大的精英和腐败无能的政客对占大多数的社会底层的践踏和剥夺。④ 这些民粹主义的特征也在"哈尔滨事件"中被鲜明地呈现，指责对象的变化与网民态度的摇摆都体现了对现有的政权、政治体制或者代表统治阶层的人或社会精英的强烈抵抗性。"警察"这个字眼作为统治机构的代表和符号在事件的一开始就引起了众多网民的注意，对警察行为的斥责之声弥漫于论坛之中。而后来，当事件当事人的另一方林松岭被指称非富即贵时，林松岭被有的网民冠以"衙内"称呼而看作是精英和社会既得利益阶层的代表，并因此而很快受到了言论的指责。在互联网上，事件当事人和舆论指向的对象一旦被划入为体制服务的既得利益阶层，"就会遭受广泛的道德质疑与挑战，而被侮辱被损害的人民被想象成道德复兴与伦理实践的历史主体"⑤。

正如在"哈尔滨事件"中看到的那样，民粹主义对精英阶层持憎恶的态

---

① 林红：《民粹主义——概念、理论与实证》，中央编译出版社，2007，第47页。

② Shils, E., *The Torment of Secrecy：The Background and Consequences of American Security Policies* (Glencoe, IL：Free Press, 1956), p. 101.

③ Shils, E., *The Torment of Secrecy：The Background and Consequences of American Security Policies* (Glencoe, IL：Free Press, 1956), p. 100.

④ M. Kazin, *The Populist Persuasion：An American History* (New York：Basic Books, 1995), p. 252.

⑤ 唐小兵：《底层与知识分子的民粹主义》，《南风窗》2008年第3期。

度是基于这样一种道德判断：社会是腐败的而精英阶层是"道德沦丧"① 的。在民粹主义的话语中，社会底层（草根）是任何权威的合法性来源，而与底层的联系则代表着高尚而有道德的生活方式。② 民粹主义的一个重要的前提就是，"美德只存在于普通人身上，他们是占绝对优势的大多数，美德也只存在于集体的传统中"。正因为他们的平凡和正派，"人民"才有权居于优势地位。③ 在许多情境中，民粹主义对"人民"的指认似乎更多地是指"草根"、劳工阶层等社会底层，而在民粹主义的实践中，"人民"的指涉范围实际上是模糊的，"哪些是人民，哪些不是人民，在实践中民粹主义者更容易确定后者"④。

因此，"哈尔滨事件"中当事人的"身份"或对当事人"身份"的"认知"成为了网络舆论的关注焦点，而当事人与参与者的"阶层身份"往往遮蔽了事件自身的性质与发展逻辑，成为是非评判与褒贬扬抑的逻辑起点和支持或讨伐的依据。

三　民粹主义在当代网络上的显现

当我们警醒地审视许多网络事件和网络现象时可以发现，民粹主义的声音在"哈尔滨事件"中的存在并不是孤立的特例。草根泛起、众声喧哗的网络（尤其是网络社区中的讨论和博客、播客等网络表达）似乎给民粹主义思潮提供了更多的显身的机会。有人指出，当代"民粹主义最广泛的表达是在互联网上，人民成了不能被批评的敏感词语"⑤。从网络视频《一个馒头的血案》到王石的"捐款门"事件，民粹主义的思潮时隐时现。例如，以胡戈的《一个馒头引发的血案》为代表的网络恶搞掀起了中国文化史上罕见的"草根"与精英之战，而这场"网络战争"明显带有民粹主义的意味。典型话语之一：想把老百姓当孙子，滚蛋去！邓小平伟大不？人家还称"人民的儿子"。所有

---

① 〔英〕保罗·塔格特：《民粹主义》，袁明旭译，吉林人民出版社，2005，第126页。
② 谢静：《民粹主义——中国新闻场域的一种话语策略》，《国际新闻界》2008年第3期。
③ 〔英〕保罗·塔格特：《民粹主义》，袁明旭译，吉林人民出版社，2005，第128页。
④ 〔英〕保罗·塔格特：《民粹主义》，袁明旭译，吉林人民出版社，2005，第127页。
⑤ 唐小兵：《底层与知识分子的民粹主义》，《南风窗》2008年第3期。

不愿当奴隶的人联合起来，让那些"大完""明猩"见鬼去吧。典型话语之二：你说你那《无极》好不行，得大家说好才叫好。你说人家胡戈的《一》不好也不行，得大家说不好才是不好。这是世上最基本的道理。[①]

与以往相比，民粹主义在网络上呈现的形态有其自身的特征。首先，与俄国、美国和拉丁美洲的民粹主义相比，民粹主义在当前中国网络上的存在没有强烈的政治取向，直接针对政府和政治制度的民粹主义表达极少；其次，不具有实践性政治运动的性质，而仅仅是针对某些事件和现象的短期的观点和评判，因此，与其他历史阶段的民粹主义不同，具有民粹主义倾向的网民并不一定是坚定的民粹主义者；另外，由于网络的特性，立场和观点的表达更加非理性。

四　民粹主义思潮在当代中国的网络上出现的原因分析

从时代背景和社会语境来看，民粹主义在当下产生的基本原因是国内种种社会矛盾的激化，包括阶层的矛盾、地区间的矛盾、贫富两极的分化、各利益群体之间的冲突以及平民对政府等权力机构产生的不满甚至是尖锐的对立等。

当代中国的社会转型是从传统社会向现代社会转变的过程。在社会转型时期，社会结构的分化整合、社会运行机制的转轨、社会利益的重新调整和社会观念的变化都会加速进行，其中利益格局的分化与变动是最重要的一种变化。社会结构的转变也蕴含着社会阶层的分化与重整。中国从社会分化程度低、同质性高的"总体性社会"逐步演变为一个多重利益主体、较高分化程度的"多样性社会"。[②]

社会阶层的分化和利益分配格局的进一步变化使人们对于某些社会阶层或群体产生了新的认知与态度。例如中国社会科学院所做的一次最新的关于社会冲突与阶级意识的全国性调查显示，当被问到"谁是改革开放以来受益最多的群体"时，59.2%的被调查者认为党政干部是改革开放以来受益最多的群

---

① 孙玮：《以大众的名义——当前大众传媒的文化民粹主义倾向分析》，《新闻大学》2006 年第 3期。

② 李培林、张翼、赵延东、梁栋：《社会冲突与阶级意识——当代中国社会矛盾问题研究》，社会科学文献出版社，2005，第 228 页。

体，其次是私营企业主。①

在转型的过程中，贫富差距不断扩大不仅直接影响着人们对社会分层的态度倾向，并形成了对精英阶层的一定的负面社会情绪，而且还直接导致了一些社会矛盾的发生。在社会生活领域，贫困阶层和广大民众对新富群体持广泛敌意；在政治生活领域，官僚集团无处不在的腐败激发起大众的强烈不满，由此滋生出底层对上层、民众对官僚的绝望心态和普遍愤怒。② 而 20 世纪 90 年代以来的精英阶层的结盟更是加剧了普通民众的不满以及"不公正感"。

社会转型期的各种发展危机和困扰也同样导致了一部分人产生挫败感和对改变社会现状的"无力感"。"深怀不满的团体主要是那些受过教育、但感觉无法施展其才华的人，也包括面临社会地位有所降低的传统团体。"③这种略带悲情的"空虚感"与"无力感"助长了其"对工农大众的热情向往甚至激情想象"④。在网络文化中，这种对底层大众的文化认同的"想象"很快就转化成为一种"弱势道德逻辑"，并使"弱势群体"成为了一种热门的身份认同。

而民粹主义是一种反现代化的现代化产物，⑤ 是一种与现代化进程中自上而下的不公正的转型过程密切相连的大众化运动。⑥ 正处于社会转型期的中国当代社会显然极为符合上述的考量。因为社会转型所导致的发展不均衡、分配不公平的基本现实，以及随处可见的掠夺、腐败、僵化、蜕变等特殊现象，以及由此导致的欲望泛滥、道德失范、心理失重等精神疾病，往往也会寻求文化的选择和表达。⑦ 这种发展失衡、分配不公与心理失重恰恰是民粹主义孕育和诞生的土壤。

---

① 李培林、张翼、赵延东、梁栋：《社会冲突与阶级意识——当代中国社会矛盾问题研究》，社会科学文献出版社，2005，第 268 页。
② 孙立平：《现代化与社会转型》，北京大学出版社，2005，第 230 页。
③ T. S. DiTella, "Populism in the Twenty - First Century," *Government and Opposition* 32 （1997）: 196.
④ 唐小兵：《底层与知识分子的民粹主义》，《南风窗》2008 年第 3 期。
⑤ 林红：《论民粹主义产生的社会根源》，《学术界》2006 年第 6 期。
⑥ 金雁：《当代民粹主义的内涵》，《学习时报》2005 年 4 月 25 日。
⑦ 陈丹丹、刘起林：《草根文化诉求的价值两面性及其民粹主义根基》，《理论与创作》2007 年第 5 期。

另外，网络的互动性和匿名性导致了人的自主性的空前扩张和人的参与激情的空前释放，这也为社会矛盾在网络空间的激化提供了技术条件。

五　结语　网络形态下的民粹主义

正如塔格特所说，"如果我们尝试着采用一种更为全面的方式和使用一系列的事例来阐明民粹主义，就面临着另一个令人烦恼的事实。没有一个例子能够面面俱到地阐明民粹主义……民粹主义作为一种经验性的现象，是一个令人不舒服的历史和当代事例的综合体"。① 今天的网络社会同样为民粹主义的嬗变与衍生提供了新的背景和条件。网络的特性和当下时代背景的结合使其呈现了与以往不同的特性，而分析民粹主义在如今网络社会中的这种新的发展趋势与呈现样态，对于促进网络文化的良性发展与建设和谐社会无疑是有意义的。

（在本文的形成过程中连水兴博士提供了宝贵的意见和无私的帮助，在此表示诚挚的谢意。）

---

① 〔英〕保罗·塔格特：《民粹主义》，袁明旭译，吉林人民出版社，2005，第9页。

新媒体事件研究：话语运动与传播赋权

——基于"我爸是李刚"事件的个案考察*

石义彬　吴世文　谭文若**

　　基于彼时作为新媒体的电视媒体，丹尼尔·戴扬（D. Dayan）和伊莱休·卡茨（E. Katz）于1992年提出了"媒介事件"（media events）的概念。① 在当前以网络媒体为代表的新媒体环境下，中国发生了系列"新媒体事件"（new media events，也被称作"新媒介事件"）②。例如，"孙志刚"事件、"厦门PX"事件、"邓玉娇"事件、"我爸是李刚"事件等。"新媒体事件"即"新的"媒介事件，是在新的社会历史与媒介环境下发生的媒介事件，它经过以网络为主要代表的新媒体的广泛参与和传播而造成了重大的社会影响。新媒体事件集中体现了网络媒体的力量，标志着我国网络社会的进一步发展与转型，并带给了中国现实社会诸多触动。如何理解"新媒体事件"的概念？其生成机制、社会影响、未来走向如何？反映了网络新闻传播发展的哪些新特点？这是本研究集中探索的所在。

---

　* 本成果系"211"工程三期项目"社会转型与中国大众媒介改革"研究成果，同时获得了"中央高校基本科研业务费专项资金资助"课题"网络公共事件研究"资助，课题编号：2010103001。

　** 吴世文，武汉大学新闻与传播学院传播学博士研究生，主要从事传播理论研究；谭文若，武汉大学新闻与传播学院博士研究生，主要从事传播理论研究。

　① 他们认为，电视媒介事件"是特殊的电视事件，与那种平常晚间节目样式相比有着鲜明的区别"，并形象地称之为"历史的现场直播"。参见〔美〕丹尼尔·戴扬、伊莱休·卡茨著《媒介事件：历史的现场直播》，麻争旗译，北京广播学院出版社，2000，第5~7页。

　② 这一概念2006年首度被用来指涉"扩展了的媒介生态体系"环境下的媒介事件。参见 Qiu, J. L., Life and Death in the Chinese Informational City: The Challenges of Working-class ICTs and the Information Have-less, paper presented at the conference "Living in the Information Society," Makati City, Philippines, 2006, April. 也有研究者将其界定为"话语事件"。参见曾庆香《话语事件：话语表征及其社会巫术的争夺》，《新闻与传播研究》2011年第1期，等。

"事件牵引"：网络新闻传播发展的新面向

2010 年 10 月 16 日晚，一辆黑色轿车在河北大学校园内撞倒两名女生，致一死一伤。肇事司机没有停车，继续前往校内宿舍楼接女友，返回途中被学生和保安拦下。双方交涉中，肇事者说，"有本事你们告去，我爸是李刚！"一语激起千层浪。当晚，猫扑、天涯、豆瓣等各大知名论坛陆续出现了相关帖子与照片，有些主帖甚至直接以"我爸是李刚"命名。这些帖子随后被快速分享、转发，"我爸是李刚"事件爆发。网民随即自发组织人肉搜索，将肇事者的姓名、家庭等信息曝光，并发起从"我爸是李刚"到"恨爹不成刚"的造句大赛。越来越多的关注、讨论、人肉搜索、恶搞等使得事件不断发酵，"我爸是李刚"迅速成为网络流行语。2010 年 10 月 24 日，肇事者李某因涉嫌交通肇事犯罪被依法批捕。2011 年 1 月 30 日，案件一审宣判，李某因交通肇事罪被判处有期徒刑 6 年。①

这是近年来我国发生的系列新媒体事件中的一个个案。戴扬和卡茨的"媒介事件"的概念主要讨论了电视（彼时的新媒体）如何改造公众事件的传播，如何参与历史事件的建构并重构人们特定阶段的历史记忆。② 他们是从文化角度论述媒介事件的，强调媒介事件塑造特定的共识文化价值的仪式性功能。而中国语境中的新媒体事件不再只是文化意义上的、预先策划好的仪式，它充满了不确定性，其"新"表现在：（1）主要以网络媒体为传播载体，一般发生在有影响的 BBS 论坛或网络社区，要么由网络外的危机事件触发，要么由网络中的帖子引起；（2）具有不可控性、分散化、碎片化等传播特征；（3）在传播内容、话语权、媒介系统内部互动等方面都反映出了社会变迁的新趋势和新的社会关系结构；（4）在集聚公众注意力而形成、重构、互动与改造公众事件中带来了结构性的变化。

---

① 《河北大学车祸"我爸是李刚"事件全纪录》，http：//news. ifeng. com/society/wtpa/detail_ 2010_ 11/01/2966701_ 0. shtm。

② 〔美〕丹尼尔·戴扬、伊莱休·卡茨：《媒介事件：历史的现场直播》，麻争旗译，北京广播学院出版社，2000。

新媒体事件的频发集中反映了网络新闻传播"事件牵引"的发展新面向。网络新闻传播随着网络媒体的广泛应用而兴起成为新闻传播的一个重要分支。自20世纪90年代接入国际互联网并开展新闻传播活动以来，我国网络新闻传播经历了政策推动、组织推动（尤其是传统媒体）、个人推动（网民）的发展模式与阶段，于当下进入了以新媒体事件频发为标志的"事件牵引"的发展新阶段。网民个人、组织（正式的与非正式的）与政策的力量汇流、互动、碰撞、聚合，共同推动着新媒体事件发生、发展、解决。而新媒体事件具有吸引注意力与聚集舆论能量的"焦点效应"，是网络新闻传播影响社会的重要方式与途径，也是近年来网络新闻传播的重要内容，彰显了网络新闻传播多样化的社会影响，推动着网络新闻传播的新发展。

新媒体事件之所以能够成为网络新闻传播发展的牵引力量，是因为它们虽然在网络虚拟空间中"发酵式"地发展，但是，却是社会问题的映射，反映了普遍的社会心理。"我爸是李刚"事件反映了基层官民关系问题，昭示着建构和谐的基层官民关系的诉求，呼应着这样一种社会心理：如果某一天自己不幸成为像那两位女生一样的受害人，"我"该怎么办。该事件反映了社会个体的弱者心态，普遍担忧自己因个体力量弱小而可能遭受损害，关注如果遭受损害后是否能够得到公正对待。这也反映了中国当下的社会情绪。

话语运动：新媒体事件生成的重要动力机制

话语，在福柯（Michel Foucault）看来，是"隶属于同一的形成系统的陈述整体"①。从狭义上讲，话语是"语言的形式"；而从广义上讲，话语则涵盖了"文化生活的所有形式和范畴"②。随着大众媒介深度介入人们的社会交往，话语与大众传播融为一体，大众媒介成为话语的重要载体。网络媒体为话语提供了新的开放式平台，带来了话语权的回归，即网络传播将话语权交给最广大

---

① 〔法〕福柯：《知识考古学》，谢强、马月译，生活·读书·新知三联书店，2007。
② 王治河：《福柯》，湖南教育出版社，1999，第5～9页。

的人民群众，网络话语领域呈现出市民性、参与性、社区性等特征，个人话语在网络社会中找到了生存空间，网络公共话语的"逆向冲动"和网络话语运动成为可能。①

话语在新媒体事件中扮演着重要角色。新媒体事件的核心是话语，话语即"行动"，没有话语就没有新媒体事件。广大网民参与讨论"我爸是李刚"事件，在网络社会中广泛开展互动，发帖、转帖、跟帖，乃至"灌水"，于网络社会中发起了一场针对该事件的、声势浩大的、特定的话语运动。所谓话语运动，是指由公众与媒体参与建构，挑战地方政府有关职能部门言行或既定政策与决策的公共话语行动。

话语运动为事件在网络社会中的发生、发展并嵌入现实社会情境、得到实际解决提供了重要动力。在网络社会中针对"我爸是李刚"事件形成了强大的话语场，官方权力话语（代表地方政府）、传统大众媒体话语（代表媒体）、网民话语（代表公众）在其中互动与博弈，推动着话语运动的开展。该事件首先是由肇事者驾车撞人逃逸被拦下后口出狂言引起，其话语运动是由现实社会中的事件触发的。网民广泛传播与讨论"我爸是李刚"这句点燃公众情绪的话语，猛烈抨击基层官员霸权和"官二代"特权，呼吁严惩肇事者，网民话语形成，并吸引传统媒体的关注。传统媒体介入报道该事件后，将网民的观点和诉求纳入其报道体系，塑造媒体话语，这鼓舞了网民的话语行为，增进了他们对自身话语行为合法性的认知与信心。媒体话语放大了网民话语，同时，网民话语为媒体发出普遍的社会诉求开辟了新的空间。媒体通过引用或转述网民的言论，或者报道"广大网民关注"，借此运用网民的力量和符号象征资源制造与影响舆论，"网民"因此成为了媒体据以"借力"的一种符号资源。

"我爸是李刚"事件中，官方权力话语并没有过多地出场，只是通过陆续发布有关事件处理的消息而存在。但是，由于事件包含基层官员霸权与"官二代"的要素，网民话语其实是把政府与事件牵涉的基层官员笼统地、模糊地"捆绑"在一起，把官方权力话语作为潜在的对象和批评的靶子开展对话。媒体话语与官

---

① 张赐琪：《公民新闻的产生与特征》，《毛泽东邓小平理论研究》2009 年第 5 期。

方权力话语对话时不像网民话语那样直接、激进，它采取了一定的手段与策略，运用了新闻报道的艺术。例如，通过转引网民话语，或者刊登社会评论等。

网民话语与媒体话语开展互动，在部分议题上达成一致。当然，它们之间也存在冲突，各自抢占话语资源，争夺对事件的解释框架。在网民话语与媒体话语"拟合度"较高的部分，它们共同指向了一个关乎社会大多数人利益的公共议题，即普通民众如何保障自身的生命与财产安全不受基层官员霸权与"官二代"的侵害。正是在公共议题上，它们形成了"合力"，对官方权力话语进行"话语抵制"。话语运动由此在网络社会中热烈地进行着，推动着该事件的发展。

网民话语、媒体话语与官方权力话语进行博弈，它们同时也在寻找达成共识的节点，以解决事件，恢复社会秩序。最终，它们在该事件涉及的公共议题方面找到了共同点。虽然官方权力话语在事件爆发初期表现出了一定的惰性，但是，它同样反感与痛斥基层官员霸权以及"官二代"特权，主张严惩肇事者，平息民愤。话语运动推动着事件的解决。

在针对该事件所形成的特定的话语运动中，网民话语大规模地爆发，出现了"膨胀"现象，上升为强势话语，并与媒体话语形成了"合力"，汇合成为公共话语，具备了特定的话语力量。网民话语是主动出击的、积极扩张的话语，但它离不开媒体话语的确认与"汇流"。媒体话语在新媒体事件中同样扮演着重要角色。官方权力话语在事件中虽然被动和受到挤压，但正是官方权力话语的参与与认可，才赋予了网民话语与媒体话语广泛的合法性，并最终促成事件的解决。

传播赋权：新媒体事件过程和结果的向度

话语总是与权力密切相连。新媒体事件中的话语运动指向了传播赋权问题。赋权（empowerment，又译为"增权"）是西方 20 世纪六七十年代出现的一个概念，后来被广泛应用于个体、组织、社区的发展研究中。[1] 赋权可

---

[1] 陈树强：《增权：社会工作理论与实践的新视角》，《社会学研究》2003 年第 5 期。谢进川：《试论传播学中的增权研究》，《国际新闻界》2008 年第 4 期。丁未：《新媒体赋权：理论建构与个案分析——以中国稀有血型群体网络自组织为例》，《开放时代》2011 年第 1 期。

以从动机性和关系性两个层面理解。从个体动机角度讲，赋权是"赋能"，它源于个体对自主的内在需求，通过提升个人效能意识以增强个体达成目标的动机，是一个让个体感受到自己能够控制局面的过程。① 从社会情境角度讲，赋权的核心是权力（power），指的是增加政治权力，是一个政治过程。综合这两个层面的界定，简单来说，赋权是指增强个人、人际与集体的自我效能或政治力量，使个人、团体或社区有能力、有权力采取行动以改进现状的过程。② 哈梅休克（Hamelink）还提出了"自我赋权"（self-empowerment）的概念，运用到媒体传播领域，指强调让无权者拥有、控制媒体，"让无声者发声"（giving a voice of the voiceless），为自己说话（people speak for themselves）。③综上所述，传播赋权可以理解为人们通过积极接近、使用媒介，增强个人的自我效能或政治力量，以达至有能力、有权力采取行动来改进自身现状的过程。

新媒体事件中，由于网络媒体的参与式传播模式改变了公众在传统媒体线性传播模式下缺少或缺失话语权的状况，在网络论坛和微博等新媒体应用形态中相对自由地、开放地表达自己的观点成为可能，因此，公众能够作为重要的话语主体介入事件的发展进程，进而在一定程度上影响事件的发展走向与处理结果。通过广泛而彻底的非中介化对官方权力话语进行解构，打破传统媒体传播环境下官方与社会精英的话语垄断权，新媒体事件重构了话语权，公众有机会获得言论赋权。而事件沿着公众合理诉求方向解决，则使网民获得了一定的力量感与参与满足感，能够提升网民的自我效能感。网民之间、网民与媒体之间的互动拓展了网民个体、网络社区的社会资源，也是传播赋权的表征。

但是，新媒体事件的传播赋权过程是长期的、潜移默化的，赋权结果的产

---

① Jay A. Conger & Rabindra N. Kanungo, "The Empowerment Process: Integrating Theory and Practice," *The Academy of Management Review* 13 (1998): 471 – 481.

② 参见 Boehm, A. & Boehm, E., "Community Theaters as A Means of Empowerment in Social Work," *Journal of Social Work* 3 (2003): 283 – 300。薛曼娜、叶明理：《社区老人权能激发过程之概念分析》，《护理杂志》2006 年第 53 卷第 2 期。

③ Hamelink, J., *World Communication: Disempowerment and Self-empowerment* (London & NJ: Zed Book, 1995).

生是复杂而漫长的，取决于事件与政策、决策互动的效果。同时，新媒体事件存在被常规化、被工具化的危险倾向，传统媒体在受到新媒体事件的冲击后会很快做出"范式修正"，导致事件中的权力关系回到传统媒体依旧更加强势的状态。[①] 更为深刻的层面，对网络社区的赋权只有通过反思与行动的有机结合才能够进行。[②] 网民参与讨论新媒体事件是一种网络话语实践，其赋权的效率与效果有待观察，它如何改善网民的政治力量需要深入研究。此外，新媒体事件中的网民参与是否会变成一场狂欢派对，[③] 抑或一种话语宣泄，或者演变成"常态化"的网络参与行为；网民在激情释放与社会心理诉求没有满足的情形下，是否会出现"审美疲劳式"参与惰性，均需进一步考察，它们都有可能成为新媒体事件传播赋权的挑战。

需要强调的是，新媒体事件是网络新闻传播影响社会的"非常态力量"，具有偶然性与不可控性，它不断爆发从侧面反映了当前中国社会问题的面相，其传播赋权诉求反映了我国网络社会发展的新趋势，呼唤现实社会治理和网络社会治理不断调整与主动适应。如何通过有效治理在更大的范围、更深的层次推进网民的传播赋权发展，推动网民更加理性地开展网络行动，推动网络社会发展与网民自我发展，是社会治理需要直面的问题。

结　　语

2010 年，我国发生了多起新媒体事件，网络新闻传播的"事件牵引"发展面向不断拓延，社会影响力持续增强。话语运动推动着新媒体事件的发生、发展与解决，不过，事件的最终解决取决于话语运动与地方政府有关职能部门或既定政策、既有决策互动的张力。在中国的文化与社会语境中，网络话语运动演化为现实的社会运动是危险的，也是不现实的。虽然新媒体事件的集体示

---

① 李立峰：《范式订定事件与事件常规化——以 YouTube 为例分析香港报章与新媒体的关系》，载于邱林川、陈韬文主编《新媒体事件研究》，中国人民大学出版社，2011，第 161～180 页。

② 孙曼苹：《公民新闻 2.0：台湾公民新闻与"新农业文化再造"形塑之初探》，载于邱林川、陈韬文主编《新媒体事件研究》，中国人民大学出版社，2011，第 181～212 页。

③ 雷蔚真：《从"仪式"到"派对"：互联网对"媒介事件"的重构——"范跑跑事件"个案研究》，载于邱林川、陈韬文主编《新媒体事件研究》，中国人民大学出版社，2011，第 66～96 页。

范效应正在显现，① 但是，"我爸是李刚"事件作为个案，它能否超越个案的意义而促动体制机制性的变革，从根本上解决事件所指向的社会问题，则取决于网络社会中的话语运动与现实社会中的政策议题互动的结果以及政策本身变革的弹性。新媒体事件具有传播赋权潜能，不过，它并没有政治权力诉求。这从侧面表明，我们对于新媒体事件大可不必杯弓蛇影。新媒体事件如何推动实践性的传播赋权，推动网民的自我发展，尚需继续观察。后续对新媒体事件的研究可以聚焦于其传播机制、传播赋权模式、与政策议题互动路径以及如何提高公众参与理性等命题。

---

① 周葆华：《新媒介事件中的网络参与和政治功效感——以"厦门PX事件"为例》，载于邱林川、陈韬文主编《新媒体事件研究》，中国人民大学出版社，2011，第215~244页。

代后记
中国传播学教育的现状与展望

石义彬

　　与世界上大多数国家一样，中国的新闻学教育早于传播学教育。自 1978 年复旦大学首次将"传播"的概念引入中国起，传播学在中国已经走过 30 多年的岁月。[①] 在中国的大学教育中，"新闻学"与"传播学"自始就是两个不可分割的概念，传播学几乎无一例外地被归入到新闻学科之中，绝大多数的院系被命名为"新闻与传播学院"。在相关的专业划分与数据统计中，"新闻传播学"也被归入同一类别，成为更普遍使用的名称。[②] 据统计，本科层次的教育，截至 2005 年全国共有 661 个新闻传播学类本科专业点，其中新闻学 209 个，广告学 232 个，广播电视新闻学 146 个，编辑出版学 50 个，传播学 24 个；研究生层次的教育，截至 2006 年年底全国共有新闻与传播学硕士点 123 个，其中新闻学 60 个、传播学 63 个；博士点 19 个，其中新闻学 10 个、传播学 9 个；一级学科博士学位授权点 6 个；另有复旦大学、中国人民大学和中国传媒大学新闻传播学博士后流动站 3 个。[③] 2007 年武汉大学也拥有了博士后流动站。

　　新闻教育进入大学的道路并非一帆风顺。反对的声音一方面来自报界，一些人认为师徒制是培养新闻记者最好的方式；另一方面来自大学，1892 年报

---

① 1978 年 7 月，上海复旦大学新闻系出版了"文革"后的第一家新闻学刊物《外国新闻事业资料》（郑北渭主编）。创刊号上发表了中国第一篇传播学译文《公共传播》（Mass Communication，当时将这个词翻译成"公共传播"，而不是后来的"大众传播"），介绍了一些传播学的知识，这是第一次公开介绍传播学。引自陈力丹《中国传播学研究的历史与现状》，《国际新闻界》2005 年第 5 期。

② 与此对照，其他国家有不同的模式，如英国城市大学将大众传播系设在社会科学系，美国密苏里大学传播系独立于新闻学院，设在艺术与科学学院，我国台湾地区传播相关所更广泛地分布于人文社会学院、传播学院、教育学院、管理学院、艺术学院等。

③ 张晓锋、马汇莹：《新闻传播学研究生教育现状与挑战——"中国社会与中国新闻传播教育"高层圆桌会议综述》，《新闻记者》2007 年 1 月。

界巨头普利策（J. Pulitzer）带着捐款向哥伦比亚大学校长塞思·洛（Seth Low）提出建立新闻学院的请求时，遭到婉言回绝，理由是设立这样一所学院会损害哥伦比亚大学的学术声誉。① 虽然 19 世纪末至 20 世纪初，越来越多的美国大学开始开设新闻学课程或创建新闻学院，1918 年北京大学也正式成立了新闻学研究会，但无论在西方还是中国，新闻学教育中"术"与"学"的争论久未平息。传播学的兴起在一定程度上为新闻学教育的发展提供了良好的学术土壤，使其在大学中的学术身份与地位得到加强。传播学在学术层面，让研究者们看到了另一片繁花盛开、广阔无垠的研究领地；在教育层面，又给传统新闻学带来了更为丰富的理论滋养与批判意识。但对于起步较晚的中国传播学而言，传播学与新闻学边界的模糊不清，核心理念与学术立场的模棱两可，使当前中国的传播学教育尚处于思考与探索阶段，未能确立明确的教育目标、形成鲜明的教学特色。与相对成熟的西方传播学教育相比较，中国传播学的未来发展可简要地归纳为三个焦点：明确"局外人"的批判视角，从"大众传播学"转向"传播学"，以及通过加强理论建构推动学科建设。

"局内人"与"局外人"

英国新闻教育学会会长罗德·艾伦（Rod Allen）提出，新闻学与传播学应该有严格分界，新闻学教育的目标是培养职业记者，而传播学创办的宗旨在于培养传媒批评家与分析者。② 换言之，新闻学教育是以"局内人"的理念，深入媒体本身，根据媒体的需要，教授媒介产品的制作细节与职业技能，而传播学教育则应站在"局外人"的立场，与媒介保持距离，以批判的眼光审视媒介对受众与社会的影响。在美国，虽然新闻学与传播学也常常共存于同一学院，二者之间的界限比较模糊，但近年来，对大众传播批判性的研究也日渐兴盛。③

① 转引自单波《反思新闻教育》，《新闻与传播研究》1998 年第 4 期。
② 钟新：《英国：新闻学与传播学严格分界——专访英国新闻教育学会会长罗德·艾伦》，《国际新闻界》2002 年第 5 期。
③ 钟新：《美国：新闻学与传播学界限模糊——专访美国新闻与大众传播教育学会会长乔·福特》，《国际新闻界》2002 年第 6 期。

目前中国绝大多数新闻与传播学院都开设了传播学的相关课程，如传播学概论、大众传播学等等。但总体而言，新闻学与传播学在课程设置与教育理念上并无太大区别。新闻学与传播学的本质差异也未能在各阶段的教育中得以体现。在本科教育阶段，传播学课程数量较少，大多作为实务类课程的补充，以概论性课程为主。在研究生教育阶段，传播学胸怀广阔地将广播电视、广告、网络、动画等相关专业纳入其中，新闻学则被相对狭义化，近乎成为"报业"的代名词。简而言之，二者的差别主要体现在，传播学偏重于理论提升，新闻学专注于技能培训；传播学以电子媒体、网络新媒体等为主要的媒体依托，新闻学将报纸作为主攻目标。在这个意义上，中国传播学教育是对传统新闻学教育的锦上添花或领域扩张，并未显现出独立而强势的发展态势。

"局内人"与"局外人"的教育理念定位，为中国传播学教育的未来走向提供了有益参考。传播学对于新闻学的区别或超越，不能仅仅停留于媒介形态的差异、涵盖面的宽窄，而应深入到更为本质的学术立场、观察视角，以及教育目标、教育职能等层面。正如休梅克（Pamela J. Shoemaker）所言，批判性思维应该成为传播学课程的一部分，首先要大量开设每一个传播专业的学生都应该知道的公共核心课程，在此基础上再开设相关的技能课程。①

从"大众传播学"到"传播学"

查菲（Steven H. Chaffee）曾不无忧虑地提出，传播学中"小国割据"（balkanized），是学术上的南斯拉夫，在"传播"这个大的概念下，存在着无数的子概念，如大众传播（mass communication）、口语传播（speech communication）、电信传播（telecommunication）等等，甚至很多传播学者也把自己的研究作为文学和哲学批判研究的一部分。②

在西方，大众传播媒介的相关教育与研究通常集中在新闻学领域，传

---

① Shoemaker, P. J., "Communication in Crisis: Theory, Curricula, and Power," *Journal of Communication* 43 (1993): 146 – 153.

② Rogers, E. M. & Chaffee, S. H., "The Past and the Future of Communication Study: Convergence or Divergence?" *Journal of Communication* 43 (1993): 125 – 131.

播学是一个相对宽泛的概念与范畴。但在中国，情况恰恰相反，"传播学"在某种程度上成为"大众传播学"的专有名称。组织传播、人际传播、政治传播等西方传播学研究与教育的重要领域，在中国依然处于边缘地带，仅有少数院系开设了一两门课程。即使是大众传播学的教学，更多的注意力也投向了美国经验学派的研究成果，而对欧洲批判学派的关注明显不足。

陈力丹在论及传播学在中国的发展朝向时特别提出，"课堂教学，要全面向学生传播传播学各个学派、各个方面的知识，避免以大众传播学替代传播学。"① 中国传播学教育从"大众传播学"到"传播学"的过渡，不仅需要新闻传播学科内部的自省与革新，同时还需要加强与其他学科的良性互动。传播学多学科起源、跨学科发展的自身特点，决定了传播学教育对社会学、政治学、心理学等其他人文社会学科甚至自然学科的依赖。因而，未来中国传播学教育还应增加跨学科课程的比例，强调通识类课程和人文社会科学类课程。这不仅是中国传播学教育与世界接轨的必然走向，而且是传播学学科建设与理论发展的必需。

学科建设与理论建构

在某种意义上，中国在教育层面将新闻学与传播学合二为一是出于学科建设的需要。一个学科若要获得学术身份认同与学科地位，必须进行理论建构。学术性与理论性的缺失是新闻学的软肋。传播学的诞生给予了新闻学无数的学术想象与学术滋养。虽然较之新闻学，传播学已经有了很大的进步，但传播学也存在着一定程度的"先天不足"。其学科地位的缺乏在很大程度上是因为没有核心知识与统一理论。1996 年安德森（J. A. Anderson）分析了 7 种传播理论教材，从中鉴别出 249 个各自不同的"理论"，其中 195 个仅在 1 本教材中出现过，也就是说，只有 22% 的理论在 7 本教材中出现过 1 次以上，只有 7%（18 个）的理论被 3 本以上的教材介绍。"如果传播理论真的是一个领域，那么似乎应该

---

① 陈力丹：《中国传播学研究的历史与现状》，《国际新闻界》2005 年第 5 期。

有超过一半的介绍性教材，对该领域基本内容的7%以上达成一致意见。"①

对中国传播学研究而言，理论建构更是一项宏大而艰巨的工程。作为学术"舶来品"，传播理论在中国学者的研究视野中，或是在"国际化"趋势下的理论译介和理论描述，或是在"本土化"框架下的理论运用与理论测试中，鲜有独立的理论创见。"理论"（theory）接近于科学法则（scientific law），特指经过完全检验的思想与观念，它是对一系列观测结果的解释，这些观测结果以被证实的假说为基础，并多次被相互独立的研究者所检验。对个体研究和单独的研究者而言，只可能创立一个假说（hypothesis），而不能创造理论。在这个意义上，传播学理论建构是全体研究者的共同追求与目标，中国学者也应成为其中的积极分子。

相对新闻学教育而言，研究生教育在传播学教育中有更加重要的地位。加强对学生的理论训练、理论积累与学术培养，是中国传播学教育对于传播学学科建设与理论建构不可推卸的责任。任重而道远，唯有上下求索。

---

① Craig, R. T. , "Communication Theory as a Field," *Communication Theory* 9 （1999）: 119 – 161.

图书在版编目（CIP）数据

传播研究：国际视野与中国实践/石义彬著.—北京：
社会科学文献出版社，2014.12
　（珞珈问道文丛）
　ISBN 978 - 7 - 5097 - 6748 - 1

　Ⅰ.①传…　Ⅱ.①石…　Ⅲ.①传播媒介 - 中国 - 文集
Ⅳ.①G219.2 - 53

中国版本图书馆 CIP 数据核字（2014）第 262206 号

·珞珈问道文丛·

传播研究：国际视野与中国实践

著　　者／石义彬

出 版 人／谢寿光
项目统筹／祝得彬
责任编辑／刘　娟　李丽萍

出　　版／社会科学文献出版社·全球与地区问题出版中心（010）59367004
　　　　　地址：北京市北三环中路甲 29 号院华龙大厦　邮编：100029
　　　　　网址：www. ssap. com. cn
发　　行／市场营销中心（010）59367081　59367090
　　　　　读者服务中心（010）59367028
印　　装／三河市尚艺印装有限公司

规　　格／开　本：787mm × 1092mm　1/16
　　　　　印　张：19.5　字　数：316 千字
版　　次／2014 年 12 月第 1 版　2014 年 12 月第 1 次印刷
书　　号／ISBN 978 - 7 - 5097 - 6748 - 1
定　　价／89.00 元

本书如有破损、缺页、装订错误，请与本社读者服务中心联系更换